Die Effektivität der Spielsperre
als Maßnahme des Spielerschutzes

Gerhard Meyer / Tobias Hayer

Die Effektivität der Spielsperre als Maßnahme des Spielerschutzes

Eine empirische Untersuchung von gesperrten Spielern

PETER LANG
Frankfurt am Main · Berlin · Bern · Bruxelles · New York · Oxford · Wien

Bibliografische Information der Deutschen Nationalbibliothek
Die Deutsche Nationalbibliothek verzeichnet diese Publikation
in der Deutschen Nationalbibliografie; detaillierte bibliografische
Daten sind im Internet über http://dnb.d-nb.de abrufbar.

Umschlaggestaltung und Lichtbildwerk:
Olaf Glöckler, Atelier Platen, Friedberg

ISBN 978-3-631-60128-0
© Peter Lang GmbH
Internationaler Verlag der Wissenschaften
Frankfurt am Main 2010
Alle Rechte vorbehalten.

Das Werk einschließlich aller seiner Teile ist urheberrechtlich
geschützt. Jede Verwertung außerhalb der engen Grenzen des
Urheberrechtsgesetzes ist ohne Zustimmung des Verlages
unzulässig und strafbar. Das gilt insbesondere für
Vervielfältigungen, Übersetzungen, Mikroverfilmungen und die
Einspeicherung und Verarbeitung in elektronischen Systemen.

www.peterlang.de

Danksagung

Jegliche Art von empirischer Erhebung wäre ohne die Hilfe durch Außenstehende nicht realisierbar. Dies gilt nicht zuletzt für wissenschaftliche Untersuchungen, die auf Selbstberichten basieren. Daher gilt unser Dank in erster Linie allen Personen, die sich zum Teil in schwierigen Lebensphasen die Zeit genommen haben, unsere umfangreichen Fragen in schriftlicher oder mündlicher Form zu beantworten. Das Gelingen des Forschungsprojekts einschließlich der Generierung aussagekräftiger Befunde wäre ohne dieses keineswegs selbstverständliche Engagement unmöglich gewesen.

Ebenfalls explizit zu danken ist den Mitarbeitern der Casinos in Deutschland, Österreich und der Schweiz, die vor der Herausforderung standen, unseren Fragebogen zur Spielsperre an entsprechende Gäste weiterzureichen. Stellvertretend für das gesamte Casinopersonal zu nennen ist Herr Hubert Häusler, Guest Relation Manager des Casino Bregenz, der mit seinem Team für die höchste Rücklaufquote aller Spielbanken sorgte. Darüber hinaus richtet sich ein besonderer Dank an Herrn Ludwig Singer von den Österreichischen Lotterien sowie Herrn Klaus Oberecker von MindTake New Media Consulting für die Unterstützung bei der Umsetzung der beiden Online-Befragungen.

Für den weiten Personkreis, der das Forschungsprojekt maßgeblich und entscheidend vorangetrieben hat, stehen exemplarisch Frau Doris Malischnig (Österreichische Lotterien), Frau Karen Krüger (Spielbanken Niedersachsen), Herr Herbert Beck (Casinos Austria), Herr Frank Hoffmann (Österreichische Sportwetten) sowie Herr Hermann Pamminger (Casinos Austria International) – vielen Dank für die konstruktive Begleitung dieses Unterfangens und die genuine Neugierde auf wissenschaftliche Erkenntnisse. Gleiches gilt für Prof. Jörg Häfeli und seinen wertvollen Input aus der bzw. für die Schweiz.

Schließlich gilt es, sich bei der Casinos Austria AG, der Casinos Austria International Holding GmbH, der Österreichische Lotterien Ges.m.b.H und der Österreichische Sportwetten Ges.m.b.H zu bedanken, die das Forschungsprojekt gemeinsam in Auftrag gegeben haben.

Bremen, im August 2009　　　　　　　　　　Gerhard Meyer & Tobias Hayer

Inhaltsverzeichnis

Zusammenfassung 11

1 Einleitung 19
   1.1 Glücksspielbezogene Probleme 19
   1.2 Präventiver Handlungsbedarf 22

2 Die Spielsperre als Maßnahme des Spielerschutzes:
   Eine theoretische Annäherung 25
   2.1 Funktion und Varianten der Spielsperre 25
   2.2 Aktuelle Optimierungsversuche 28

3 Länderbezogene Sperrpraktiken 31
   3.1 Situation in Deutschland 31
   3.2 Situation in Österreich 33
   3.3 Situation in der Schweiz 36
   3.4 Situation in anderen europäischen Ländern 39
   3.5 Situation im außereuropäischen Kontext 41

4 Spezifische Themen im Überblick 45
   4.1 Dauer der Spielsperre 45
   4.2 Bekanntmachung der Spielsperre 46
   4.3 Aushebelung der Spielsperre 47

5 Stand der Forschung 49
   5.1 Querschnittsdaten: Selbstberichte und
       multimodale Vorgehensweisen 49
   5.2 Längsschnittdaten von Spielerkohorten 56
   5.3 Analyse von Sperrlisten 60
   5.4 Exkurs: Die Spielsperre im Internet 62
   5.5 Zusammenfassende Bewertung der Befundlage 65

6 Zielsetzungen 69

7 Methodik 71
   7.1 Untersuchungsplan 71
   7.2 Untersuchungsablauf 74
   7.3 Erhebungsinstrumente 81
         7.3.1 Bremer Fragebogen zur
                 Spielsperre (BFS) – Messzeitpunkt T_0 81
         7.3.2 Bremer Fragebogen zur
                 Spielsperre (BFS) – Messzeitpunkte $F_1/F_2/F_3$ 85
         7.3.3 Leitfaden-Interviews 89
   7.4 Datenanalyse 91

8 Ergebnisse 95
   8.1 Casinostichprobe: Baseline-Erhebung 95
         8.1.1 Rücklauf 95
         8.1.2 Charakteristika gesperrter Casinospieler 96
   8.2 Online-Stichproben: Baseline-Erhebung 109
         8.2.1 Win2day-Sample: Rücklauf und
                 Charakteristika gesperrter Spieler 109
         8.2.2 Exkurs: Casinospieler und
                 win2day-Spieler im direkten Vergleich 117
         8.2.3 Tipp3-Sample: Rücklauf und
                 Charakteristika gesperrter Spieler 122
   8.3 Casinostichprobe im Längsschnitt 125
   8.4 Win2day-Sample im Längsschnitt 132
   8.5 Qualitatives Datenmaterial:
         Ausgewählte Erlebnisschilderungen 137

9 Diskussion 169
   9.1 Repräsentativität der Stichproben und
         Aussagekraft der Daten 169
   9.2 Effektivität der Spielsperre im Casinobereich 173
   9.3 Effektivität der Spielsperre im Online-Bereich 180
   9.4 Implikationen für eine Verbesserung der Sperrpraxis 184
   9.5 Ausblick 188

Literaturverzeichnis 191

Anhang 201
Anhang 1: Bremer Fragebogen zur
 Spielsperre (BFS) – Messzeitpunkt T_0 (Casinobereich) 201
Anhang 2: Bremer Fragebogen zur
 Spielsperre (BFS) – Messzeitpunkt F_2 (Casinobereich) 208

Zusammenfassung

Theoretischer Hintergrund. Mit stetiger Expansion des internationalen Glücksspielmarkts gewinnen zunehmend Handlungsstrategien an Bedeutung, die der Prävention der Glücksspielsucht dienen. Obwohl mittlerweile eine breite Palette an Spielerschutzmaßnahmen existiert, mangelt es in der Regel an evidenzbasierten Aussagen zu ihrer Effektivität. Im Fokus des vorliegenden Forschungsprojekts steht mit der Spielsperre eine viel diskutierte und Erfolg versprechende Interventionsform, die weltweit in verschiedenen Marktsegmenten immer häufiger zum Einsatz kommt. Im Allgemeinen zielt die Spielsperre als schadensminimierende Maßnahme darauf ab, gefährdete oder pathologische Spieler auf bestimmte Zeit oder für die gesamte Lebensspanne vom Spielbetrieb auszuschließen. Somit stellt diese Art der Zugangsbeschränkung für vulnerable Personengruppen ein unterstützendes Hilfswerkzeug auf dem Weg zur Verhaltensänderung dar. Zu beachten ist, dass die Sperrverfügung für sich genommen keine beraterischen oder therapeutischen Implikationen mit sich bringt. Die Funktion der Spielsperre, die durch den Glücksspielbetreiber (Fremdsperre) oder eigeninitiativ durch den betroffenen Spieler (Selbst-/Eigensperre) erfolgen kann, bezieht sich ausschließlich auf die Errichtung einer externen Barriere, mit der „interne" Veränderungsprozesse zwar gefördert, jedoch nicht ersetzt werden.

Stand der Forschung. Divergierende (rechtliche) Rahmenbedingungen, variierende Grundannahmen und Anwendungsbezüge sowie voneinander abweichende Umsetzungen der Sperrprogramme in der Praxis erschweren die Vergleichbarkeit der wenigen publizierten Daten und damit die generelle Bewertung des aktuellen Kenntnisstands. Vor dem Hintergrund unterschiedlicher Methoden der Datenerhebung (Selbstberichte im Quer- und Längsschnitt, Detailanalysen von Sperrlisten) und Evaluationsansätze (summative und formative Evaluation) kann für den terrestrischen Spielbereich festgehalten werden, dass gesperrte Spieler im angelsächsischen

Sprachraum im Allgemeinen einen hohen Belastungsgrad aufweisen und zum Zeitpunkt der Spielsperre nahezu ausnahmslos ein problematisches Spielverhalten offenbaren. In Folge der Spielsperre sind positive Veränderungen, wie eine allgemeine Reduzierung der Glücksspielaktivitäten oder eine Verringerung der Symptombelastung, zu beobachten. Für den Online-Bereich lassen sich indessen aus Mangel an Evidenz bislang keine verlässlichen Schlussfolgerungen zur Effektivität der Spielsperre ableiten. In der Gesamtbetrachtung ist die Befundlage zum Nutzen dieser Spielerschutzmaßnahme demzufolge als defizitär zu bezeichnen, insbesondere in Bezug auf aussagekräftige Follow-up-Erhebungen und eindeutig operationalisierte Erfolgskriterien. Gerade für den europäischen Spielbankenbereich fehlen trotz seiner vergleichsweise langen Tradition empirische Daten vollständig.

Zielsetzungen und Forschungsmethodik. Ausgehend von dieser unbefriedigenden Sachlage verfolgt das Forschungsprojekt das übergeordnete Ziel, den Nutzen der Spielsperre in Deutschland, Österreich und der Schweiz sowie im Internet näher zu bestimmen. Zum einen sollen Erkenntnisse darüber gewonnen werden, welche Personen sich überhaupt auf der Sperrliste wiederfinden (Querschnittsperspektive). Zum anderen ist zu untersuchen, welche Folgen die Inanspruchnahme der Spielsperre nach sich zieht (Längsschnittperspektive). Ausgehend von der relativen Neuartigkeit des Forschungsgegenstands bietet sich im Sinne der Methodentriangulation der kombinierte Rückgriff auf quantitative und qualitative Verfahren der Datenerhebung an. In Anlehnung an die Komplexität der Zielsetzungen wurde daher ein Untersuchungsdesign konzipiert, das aus insgesamt drei Stufen besteht. Während Untersuchungsstufe 1 Spieler umfasst, die in einem Zeitraum von zwei Jahren – Dezember 2006 bis November 2008 – im Casinobereich (n=152) oder auf zwei ausgewählten Internetplattformen (win2day [n=259]; tipp3 [n=32]) von der Spielsperre betroffen waren, repräsentiert Untersuchungsstufe 2 die Follow-ups vier Wochen, sechs Monate sowie zwölf Monate nach der Sperrverfügung (n=28 im Casinobereich; n=16 bei win2day). Die Datenerfassung fand ausnahmslos mit selbstkonstruierten, standardisierten Fragebögen statt, wobei für die Gruppe der gesperrten Internetspieler modifizierte Versionen erstellt wurden. Aus forschungstechnischen Gründen lag es nahe, die Baseline-Erhebung im Zuge des Registrierungsprozesses direkt in den Spielbanken als „Papier und Bleistift"-Befragung bzw. im Internet als webbasierte Befragung zu vollziehen. Untersuchungsstufe 3 und die Durchführung von 30 halbstrukturierten Leitfaden-Interviews via Telefon mit einer wohldefinierten Auswahl an Probanden komplettiert das Studiendesign.

Ergebnisse zur Effektivität der Spielsperre im Casinobereich. Deskriptive Analysen zum Profil gesperrter Casinospieler zeigen, dass sich in erster Linie Männer und Personen mittleren Alters auf die Sperrliste setzen lassen. Das Automatenspiel wird im Vergleich zu den Tischspielen häufiger als Problem angesehen. Im Vorfeld der zumeist eigenmotivierten Intervention lässt sich erwartungsgemäß ein mehrjähriger fehlangepasster Entwicklungsverlauf feststellen: Allein die Phase zwischen der erstmaligen Wahrnehmung glücksspielbezogener Belastungen und der Beantragung der Spielsperre beträgt im Durchschnitt knapp sechs Jahre. Zu den Hauptsperrmotiven zählen sowohl übermäßige Spielverluste (finanzielle Ebene) als auch klassische Abhängigkeitssymptome in Form einer starken Bindung an das Glücksspiel und eines als nicht mehr kontrollierbar erlebten Drangs, „zocken" gehen zu müssen (psychische Ebene). Nach den DSM-IV-Kriterien gelten drei Viertel der Stichprobe als Problem- bzw. pathologische Spieler. Dabei ist der Anteil der sozialen Spieler, der sich für eine Spielsperre entscheidet, in der Schweiz am größten. Ferner weist eine beträchtliche Anzahl an Studienteilnehmern bereits Erfahrungen mit Schutzmaßnahmen wie der Spielsperre oder der Besuchsbeschränkung auf.

In der Regel geht der Spielsperre eine suchttypisch geprägte Ambivalenzphase voraus, die sich aus den Polen einer hohen Veränderungsmotivation und dem dieser Handlungsorientierung widerstrebenden Verlangen nach dem Suchtmittel „Glücksspiel" zusammensetzt. Anhaltspunkte für diese Schlussfolgerung finden sich in a) der relativ langen Überlegenszeit vor Abschluss der Spielsperre; b) den zum Teil vielfältigen, jedoch erfolglosen Versuchen, glücksspielabstinent zu leben sowie c) der Entwicklung von impliziten Strategien, die Umsetzung der Sperre trotz hoher Belastung immer wieder hinauszuzögern. Zum Zeitpunkt der Befragung erscheint es den Probanden sehr wichtig, die Casinobesuche zu beenden, wobei die Zuversicht, dieses Ziel auch zu erreichen, etwas geringer ausgeprägt ist. In Einklang mit der offensichtlich hohen Bereitschaft zur Verhaltensänderung deuten die Einstellungsmuster situationsbedingt auf ein ausgeprägtes Maß an Eigenverantwortung und Optimismus hin. Allerdings dürften nicht zuletzt die mit der tatsächlich initiierten Sperrverfügung einhergehenden Emotionen und Kognitionen, wie etwa Euphorie, Erleichterung oder Entlastung, wesentlich zu dieser positiv gefärbten Grundstimmung beigetragen haben. Des Weiteren lehnt ein Großteil der Befragten ergänzende Versorgungsangebote ab: Während vor dem Abschluss der Spielsperre nur 7% formelle Hilfen in Anspruch genommen haben, will lediglich knapp ein Viertel diesen Schritt in Zukunft realisieren. Zusammengenommen drängt sich somit der Verdacht auf, dass die Spielsperre als Allheilmittel wahrgenommen wird, die eigene Anstrengungen zur Aufrechterhaltung der (bereichsspezifischen) Abstinenz überflüssig macht. Schließlich verweisen die Befunde auf die Notwendigkeit, die Vermarktung der Spielsperre zu fördern, Zugangsbarrieren abzubauen und den oftmals schambesetzten öffentlichen Registrierungsprozess zu optimieren.

Die Längsschnittbefunde zu ausgewählten Parametern des Spielverhaltens, casinospielbedingten Stressindikatoren und dem glücksspielbezogenen Problemstatus belegen eine deutliche Verbesserung des psychosozialen Funktionsniveaus sowie des subjektiven Wohlbefindens der Betroffenen. Zudem zeigt sich, dass diese Veränderungen bereits vier Wochen nach Beginn der Sperrlaufzeit zu beobachten sind und noch ein Jahr nach Inkrafttreten der Spielsperre aufrechterhalten werden. Es profitieren vor allem diejenigen Spieler von der Sperre, die zur Baseline-Erhebung eine ausgeprägte Fehlanpassung im Zusammenhang mit dem Glücksspiel aufweisen und dem Abstinenzziel bezogen auf das Casinospiel generell eine hohe Bedeutung beimessen. Außerdem berichten einige Studienteilnehmer von verschiedenen Arten des Ausweichverhaltens, die in erster Linie das Weiterspielen in Spielhallen, aber auch den Besuch von Spielbanken (in Österreich bei Beschränkung der Spielsperre auf einen Standort) oder Automatensälen (in Deutschland vor Einführung der Ausweiskontrolle) bzw. von Casinos im benachbarten Ausland umfassen.

Ergebnisse zur Effektivität der Spielsperre im Internetbereich. Die Gruppe gesperrter win2day-Kunden besteht vorwiegend aus Männern und Personen, die sich in ihrer dritten oder vierten Lebensdekade befinden. Theoriekonform benennen die Probanden die Teilnahme an casinotypischen Spielformen am häufigsten als problembehaftet. Ungeachtet dessen erhöht das Vorliegen von Belastungen im Zusammenhang mit einem win2day-Spielangebot die Wahrscheinlichkeit, ebenfalls Probleme im Zusammenhang mit anderen win2day-Angeboten zu erleben. Auf der Basis des Lie/Bet-Questionnaire sind 68% des Samples als wahrscheinliche Internet-Problemspieler einzustufen. Diese Subgruppe wählt im Allgemeinen eine längere Sperrlaufzeit als die Subgruppe der sozialen Internetspieler. Grundsätzlich rangieren Beweggründe, die auf ein exzessives Spielverhalten hinweisen, wie zum Beispiel zu hohe Geldeinbußen, ein übermäßiger Zeitaufwand oder der Verlust der Handlungskontrolle, auf den vorderen Plätzen der Motivhierarchie. Darüber hinaus spielen verstärkt Anlässe abseits einer glücksspielbezogenen Belastung bei der Inanspruchnahme der Online-Spielsperre eine Rolle (z.b. vorbeugende Aspekte oder der Ärger über die Internetplattform win2day). Einschränkend ist jedoch darauf zu verweisen, dass sich das Verständnis der Betroffenen bezüglich des Begriffs der Vorbeugung nicht mit der gesundheitswissenschaftlichen Definition von Prävention im Sinne einer vorausschauenden Problemvermeidung deckt. Vielmehr dürfte mit Vorbeugung bei den meisten Spielern „Verhinderung weiterer Schäden" gemeint sein (gilt ebenso für die Casinostichprobe). Dennoch überrascht der relativ hohe Anteil an Personen, der sich offenbar ohne suchttypische Symptomatik für eine Spielsperre im Internet entscheidet, auch im direkten Vergleich mit der Casinostichprobe. In Einklang hiermit steht der recht kurze Entscheidungsprozess auf dem Weg zur Spielsperre. Neben dem geringeren Belastungsgrad scheinen die niedrigen Zugangsbarrieren in Kombination mit der Anonymität des Internets dieses Phänomen zu bedingen. Abgesehen von der Spielsperre auf win2day (und bei anderen Online-Anbietern) gibt es lediglich vereinzelnd Personen, die sich um ergänzende Hilfemaßnahmen bemühen wollen.

In Bezug auf den Entwicklungsverlauf nach Abschluss der Sperrverfügung zeichnet sich ab, dass die zeitlich begrenzte Zugangsbeschränkung zu einem einzigen Internet-Glücksspielangebot durchaus günstige Auswirkungen nach sich ziehen kann. Die Reduzierung des Anteils potenzieller Problemspieler sowie das augenscheinlich kaum existente Ausweichen auf andere Websites liefern erste Hinweise für diese Schlussfolgerung. Zudem verweisen verschiedene Indikatoren durchweg auf ein eher hohes psychosoziales Funktionsniveau bei gleichzeitig positiver Beurteilung des Nutzens der Online-Sperre. Die nach vier Wochen merklich verringerte Wichtigkeit, mit dem Spielen im Internet aufzuhören, lässt die Vermutung zu, dass sich etwaige Entlastungsphänomene bereits kurzfristig einstellen. Welche Prädiktoren in entscheidender Weise zur Wirksamkeit der Spielsperre im Internet beitragen, muss jedoch offen bleiben. Ein Mangel an individuellen Kernkompetenzen in Verbindung mit einer niedrigen Eigenmotivation dürfte der Wirkungslosigkeit einer singulären Sperrverfügung Vorschub leisten.

Aufgrund der kleinen Stichprobe sind fundierte Aussagen zu selbstgesperrten tipp3-Kunden nur in Ansätzen möglich. Zum einen sind deutliche Ähnlichkeiten zum win2day-Sample erkennbar (z.b. fast 50% soziale Wetter, spontaner Entschluss pro Spielsperre, Vorbeugung als vorrangiges Sperrmotiv). Zum anderen erweist sich die hohe Wettaffinität sowie das junge Alter der potenziellen Problemwetter als charakteristisch für diese Klientel.

Aussagekraft der Befunde und Implikationen für eine Optimierung der Sperrpraxis. In der Gesamtwürdigung unterstreichen die vorgestellten Befunde den von der Spielsperre ausgehenden Nutzwert, vor allem für die Gruppe der pathologischen Spieler. Einige Aspekte schränken die Aussagekraft der Daten indessen ein. An erster Stelle ist anzuführen, dass die Auswahl der Stichproben naturgemäß ein Verzicht auf Repräsentativität bedeutet und sich die Ausschöpfungsquoten bloß als bedingt zufriedenstellend erweisen. Eine Generalisierung der Erkenntnisse auf die Kohorte aller gesperrten Casinospieler in Deutschland, Österreich und der Schweiz bzw. auf die Population gesperrter Spieler im Online-Bereich bleibt damit unzulässig. Weiterhin bezieht sich der Gültigkeitsanspruch der Aussagen ausschließlich auf die Option der Selbstsperre, da die Rekrutierung fremdgesperrter Spieler nahezu unmöglich war. Auch sollten Selbstberichte niemals mit dem exakten Abbild der Realität verwechselt werden. Im Hinblick auf die Validität sind methodenimmanente Interpretationsprobleme („shared method variance") und der notwendige partielle Verzicht auf testtheoretisch abgesicherte Erhebungsverfahren anzumerken. Zugleich setzen der Umfang der einzelnen Samples und die dadurch bedingte geringe Varianz bestimmter Merkmale Grenzen, zum Beispiel in der statistischen Analyse der Longitudinaldaten. Schließlich ließ sich eine Kontrollgruppe pathologischer Casino- und Internetspieler ohne Sperrverfügung aus ethischen und juristischen Gründen nicht zusammenstellen.

Trotz dieser Einschränkungen bringen die Befunde wertvolle Implikationen für eine evidenzbasierte Optimierung der Sperrpraxis mit sich. Aus dem breiten Spektrum ableitbarer Handlungsempfehlungen sind zwei Zieldefinitionen hervorzuheben: a) die Minimierung der Gefahr des Ausweichens auf andere Glücksspielsegmente sowie b) die strukturelle Verzahnung von Sperrprogrammen mit professionellen Versorgungsangeboten der Suchthilfe. Eine Ausdehnung der Reichweite der Spielsperre und die Umsetzung innovativer, hinreichend evaluierter Sperrmodelle in Anlehnung an die Vorbilder „Self-Exclusion Educator" bzw. „Self-Exclusion Counsellor" stellen zur Zielerreichung die Mittel der Wahl dar. Aus dem Blickwinkel der Forschung wäre eine Replikation der vorgestellten Untersuchung mit größeren Stichproben genauso anzustreben wie die Überprüfung der Wirksamkeit der Spielsperre in anderen Marktsegmenten. Im Sinne des Spielerschutzes ist zu hoffen, dass die extrahierten Befunde zu einer nachhaltigen Verbesserung der Sperrpraxis beitragen.

1 Einleitung

„Ich strebe eine Therapie an, weil ich meinen Frust neuerdings in Spielhallen auslebe – was ich bisher verabscheute"

[E-Mail einer gesperrten Spielerin]

1.1 Glücksspielbezogene Probleme

Schon seit Jahrhunderten ziehen diverse Glücksspielvarianten breite Bevölkerungsschichten in den unterschiedlichsten Kulturkreisen in ihren Bann. Die in Aussicht gestellten Gewinnsummen in Verbindung mit der Ungewissheit des Spielausgangs machen dabei die besondere Faszination des Glücksspiels aus. So geht die Spielbeteiligung mit einer Veränderung des Erlebniszustandes einher, die üblicherweise als Stimulation, Kick oder Erregung wahrgenommen wird (vgl. zur psychotropen Wirkung des Glücksspiels Meyer & Bachmann, 2005). Darüber hinaus können Glücksspiele zur Ausblendung alltäglicher Stress- oder Konfliktsituationen oder zur Verdrängung andauernder Belastungen dienen. Unabhängig vom Spielausgang bringt die Teilnahme am Glücksspiel folglich das Potenzial mit sich, im Sinne von psychologischen Verstärkungsmechanismen erstrebenswerte Erlebnisqualitäten gezielt hervorzurufen bzw. unangenehme Erlebnisqualitäten zu negieren.

Während die Mehrheit der Spielinteressierten in verantwortungsbewusster und kontrollierter Weise Geld für Glücksspiele ausgibt, ähnelt das Spielverhalten von Problemspielern[1] in seiner Phänomenologie und Symp-

---

[1] Im vorliegenden Forschungsbericht beziehen sich Begriffe wie „Spieler", „Mitarbeiter" oder „Probanden" aus Gründen der Lesbarkeit auf beide Geschlechter. Sofern nicht explizit geschlechtsspezifische Formulierungen gewählt werden, gelten personenbezogene Aussagen immer für Frauen und Männer. Des Weiteren verweisen Termini wie „Problemspieler", „problematisches Spielverhalten"

tomatik einem unangepassten Konsummuster im Zusammenhang mit psychotropen Substanzen. Der mögliche Geldgewinn als Spielanreiz rückt im Zuge einer zumeist langjährig andauernden Fehlentwicklung sukzessive in den Hintergrund; anstelle dessen dominiert die erregende oder sedierende Wirkung des Glücksspiels die Spielmotivation zunehmend. Für die Betroffenen steht nunmehr das als unwiderstehlich erlebte Verlangen nach dem Glücksspiel im Zentrum ihrer Lebenswirklichkeit. Auch wenn gerade nicht „gezockt" wird, drehen sich die Gedanken nahezu ununterbrochen um die jeweiligen Spielangebote. Zudem erweisen sich Versuche, die Spielfrequenz, die Spieldauer oder die Spieleinsätze zu begrenzen, als erfolglos. Trotz zum Teil weitreichender negativer Konsequenzen finanzieller und psychosozialer Art, die durch das exzessive Spielverhalten drohen bzw. bereits entstanden sind, scheint ein Leben ohne das Glücksspiel aus Sicht des Problemspielers sinnentleert zu sein. Am Ende dieses fehlangepassten Entwicklungsverlaufs weisen die Betroffenen neben Symptomen wie dem Verlust der Handlungskontrolle, der Abstinenzunfähigkeit oder der süchtigen Bindung an das Glücksspiel nicht selten Phänomene wie den finanziellen Totalruin, Beschaffungsdelinquenz, die komplette Aufgabe von sozialen Beziehungen bzw. Freizeitaktivitäten oder sogar Suizidgedanken und Suizidversuche auf (vgl. Meyer & Bachmann, 2005).

In Anlehnung an die Nachfrage nach Suchtmitteln lassen sich die Konsummuster beim Glücksspiel grundsätzlich auf einem Kontinuum abbilden, das sporadische sowie regelmäßige Spielweisen, aber auch problematische oder pathologische bzw. süchtige Ausprägungen kennt. Daneben wurde in der Literatur ein prototypischer Krankheitsverlauf postuliert, der gewöhnlich ein positives Anfangsstadium (sog. Gewinnphase), ein kritisches Gewöhnungsstadium (sog. Verlustphase) und ein abschließendes Suchtstadium (sog. Verzweiflungsphase) vorsieht (vgl. für eine ausführliche Darstellung mit Meyer & Bachmann, 2005). Das Durchlaufen aller Stadien sowie die Entstehung einer suchtcharakteristischen Eigendynamik galten lange Zeit als obligatorische Versatzstücke einer problembehafteten „Spielerkarriere": Die zunehmende Fokussierung auf das Glücksspiel, die Ausblendung gravierender negativer Konsequenzen des Spielverhaltens, die Einengung des eigenen Handlungsspielraums oder hartnäckige Versu-

---

oder „glücksspielbezogene Probleme" in der Regel in übergeordneter Weise auf jegliche Form der Fehlanpassung im Zusammenhang mit dem Glücksspiel abseits einer diagnostischen Bewertung oder Kategorisierung.

che, bereits entstandene Verluste durch das Weiterspielen wieder ausgleichen zu können (Chasing-Verhalten), stehen exemplarisch für diese Entwicklungsdynamik. Aktuelle Forschungsbefunde widersprechen jedoch der Auffassung, dass glücksspielbedingte Fehlentwicklungen immer progredient verlaufen und zwangsläufig in einem chronischen Suchtstadium münden müssen (vgl. im Überblick Slutske, 2007). Vielmehr sind neben chronischen auch episodische oder anfallsartige Verlaufsformen zu beobachten, so dass die Gruppe der Problemspieler in ihrer Zusammensetzung als heterogen anzusehen ist. Differentielle Wirkmechanismen bei der Entstehung und Aufrechterhaltung glücksspielbezogener Probleme sowie unterschiedliche Belastungsgrade spiegeln die Notwendigkeit einer individuumsorientierten Präventions- bzw. Interventionsarbeit wider und sprechen generell gegen einen „One-Size-Fits-All"-Ansatz.

Im Vergleich zu den Störungen durch psychotrope Substanzen fehlt es beim Vorliegen von Problemverhaltensweisen im Zusammenhang mit Glücksspielen an offensichtlichen oder leicht zu erkennenden Symptomen. Üblicherweise gelingt es den Betroffenen, ein komplexes Lügengerüst aufzubauen und ihr Spielverhalten einschließlich der negativen Konsequenzen über einen längeren Zeitraum zu verheimlichen. Entsprechend wird die Glücksspielsucht auch als verborgene Sucht („hidden addiction") bezeichnet. Daneben tragen Schuld- und Schamgefühle aber auch suchttypische Tendenzen der Bagatellisierung, Rationalisierung, Selbsttäuschung und eine fehlende Krankheitseinsicht dazu bei, dass nur eine geringe Anzahl an Problemspielern den Weg in das professionelle Hilfesystem findet oder sich Selbsthilfegruppen anschließt. Empirischen Befunden zufolge nehmen aus unterschiedlichen Gründen nur bis zu 10% aller Problemspieler entsprechende Versorgungsangebote – zumeist in akuten Krisensituationen oder erst beim Vorliegen einer manifesten Suchtsymptomatik – wahr (vgl. z.B. Clarke, 2007; Clarke, Abbott, DeSouza & Bellringer, 2007; Ladouceur, Lachance & Fournier, 2009; Laging, 2009; Suurvali, Hodgins, Toneatto & Cunningham, 2008). Dass dieser Schritt – wenn überhaupt – vergleichsweise spät erfolgt, wird durch die multizentrische Forschungsstudie von Denzer, Petry, Baulig und Volker (1995) aus Deutschland untermauert: 40,5% der untersuchten Spieler aus ambulanten und stationären Facheinrichtungen berichteten von einer fünf- bis zehnjährigen Problemdauer im Vorfeld der Kontaktaufnahme. Diese unbefriedigende Ist-Situation wirft unter anderem die Frage nach einer Verbesserung der Erreichungsquote bzw. nach alternativen Wegen auf, Betroffene in das formelle Suchthilfesystem zu überführen (Vorschläge zur Minimierung etwaiger personenbezogener Hemmschwellen und struktureller Barrieren in Bezug auf die Inanspruchnahme von Hilfen finden sich unter anderem bei Laging, 2009).

1.2 Präventiver Handlungsbedarf

Weltweit lässt sich in den letzten Jahren der Trend ablesen, dass die Entwicklung und Manifestation von glücksspielbezogenen Problemen weniger als individuelle oder moralische Schwäche, sondern vielmehr als Thema der Gesundheitswissenschaften und Gesundheitspolitik verstanden wird (Shaffer & Korn, 2002). Vor dem Hintergrund stetig expandierender Glücksspielmärkte dienen vor allem soziale Kosten, die in Verbindung mit dem Glücksspiel bzw. der Glücksspielsucht stehen, als Rechtfertigungsgrundlage für staatliche Interventions- bzw. Regulationspraktiken. Neben Eingriffen in die Marktstrukturen gewinnen konkrete, evidenzbasierte Maßnahmen des Spielerschutzes zunehmend an Bedeutung (vgl. für einen umfassenden Überblick Griffiths, Hayer & Meyer, 2009; Hayer & Meyer, 2004a). Die Implementierung derartiger Maßnahmen verfolgt zum einen das Ziel, der Entwicklung glücksspielbezogener Probleme vorzubeugen (Primärprävention) sowie zum anderen die Absicht, negative Folgen zu minimieren, die in Verbindung mit einem exzessiven Spielverhalten auftreten (Sekundärprävention bzw. Schadensminimierung). Hinzu kommen Strategien der Tertiärprävention, die auf manifeste oder fortgeschrittene Störungsbilder reagieren, indem aversive Konsequenzen und Spätfolgen des übermäßigen „Zockens" mit Hilfe störungsspezifischer Behandlungsansätze kompensiert werden sollen.

Wie bei anderen Problemverhaltensweisen ist die Entwicklung glücksspielbezogener Probleme als multifaktoriell anzusehen und auf das komplexe Zusammenwirken verschiedener Bedingungsfaktoren zurückführen. Das Modell der Suchttrias dient diesbezüglich als geeignetes Ordnungsschema, indem es individuums-, umgebungs- sowie suchtmittelbedingte Risikofaktoren unterscheidet (Meyer & Bachmann, 2005). Gemäß diesem Erklärungsansatz können Präventionsmaßnahmen an jeder der drei Säulen der Suchttrias – Person, Umgebung, Suchtmittel – ansetzen. Für die Prävention glücksspielbezogener Probleme bringt dieses Modell folgende Implikationen mit sich (vgl. Hayer & Meyer, 2004a):

- Qualitätsaspekt: Direkte Eingriffe in die Struktur von Glücksspielen zur Reduzierung der Spielanreize sind durch staatliche Interventionen vergleichsweise kostengünstig und schnell umzusetzen. Die Einflussnahme auf biopsychosoziale Risikofaktoren, wie etwa bestimmte Persönlichkeitsmerkmale, Einstellungsmuster oder die Affinität der Peer-Gruppe zum Glücksspiel, erweist sich indessen als mühsam und zumindest auf kurze Sicht weniger Erfolg versprechend.
- Quantitätsaspekt: Eine ähnliche Einschätzung gilt für die Einschränkung der Verfügbarkeit von Glücksspielen. Ebenso wie in anderen Suchtbereichen ist davon auszugehen, dass das Ausmaß glücksspielbezogener Probleme in der Bevölkerung im direkten oder indirekten Zusammenhang mit der Griffnähe von Glücksspielen steht (z.B. Petry & Armentano, 1999; Volberg, 1994). Ein dichtes Netzwerk an Spielangeboten verbunden mit einer entsprechenden Vermarktung suggeriert eine hohe gesellschaftliche Akzeptanz und lässt Hemmschwellen bei potenziellen Spielteilnehmern senken. Zwar sprechen aktuelle Befunde gegen einen einfach-linearen Wirkmechanismus (Williams, Simpson & West, 2007); dennoch dürfte diese Gleichung vor allem beim gleichzeitigen Verzicht auf die Implementierung effektiver Spielerschutzmaßnahmen Gültigkeit besitzen. Insbesondere für Problemspieler erweist sich jegliche Barriere, die den Zugang zum Glücksspiel erschwert, als zweckdienlich auf dem Weg zur Verhaltensänderung.
- Darüber hinaus deutet die Vielzahl an risikoerhöhenden Bedingungen internaler und externaler Art an, dass für eine effektive Primär-, Sekundär- und Tertiärprävention ein nachhaltiger, umfassender und aufeinander abgestimmter Ansatz unabdingbar ist, um die Anzahl der Betroffenen und die Folgeschäden der Fehlanpassungen zu minimieren.

Aus der Perspektive der Suchtprävention lässt sich generell festhalten, dass Strategien der Verhältnisprävention wie die allgemeine Einschränkung des Glücksspielangebots oder die Erschwerung des Zugangs zu Spielstätten Sinn machen, um das Problemausmaß und die negativen Folgen des exzessiven Spielverhaltens zu begrenzen. Eine der zentralen und viel diskutierten Maßnahmen bezieht sich auf die Option der Spielsperre[2], mit

---

2 Der Terminus „Spielsperre" findet in der Regel dann Verwendung, wenn sowohl von der Selbst- als auch von der Fremdsperre die Rede ist. Zudem wird Ausdrücken wie „Sperrvereinbarung" oder „Sperrverfügung" der Vorzug gegenüber „Sperrvertrag" gegeben, da es zumindest diskussionswürdig

der gefährdete oder pathologische Spieler in bestimmten Marktsegmenten vom Spielbetrieb auf bestimmte Zeit oder für die gesamte Lebensspanne ausgeschlossen werden sollen.

---

erscheint, ob Spieler und Glücksspielanbieter einen Vertrag im juristischen Sinne abschließen.

2 Die Spielsperre als Maßnahme des Spielerschutzes: Eine theoretische Annäherung

2.1 Funktion und Varianten der Spielsperre

Mit der Spielsperre steht im Glücksspielbereich eine schadensminimierende Maßnahme zur Verfügung, die in anderen Geschäftsfeldern, welche Konsumgüter mit erhöhten Gesundheitsrisiken betreffen (z.b. Alkohol, Tabak), in dieser Art nicht existiert. Historisch gesehen entwickelten sich die heutzutage etablierten und weitgehend formalisierten Sperrprogramme aus informellen Strategien der Anbieter, die darauf abzielten, Gästen mit einem renitenten oder unsittlichen Verhalten die Eintrittsberechtigung zum Casino zu verwehren (vgl. Nower & Blaszczynski, 2008). Jene Form der Fremdsperre durch die Spielbank betrifft primär Spieler, die durch Beleidigungen des Personals bzw. anderer Gäste, Störungen der Spielabläufe (z.b. Beschädigung der Spielautomaten, Herumschmeißen von Jetons) oder kriminelle Machenschaften unterschiedlicher Ausprägung wie Falschspiel, Diebstahl oder Betrug aufgefallen sind. Inzwischen lässt sich das Mittel der Casinosperre weiterführend als Ausdruck eines proaktiven Spielerschutzkonzepts verstehen: Auf Initiative der Spielbanken können Personen auch vor dem Hintergrund sachlich begründeter und überprüfbarer Anhaltspunkte, wie fehlangepassten oder eskalierenden Spielmustern oder einer Verschuldung, gesperrt werden. Von dieser angeordneten Spielsperre abzugrenzen ist die Selbstsperre, die durch Aktivitäten des Spielers zustande kommt. Gewöhnlich wird als zentrales Motiv für diesen Schritt der subjektiv erlebte Verlust der Handlungskontrolle und damit ein Kernsymptom pathologischen Spielverhaltens angeführt. In der Regel nimmt der jeweilige Gast direkt in der Spielstätte Kontakt zum Personal auf und äußert den Wunsch nach einer Selbstsperre, wobei der nachfolgende Registrierungsprozess üblicherweise direkt vor Ort stattfindet.

Im Allgemeinen sind formalisierte Selbstsperrprogramme weltweit gesehen eine vergleichsweise neue Errungenschaft: So reicht ihre erstmalige

Einführung im englischen Sprachraum in das Jahr 1989 nach Kanada (Manitoba) zurück (Blaszczynski, Ladouceur & Nower, 2007). Eine Ausnahme stellen die Länder Österreich und Deutschland dar. Bereits mit Gründung der österreichischen Spielbanken in 1934 wurde die Möglichkeit der Spielsperre angeboten. Seit 1991 findet zudem eine elektronische Datenerfassung und -übermittlung statt. In Deutschland besteht die Option der Spielsperre im Spielbankenbereich seit Wiederaufnahme des Spielbetriebs nach dem 2. Weltkrieg (z.B. in Bayern spätestens seit der Verstaatlichung der Spielbanken 1961). Der bundesweite Datenaustausch und damit Bestrebungen zur Etablierung eines formellen Sperrsystems begann im Jahre 1981. Darüber hinaus bieten auf internationaler Ebene mittlerweile einige Glücksspielanbieter im Internet die Gelegenheit zur Eigensperre. Abgesehen von den Betroffenen selbst können in bestimmten Fällen Familienmitglieder oder nahe Bezugspersonen das Sperrverfahren anstoßen. Abbildung 1 fasst die verschiedenen Varianten der Spielsperre im Überblick zusammen.

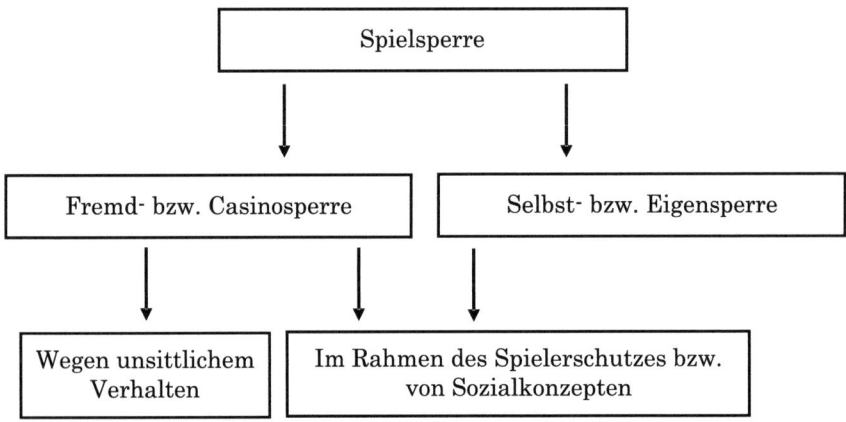

Abbildung 1: Unterschiedliche Varianten der Spielsperre – Ein Überblick

Prinzipiell hat eine Spielsperre die Funktion, den Zugang zum Glücksspiel zu unterbinden. Folglich kann diese Maßnahme des Spielerschutzes für suchtgefährdete oder Problemspieler als Hilfsmittel dienen, die Handlungskontrolle wiederzuerlangen bzw. sie bei der Absicht unterstützen, bereichsspezifisch glücksspielabstinent zu leben. Entsprechend lässt sich als übergeordnetes Ziel der Sperrverfügung die Abstinenz – zumindest von der als problembehaftet erlebten Spielform – anführen. In Abgrenzung zu den differenzierten Versorgungsangeboten des Suchthilfesystems bringt die Spielsperre keine beraterischen oder therapeutischen Implikationen mit sich, sondern stellt vielmehr eine zunächst isolierte Strategie der Nachfragebeschränkung dar, die von der Glücksspielindustrie offeriert wird (vgl. Nower & Blaszczynski, 2006).

Gemeinhin stellen Spielsperren, die vorrangig im Bereich der Spielbanken eingesetzt werden, einen integralen Bestandteil von weiterreichenden Präventions- bzw. Sozialkonzepten dar. Den Wert, dem die Spielsperre als Mittel der Sekundärprävention zugeschrieben wird, verdeutlichen nationale Untersuchungsberichte. So befürwortete zum Beispiel die National Gambling Impact Study Commission (1999) in den USA bereits vor einer Dekade die Einführung der Option der Selbstsperre in Spielstätten. Eine ähnliche Empfehlung findet sich in der Veröffentlichung der Productivity Commission (1999) für den australischen Glücksspielmarkt. Auch hier gilt die Selbstsperre als sinnvolles Element einer verantwortungsvollen Glücksspielpolitik. Zugleich wird darauf verwiesen, dass der Nutzen der Zugangsbeschränkung mit ihrem Anwendungsspektrum steigt bzw. fällt: Je mehr Möglichkeiten gesperrte Spieler grundsätzlich zum Ausweichen auf andere Spielangebote haben bzw. je leichter die Aushebelung dieser Maßnahme gelingt, desto bedeutungsloser erscheint die Selbstsperre im Sinne der Suchtprävention.

Zusammengenommen lässt sich eine Spielsperre in ihrer Konzeption als ein Behelfsinstrument für suchtgefährdete bzw. Problemspieler ansehen, das als externe Barriere in Form eines Zugangsverbots fungiert und angestrebte „interne" Prozesse der Verhaltensänderung unterstützt, nicht jedoch ersetzt (vgl. O'Hare, 2004). Wenig zweckdienlich gerade aus Spielersicht wäre die Auffassung, die Verantwortung für das eigene (Spiel-)Verhalten mit der Verfügung einer Spielsperre vollständig abzugeben (vgl. Collins & Kelly, 2002; Napolitano, 2003). Als ebenso kontraproduktiv würde sich eine überzogene Erwartungshaltung erweisen, mit der Spielsperre schlagartig alle glücksspielbezogenen Probleme gelöst zu haben. Unabhängig davon ist es die vorrangige Aufgabe der Glücksspielanbieter, im Rahmen ihrer Möglichkeiten für eine effektive Umsetzung der Sperrsysteme zu sorgen und nichts zu unternehmen, was die Intention eines Sperrprogramms bzw. das Bestreben des Spielers, sich von Spielstätten fernzuhalten, gezielt untergräbt. Hierzu zählen nicht zuletzt jegliche Versuche, Betroffenen den Wunsch nach einer Sperrung gezielt auszureden oder gesperrten Spielern Werbematerialien oder Gratifikationen unterschiedlicher Art zukommen zu lassen.

2.2 Aktuelle Optimierungsversuche

Während die Spielsperre in der Vergangenheit im Sinne eines bloßen Kontroll- oder Überwachungsansatzes verstanden wurde, lässt sich diesbezüglich in den letzten Jahren weltweit ein Paradigmenwechsel wahrnehmen. Zum einen ist festzuhalten, dass Glücksspielanbieter zunehmend verantwortungsbewusst agieren und eine proaktivere Rolle in Sachen Spielerschutz einnehmen bzw. über gesetzliche Auflagen dazu verpflichtet werden. Zum anderen existieren erste innovative Ideen, die Spielsperre mit anderen Interventionsmaßnahmen strukturell zu verknüpfen, um das Rückfallrisiko sowie die Gefahr des Ausweichens auf weiterhin zugängliche Glücksspielangebote zu minimieren. Diesbezüglich haben Blaszczynski et al. (2007) unlängst ein formalisiertes und standardisiertes Modell der Selbstsperre für das Casinosegment vorgestellt, das die Verantwortungsübernahme durch den Spieler betont, zugleich aber auch Pflichten für die Anbieter von Glücksspielen definiert. Im Zentrum dieses Sperrmodells steht der sogenannte „Self-Exclusion Educator", eine unabhängig von Anbieterseite beschäftigte Person, die im persönlichen Kontakt zu den Spielern über den Inhalt und Zweck der Spielsperre unterrichten, die individuelle Motivationslage und Ziele der Betroffenen abklären sowie bei Bedarf passgenaue Beratungs-/Behandlungsschritte vorschlagen soll. Dieser Ansatz geht demzufolge davon aus, dass verschiedene Subtypen von gesperrten Spielern mit jeweils unterschiedlichen Bedürfnisstrukturen existieren. Denkbar wären zum Beispiel Spielergruppen, die:

- sich in einem akuten Stadium extremer Verzweiflung wegen gravierender finanzieller Verluste befinden;
- Suizidgedanken äußern oder sogar konkrete Suizidhandlungen ankündigen;
- sich nach langem Zögern und Hadern für eine Spielsperre entscheiden;
- erstmalig bemerken, dass es ihnen schwer fällt, ihr Spielverhalten zu kontrollieren;
- aufgrund von situativen Einflussfaktoren spontan auf das Mittel der Spielsperre zurückgreifen (etwa wegen Konflikten mit dem Casinopersonal).

Zunächst verdeutlicht diese Auflistung, dass die Gründe für die Selbstsperre in erster Linie in dem Schutz des Spielers vor sich selbst zu suchen sind, da eine Kontrolle des Spielverhaltens ohne Intervention offenkundig nicht mehr oder nur unter großer Anstrengung möglich ist. Außerdem macht diese nicht umfassende und hypothetische Auflistung von Subgruppen den weiterführenden Bedarf an einer individuumsorientierten Versorgung deutlich. Entsprechend fassen Blaszczynski et al. (2007) die Selbstsperre als möglichen Türöffner für weiterführende Interventionen und somit als Chance auf, Personen mit einem problematischen Spielverhalten in das Suchthilfesystem zu vermitteln. Für sich genommen darf die Spielsperre daher nicht als therapeutische Maßnahme missverstanden werden, da sie ausschließlich eine Zugangsbeschränkung zum Glücksspiel darstellt. Die Klärung der Erwartungshaltung – sowohl auf Anbieterseite als auch auf Spielerseite – einschließlich einer eindeutigen Definition der Zuständigkeiten und Verpflichtungen beider Parteien verkörpert somit eine wichtige Voraussetzung für die Optimierung der Sperrpraxis, nicht zuletzt auch, um etwaige überzogene Vorstellungen, Enttäuschungen oder ungerechtfertige Kritik zu vermeiden. Gleichzeitig berücksichtigt die Einbindung des „Self-Exclusion Educator", dass es nicht die Aufgabe des Spielstättenpersonals sein kann, die Rolle eines Sozialarbeiters, Suchtberaters oder Psychotherapeuten einzunehmen. Darüber hinaus soll der Einsatz einer unabhängigen Instanz mit Aufsichts- und Überwachungsfunktion zur Qualitätssicherung beitragen. Abbildung 2 fasst in modifizierter Form den Ablauf des Sperrmodells von Blaszczynski et al. (2007) zusammen.

Es bleibt zum jetzigen Zeitpunkt abzuwarten, ob dieser Ansatz vorbehaltlos auf die jeweils vorherrschenden nationalen Verhältnisse und Glücksspielsegmente zu übertragen ist. Im Fokus zukünftiger Forschungsarbeiten muss daher vor allem die Überprüfung der Praxisrelevanz dieses Vorgehens stehen (vgl. Tremblay, Boutin & Ladouceur, 2008). So stellt sich die übergeordnete Frage, ob ein derartiges Sperrmodell auf freiwilliger Basis überhaupt angenommen wird bzw. ob es Sinn macht, Betroffene in jedem Fall zu einer Teilnahme zu verpflichten. Daneben darf die Einbindung einer unabhängigen Instanz nicht dazu führen, dass Spieler in der Phase zwischen der Kontaktierung des Casinopersonals und dem ersten Treffen mit dieser Fachkraft von ihrem Entschluss für die Selbstsperre wieder Abstand nehmen. Während die Grundidee, die hinter diesem Modell steckt, durchaus plausibel klingt und weiterverfolgt werden sollte, haben empirische Befunde zu zeigen, welche Stärken und Schwächen eine Umsetzung in der Realität mit sich bringt.

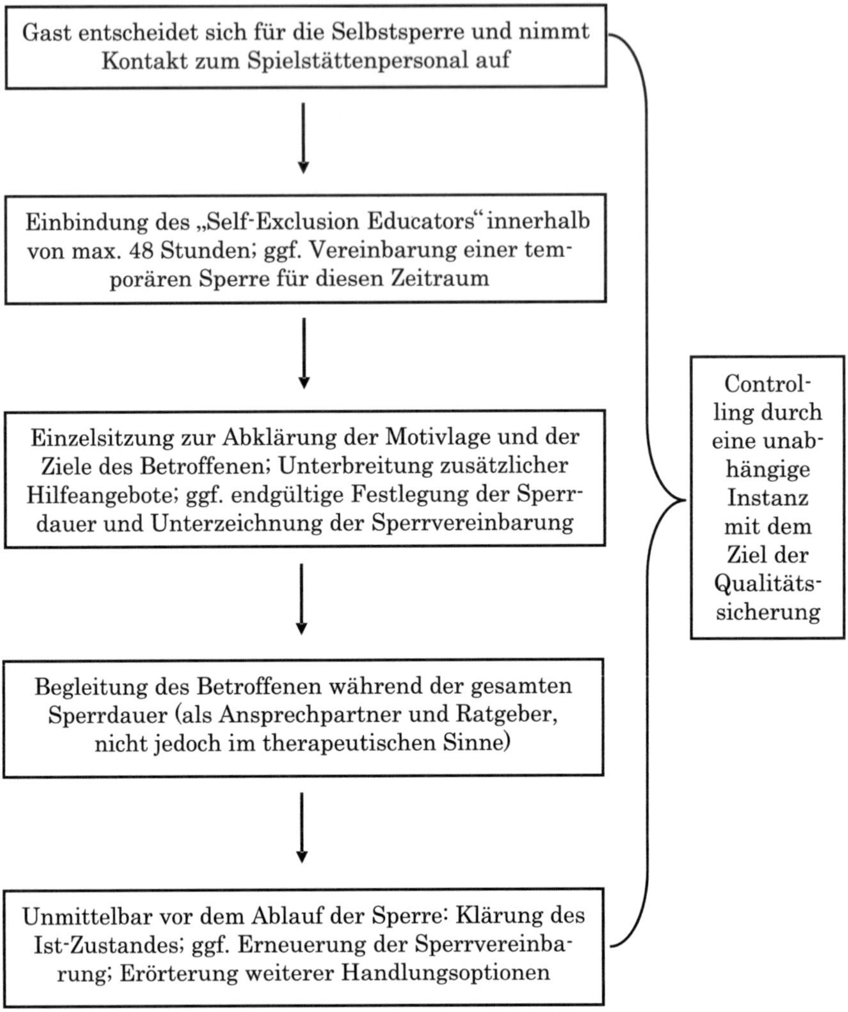

```
┌─────────────────────────────────────────────┐
│ Gast entscheidet sich für die Selbstsperre  │
│ und nimmt Kontakt zum Spielstättenpersonal  │
│ auf                                         │
└─────────────────────────────────────────────┘
                      ↓
┌─────────────────────────────────────────────┐
│ Einbindung des „Self-Exclusion Educators"   │
│ innerhalb von max. 48 Stunden; ggf.         │
│ Vereinbarung einer temporären Sperre für    │
│ diesen Zeitraum                             │
└─────────────────────────────────────────────┘
                      ↓                          ┌──────────────┐
┌─────────────────────────────────────────────┐  │ Controlling  │
│ Einzelsitzung zur Abklärung der Motivlage   │  │ durch eine   │
│ und der Ziele des Betroffenen; Unterbreitung│  │ unabhängige  │
│ zusätzlicher Hilfeangebote; ggf. endgültige │  │ Instanz mit  │
│ Festlegung der Sperrdauer und Unterzeichnung│  │ dem Ziel der │
│ der Sperrvereinbarung                       │  │ Qualitäts-   │
└─────────────────────────────────────────────┘  │ sicherung    │
                      ↓                          └──────────────┘
┌─────────────────────────────────────────────┐
│ Begleitung des Betroffenen während der      │
│ gesamten Sperrdauer (als Ansprechpartner    │
│ und Ratgeber, nicht jedoch im               │
│ therapeutischen Sinne)                      │
└─────────────────────────────────────────────┘
                      ↓
┌─────────────────────────────────────────────┐
│ Unmittelbar vor dem Ablauf der Sperre:      │
│ Klärung des Ist-Zustandes; ggf. Erneuerung  │
│ der Sperrvereinbarung; Erörterung weiterer  │
│ Handlungsoptionen                           │
└─────────────────────────────────────────────┘
```

Abbildung 2: Optimierter Ablauf der Sperrpraxis in Anlehnung an Blaszczynski et al. (2007, S. 68)

3 Länderbezogene Sperrpraktiken

3.1 Situation in Deutschland

Mit Einführung des Staatsvertrages zum Glücksspielwesen (GlüStV; http://cdl.niedersachsen.de/blob/images/C39054773_L20.pdf[3]) zum 01. Januar 2008 erfuhr der Spielerschutz in Deutschland eine bemerkenswerte Stärkung. Zu den Hauptzielsetzungen des GlüStV zählen unter anderem, die Entstehung von Glücksspiel- und Wettsucht zu verhindern sowie den Jugend- und Spielerschutz sicherzustellen. Zur Erreichung dieser Vorgaben listet der GlüStV eine Reihe von primär- und sekundärpräventiv ausgerichteten Strategien sowie Maßnahmen des Verbraucherschutzes auf. Explizit Erwähnung in § 8 GlüStV findet die sogenannte Spielersperre: Hiernach sind Spielbanken dazu verpflichtet, ein übergreifendes Sperrsystem bestehend aus Selbst- und Fremdsperren aufzubauen und zu unterhalten. Das Zutrittsverbot für gesperrte Spieler im gesamten Spielbankenbereich – „Großes Spiel" in den Spielbanken und „Kleines Spiel" in den Spielbank-Dependancen – ist nach § 20 GlüStV durch die Ausweiskontrolle oder einer vergleichbaren Identifizierungsstrategie und dem Abgleich mit der Sperrdatei umzusetzen. Darüber hinaus dürfen gesperrte Spieler weder an Sportwetten (ODDSET, Toto; vgl. § 21 GlüStV) noch an Lotterien mit besonderem Gefährdungspotenzial (mit mehr als zwei Ausspielungen pro Woche wie Keno; vgl. § 22 GlüStV) teilnehmen. Mit dem Aufbau einer glücksspielsegmentübergreifenden Sperrdatei wird dem Umstand Rechnung getragen, dass Problemspieler nicht selten zugleich mehrere Spielangebote wahrnehmen.

Weiterhin konkretisiert § 8 GlüStV die Rahmenbedingungen der Spielsperre. So müssen die Glücksspielveranstalter alle Personen sperren, *„die dies beantragen (Selbstsperre) oder von denen sie aufgrund der Wahr-*

---

3 Alle im Text angeführten Internetressourcen wurden letztmalig am 15. Juli 2009 auf ihre Aktualität überprüft.

nehmung ihres Personals oder aufgrund von Meldungen Dritter wissen oder aufgrund sonstiger tatsächlicher Anhaltspunkte annehmen müssen, dass sie spielsuchtgefährdet oder überschuldet sind, ihren finanziellen Verpflichtungen nicht nachkommen oder Spieleinsätze riskieren, die in keinem Verhältnis zu ihrem Einkommen oder Vermögen stehen (Fremdsperre)" (Abs. 2). Während die Selbstsperre in der Regel als Ausdruck einer Problemwahrnehmung durch die Betroffenen interpretiert werden kann, zielt die Fremdsperre auf ein proaktives Handeln der Casinomitarbeiter ab und setzt voraus, dass geschulte Fachkräfte im Bedarfsfall im Interesse gefährdeter Spieler intervenieren. Die Dauer der Spielsperre beträgt mindestens ein Jahr, ihre Aufhebung ist nur auf Antrag des gesperrten Spielers möglich. Welche Voraussetzungen für diesen Schritt allerdings notwendig sind, bleibt unklar. Schließlich regelt § 23 GlüStV die Datenerfassung, Datenspeicherung und Datenverarbeitung in Bezug auf die Sperrdatei. Abgesehen von personenbezogenen Variablen muss der Beweggrund festgehalten werden, der zur Spielsperre geführt hat.

Im Allgemeinen bleibt hervorzuheben, dass gerade der Aufbau eines glücksspielsegmentübergreifenden Sperrsystems, welches den gesamten Spielbanken- sowie Sportwetten- und partiell den Lotteriebereich umfasst, eine wesentliche Novellierung auch im Vergleich zu den Standards anderer Länder darstellt (vgl. für eine ausführliche Darstellung der Situation in Deutschland vor Einführung des GlüStV Weis, 1999). Nicht von den Vorschriften des GlüStV betroffen ist das gewerbliche Automatenspiel (,,Unterhaltungsautomaten mit Gewinnmöglichkeit"), da es im rechtlichen Sinne kein Glücksspiel verkörpert und die verfassungsrechtliche Zuständigkeit beim Bund gesehen wird. Trotz hoher Suchtgefahren (Meyer, 2010, in Druck) besteht in diesem Marktsegment mit ca. 225.000 deutschlandweit aufgestellten Geldspielgeräten (Stand: Ende 2008) nicht die Möglichkeit für betroffene Spieler, eine flächendeckende Spielsperre zu erwirken. Die fehlenden Ausweiskontrollen am Eingang der Spielstätten sowie die leichte Zugänglichkeit zu den Geldspielautomaten vor allem in gastronomischen Betrieben – hier befinden sich rund 80.000 Unterhaltungsautomaten mit Gewinnmöglichkeit – erschweren die effektive Umsetzung von Sperrprogrammen ohnehin erheblich bzw. machen diese nahezu unmöglich.

Daneben ist aus der Perspektive der Glücksspielanbieter insbesondere die Fremdsperre mit großen Herausforderungen assoziiert (vgl. de Bruin et al., 2001), da bislang keine psychometrisch abgesicherten Verfahren zur (frühzeitigen) Identifikation von Problemspielern in Spielstätten vorliegen

(Meyer & Hayer, 2008). Zugleich wirken diese gesetzlichen Auflagen einem Trend entgegen, der vor einigen Jahren in Deutschland aufkam (vgl. hierzu ausführlich Meyer & Hayer, 2007): Als Reaktion auf ein wegweisendes Urteil des Bundesgerichtshofs (Az.: III ZR 65/05 vom 15.12.2005) begannen Spielbanken damit, Selbstsperren abzulehnen und anstelle dessen einseitige Hausverbote auszusprechen. Die Absicht dieser Vorgehensweise bestand darin, sich bei Verstößen gegen die Spielsperre vor der Erstattung verspielter Geldbeträge und damit Haftungsansprüchen zu schützen (vgl. für eine juristische Einordnung dieser Verfahrensweise Peters, 2006, sowie zur Rechtsnatur von Hausverboten, Fremdsperren und Selbstsperren im Allgemeinen Weis, 1999).

Nach Meyer (2010, in Druck) waren in der bundesweiten Sperrdatenbank am 29. Dezember 2008 insgesamt 27.393 Spielbanksperren (sowie 92 Lottosperren) verzeichnet. Da die Datei noch Doppelnennungen enthalten soll, liegt die tatsächliche Anzahl gesperrter Personen in Deutschland wahrscheinlich geringfügig unter dieser Größenordnung. Nähere Daten zur Klientel gesperrter Spieler, wie zum Beispiel Angaben zur Entwicklung des Spielverhaltens vor Abschluss der Sperrvereinbarung, zur Motivlage bzw. zur Änderungsbereitschaft oder zum glücksspielbezogenen Problemstatus, wurden in Deutschland bislang nicht erhoben. Des Weiteren ist in Bezug auf das Glücksspiel im Internet anzumerken, dass § 4 GlüStV „das Veranstalten und Vermitteln öffentlicher Glücksspiele im Internet" verbietet (Abs. 4). Unter Berücksichtigung einer einjährigen Übergangsregelung, die vorwiegend Lotterieangebote und gewerbliche Spielevermittler betraf, ist das Online-Gambling in Deutschland seit dem 01. Januar 2009 damit faktisch untersagt (vgl. für ehemalige Versuche einzelner Bundesländer, Internet-Casinos zu installieren Hayer, Bachmann & Meyer, 2005). Somit existiert auch keine wissenschaftliche Begleitforschung zu Sozialkonzepten oder einzelnen Spielerschutzmaßnahmen wie der Spielsperre im Online-Bereich.

3.2 Situation in Österreich

Ähnlich wie in Deutschland sind in Österreich die zentralen Segmente des nationalen Glücksspielwesens monopolartig strukturiert. Die Österreichische Lotterien Ges.m.b.H stellt den Alleinkonzessionär für das Angebot von Lotteriespielen, und die Casinos Austria AG besitzt als einziges Unternehmen eine Konzession für den Betrieb von terrestrischen Casinos. Zwei Besonderheiten des österreichischen Glücksspielmarkts beziehen sich auf das Automatenspiel außerhalb der staatlichen Spielbanken sowie das Online-Gambling: Erstens lässt sich festhalten, dass das in Österreich als „Kleines Glücksspiel" bezeichnete Automatenspiel vom staatlichen Glücksspielmonopol ausgenommen ist und daher in die Regelungskompetenz der Länder fällt. Im Gegensatz zu den Verhältnissen in Deutschland, wo ein legales flächendeckendes Angebot von Unterhaltungsautomaten mit Gewinnmöglichkeit vorherrscht, erlauben in Österreich derzeit nur die Länder Wien, Steiermark, Niederösterreich und Kärnten das Kleine Glücksspiel unter bestimmten Auflagen. Trotz dieser inkonsistenten Ausgangslage ist von einer nahezu lückenlosen Verfügbarkeit des Automatenspiels und somit von einer beträchtlichen Anzahl an illegal aufgestellten Spielgeräten in den Bundesländern Burgenland, Oberösterreich, Salzburg, Tirol und Vorarlberg auszugehen (vgl. Köberl & Prettenthaler, 2009). Zweitens unterliegt in Österreich auch der Bereich des Online-Gambling mit Ausnahme der Sportwetten, die rechtlich nicht als Glücksspiele definiert werden, dem Glücksspielmonopol. Entsprechend stellt die Internetplattform „win2day.at" die einzige konzessionierte Spielmöglichkeit dar. Die Österreichische Lotterien Ges.m.b.H und die Casinos Austria AG betreiben über eine gemeinsame Tochtergesellschaft jene Website, die Lotteriespiele, Casinospiele, Spiele im Gamesroom sowie seit dem 07. Februar 2008 auch Pokerspiele umfasst. Auf dem Gebiet des Sportwettens nimmt „tipp3", die Österreichische Sportwetten Ges.m.b.H mit Firmensitz in Österreich, eine Sonderstellung ein, da die Produkte nur innerhalb der eigenen Landesgrenzen vertrieben werden. Tipp3 hält in allen Ländern Österreichs eine Konzession für die Durchführung von Sportwetten und bietet eine Spielteilnahme offline, aber auch über das Internetportal „tipp3.at" an.

Im österreichischen Bundesgesetz zur Regelung des Glücksspielwesens vom 28. November 1989 (Glücksspielgesetz – GSpG) finden sich vereinzelnd Bestimmungen zum Spielerschutz im Allgemeinen und zur Spielsperre im Besonderen. Nach § 23 GSpG müssen die Gäste eines Casinos ihre Identität durch Vorlage eines amtlichen Lichtbildausweises belegen. Der Konzessionär hat diese Daten für mindestens fünf Jahre zu speichern (Abs. 1). § 23 GSpG Absatz 2 sieht ferner vor, dass die Spielbankleitung Personen ohne Angabe von Gründen vom Besuch der Spielbank ausschließen kann. Als nicht-diskriminierende Sperrgründe sind unter anderem gewisse Regelverstöße (z.B. der Gebrauch verbotener technischer Hilfsmittel, das Abziehen fremder Einsätze, die Manipulation der Spielabläufe), der Gebrauch fremder Eintrittskarten oder Ausweise, das Vorliegen einer behördlichen Notwendigkeit (z.B. Anfragen von Gerichten im Zusammenhang mit Straftaten) und offensichtlich fehlende finanzielle Voraussetzungen bzw. die augenscheinliche Gefährdung des Existenzminimums zu nennen (H. Beck, persönliche Mitteilung, 17.03.2009). Zudem besteht die Möglichkeit zur Selbstsperre, die in jedem Fall schriftlich zu beantragen ist. Die Veranlassung kann über den Postweg, direkt vor Ort in den Casinos oder in der Zentralverwaltung in Wien erfolgen. Die Mindestlaufzeit einer Selbstsperre beträgt sechs Monate. Zudem steht es den Betroffenen frei, sich für ganz Österreich oder auch nur für einzelne Standorte zu sperren. Als weiteres Mittel des Spielerschutzes lassen sich Besuchsbeschränkungen, d.h. ein verbindliches Maximum an Casinobesuchen pro Monat, vereinbaren. Insgesamt bezifferte Casinos Austria die kumulierte Anzahl der Spielsperren (exklusive der Übernahme von Sperren ausländischer Spielbanken sowie exklusive der Besuchsbeschränkungen) für die Jahre 2007 bzw. 2008 auf 57.578 bzw. 66.440, was für 2008 einer Differenz von 8.862 Spielsperren entspricht (H. Beck, persönliche Mitteilung, 17.06.2009).

Sowohl win2day als auch tipp3 bieten die Möglichkeit der Selbstsperre an, wobei sich die Sperrpraxis in einigen Punkten unterscheidet. Bei tipp3 existiert zwar die Option der Selbstsperre, Fremdsperren sind jedoch nicht vorgesehen. Jede Selbstsperre ist unwiderruflich und auf die gesamte Lebenszeit bezogen. Für Kunden von win2day bestehen demgegenüber verschiedene Alternativen, sich für bestimmte Zeitfenster vom Spielbetrieb auszuschließen (1, 3, 6 und 12 Monat[e]). Innerhalb des gewählten Zeitraums lässt sich die Sperre nicht wieder rückgängig machen. Ferner behält sich der Anbieter vor, Personen aus stichhaltigen Gründen eigeninitiativ zu sperren (z.B. wegen Account-Missbrauchs). Detaillierte Daten zum Profil gesperrter Spieler wurden bislang weder vom Kundenstamm der beiden österreichischen Internetanbieter[4] noch von den Gästen der österreichischen Casinos erhoben.

---

4 Die Anzahl der Selbstsperren bei win2day belief sich während des zweijährigen Zeitraums der Baseline-Erhebung (Ende 2006 – Ende 2008) auf 11.818. Die Sperrverfügungen stammen von insgesamt 8.237 Personen. Bei tipp3 ließen sich in einem vergleichbaren Zeitintervall 181 Selbstsperren verzeichnen.

3.3 Situation in der Schweiz

Besondere Rahmenbedingungen bezüglich des Glücksspielangebots herrschen seit 2002 in der Schweiz mit der (Wieder-)Eröffnung staatlich lizenzierter Casinos vor. Einer hohen Casinodichte gemessen an der Bevölkerungsanzahl steht ein Totalverbot des Automatenspiels außerhalb der Spielbanken gegenüber. Schweizer Casinos haben wissenschaftlich fundierte, präventiv ausgerichtete Sozialkonzepte vorzulegen, um überhaupt eine A- oder B-Konzession für den Spielbetrieb zu erhalten. Mit den Sozialkonzepten verdeutlichen die Casinos, mit welchen Maßnahmen und Methoden sie den individuell und sozial schädlichen Auswirkungen des Glücksspiels entgegentreten wollen. Zur Überwachung der Umsetzung der gesetzlichen Bestimmungen ist mit der Eidgenössischen Spielbankenkommission (ESBK) eine unabhängige Aufsichtsbehörde beauftragt.

Die Spielsperre wird in der Schweiz in einem elektronischen System gespeichert und besitzt landesweit Gültigkeit (vgl. http://www.esbk.admin. ch/esbk/de/home/themen/spielbankenaufsicht/spielsuchtpraevention.html). Voraussetzung für den Besuch eines Schweizer Casinos ist ein Identitätsnachweis, so dass beim Eintritt der Gäste ein Abgleich mit der Sperrdatei erfolgen kann. Die Spielbankmitarbeiter sind angewiesen, diejenigen Personen vom Besuch der Spielstätten auszuschließen, die überschuldet sind, ihren finanziellen Verpflichtungen nicht nachkommen, Spieleinsätze riskieren, die in keinem Verhältnis zu ihrem Einkommen und Vermögen stehen oder die den geordneten Spielablauf stören. Oftmals beantragen gefährdete Spieler nach einem indikativen Gespräch mit dem Casinopersonal von sich aus eine Sperre und kommen damit einer Fremdsperre zuvor. Eine Aufhebung der Spielsperre ist frühestens nach einem Jahr und nur nach Überprüfung der finanziellen und psychologischen Situation des Spielers möglich. Sofern der Grund, der zur Spielsperre geführt hat, nicht mehr vorliegt, muss die Zugangsbeschränkung aufgehoben werden.

Da ein Nachweis des Maßnahmenerfolgs hinsichtlich der präventiven Zieldefinitionen verlangt wird, liegen verhältnismäßig umfangreiche Informationen zur Inanspruchnahme der Spielsperre als obligatorischer Baustein eines Sozialkonzepts vor (vgl. Häfeli, 2009). Ende 2005 befanden sich in der Schweiz beispielsweise insgesamt ca. 13.700 Personen auf der Sperrliste. Im Kalenderjahr 2005 wurden 3.696 Sperren ausgesprochen, was im Durchschnitt einer Spielsperre auf 1.038 Casinobesuche entspricht[5]. Eine Detailanalyse von 2.443 gesperrten Spielern der Casinos Baden, Bern und Luzern aus den Jahren 2003 bis 2005 lässt erkennen, dass sich diese Gruppe mehrheitlich aus Männern (80,1%) und Personen der Altersgruppe „18-40 Jahre" (60,3%) zusammensetzt. Interessanterweise findet sich ein hoher Anteil an Ausländern mit Wohnsitz in der Schweiz (53,9%) auf der Sperrliste wieder. 57,4% der gesperrten Personen waren Automatenspieler, 22,1% Tischspieler und 20,4% nahmen an beiden Spielangeboten teil. Weiterhin gaben 46,8% der Befragten an, im Vorfeld der Spielsperre mindestens zweimal in der Woche ein Casino besucht zu haben. Im Gegensatz zu Befunden aus anderen Ländern (s. Kapitel 5) konnten anhand der DSM-IV-Kriterien lediglich 36,2% als pathologische Spieler und weitere 38,7% als Problemspieler eingestuft werden[6].

---

5 Von einer kontinuierlichen Steigerung der absoluten Anzahl der Spielsperren berichtet Häfeli (2008) an anderer Stelle: So waren zum Jahresende 2006 knapp 17.000 Personen und zum Jahresende 2007 bereits mehr als 20.000 Personen von der Spielsperre betroffen. Pro Kalenderjahr wurden damit fast 3.900 Sperren verfügt. Zum Jahresende 2008 betrug die kumulierte Anzahl gesperrter Person 23.381; in 2008 kamen 3.722 neue Spielsperren hinzu (bei 480 Sperraufhebungen; vgl. http://www.careplay.ch/index.cfm?nav=12,627&Sprache=D).
6 Parallel zur vorliegenden Studie führten Künzi, Fritschi, Oesch, Gehrig und Julien (2009) im Rahmen einer Untersuchung zur Bestimmung der sozialen Kosten des Casinospiels in der Schweiz auch eine Befragung von gesperrten Spielern durch. Zwischen August 2008 und März 2009 konnten insgesamt 167 ausgefüllte Fragebögen eingesammelt werden (Ausschöpfungsquote gemessen an sämtlichen sozialbedingten Sperren: 6,8%). Grundsätzlich bestätigen die Analysen das von Häfeli (2009) skizzierte Profil gesperrter Spieler in der Schweiz. Darüber hinaus ist explizit zu erwähnen, dass 28,1% der Befragten davon berichteten, casinospielbezogene Schulden zu haben. Zudem gaben 64,4% der gesperrten Spieler an, in den letzten zwölf Monaten mindestens einmal in der Woche im Casino gewesen zu sein. Schließlich bleibt festzuhalten, dass nur ein geringer Anteil des Samples im letzten Jahr wegen Spielproblemen formelle, institutionalisierte Hilfeangebote in Anspruch genommen hat (vgl. für weitere Belastungsindikatoren in Abhängigkeit des glücksspielbedingten Problemstatus Künzi et al., 2009). Weitere Informationen zu den soziodemographischen Merkmalen gesperrter Casinospieler sind der Schweizerischen Gesundheitsbefragung (SGB) von 2007 zu entnehmen (vgl. ESBK, 2009). Im Zuge dieser Repräsentativerhebung mit 14.393 Personen konnten 27 (0,2%; 15 Frauen und 12 Männer) als gegenwärtig in der Schweiz gesperrte Spieler identifiziert werden.

Häfeli (2009) wertet die relativ große Anzahl an Spielsperren in der Schweiz als Beleg für das Funktionieren eines proaktiv ausgerichteten Präventionskonzepts. Noch erscheint es jedoch verfrüht, eine endgültige Beurteilung der Wirksamkeit der Spielsperre vorzunehmen. Vor allem stellt sich die Frage, ob die Sperre eines pathologischen Spielers noch im Zeichen der Frühintervention steht und damit als Erfolg zu werten ist oder ob diese Maßnahme vielmehr das Versagen eines auf Früherkennung abzielenden Sozialkonzepts widerspiegelt. Ergänzend verweisen Häfeli und Lischer (2010, in Druck) im Kontext ihrer Evaluation der Beobachtungskriterien zur Früherkennung von Problemspielern auf die Notwendigkeit einer grundlegenden, evidenzbasierten Modifikation der vorliegenden Checkliste. So wurden lediglich 292 von 1.759 gesperrten Spielern (16,6%) im Vorfeld vom Früherkennungsverfahren erfasst. Zwei der elementaren Bausteine eines Sozialkonzepts – Früherkennung und Frühintervention – scheinen demnach im Schweizer Casinobereich bestenfalls in suboptimaler Weise miteinander verknüpft zu sein. In ihrem Jahresbericht 2008 stellt die ESBK den Schweizer Spielbanken generell ein positives Zeugnis aus, da die Aufgaben der Prävention sozialschädlicher Auswirkungen des Spielbetriebs generell erfüllt und die Sozialkonzepte mit der entsprechenden Qualität umgesetzt wurden (http://www.esbk.admin.ch/etc/medialib/data/esbk/geschaeftsberichte.Par.0026.File.tmp/jahresbericht_2008-d.pdf). Zugleich betont die ESBK die Bedeutung verlässlicher Eingangskontrollen: Laut Meldungen der Spielbanken versuchte eine steigende Anzahl gesperrter Spieler, sich mit Hilfe gefälschter bzw. geliehener Ausweise oder durch einfaches Vorbeischleichen Zutritt zu den Spielstätten zu verschaffen.

Ebenso wie in Deutschland sind Online-Casinos momentan in der Schweiz verboten. So dürfen lediglich Lotterien und Sportwetten über diesen Vertriebskanal offeriert werden. Die staatlich lizenzierte Swisslos Interkantonale Landeslotterie bietet zwar die Selbstsperre über die unternehmenseigene Internet-Hotline an, nähere Erkenntnisse zu ihrer Inanspruchnahme oder zu Wirkungskontrollen liegen nicht vor. Aufgrund einer aktuellen Entscheidung des Bundesrates vom 22. April 2009 ist jedoch davon auszugehen, dass in der Schweiz zukünftig auch Konzessionen für internetbasierte Casinospiele vergeben werden. Welche Auflagen zum Spielerschutz für den Konzessionserhalt konkret zu erfüllen und ob wissenschaftliche Evaluierungen dieser Maßnahmen vorgesehen sind, bleibt abzuwarten.

3.4 Situation in anderen europäischen Ländern

Ein Blick in andere europäische Länder bestätigt, dass dem Spielerschutz unterschiedliche Bedeutungen zugeschrieben werden (vgl. die Länderberichte in Meyer, Hayer & Griffiths, 2009). Obwohl die Ausarbeitung und Implementierung von – üblicherweise gesetzlich vorgeschriebenen – Präventionsmaßnahmen zumindest in einigen Ländern Europas in den letzten Jahren Vorschub erhalten hat, kann von einem standardisierten Vorgehen oder der Umsetzung von Best-Practice-Modellen noch keine Rede sein. Demzufolge verwundert es kaum, dass länderübergreifend nur sehr begrenzt Informationen zur Spielsperre zur Verfügung stehen. Derartige Auskünfte reichen in der Regel nicht über die bloße Auflistung der Anzahl der Spielsperren hinaus. Fundierte Evaluationsdaten zu ihrer Effektivität oder der Einsatz von Monitoringsystemen im Zuge einer Begleitforschung existieren mit Ausnahme der Schweiz (s. Abschnitt 3.3) indessen nicht.

In der Gesamtbetrachtung des Herausgeberbandes von Meyer et al. (2009) wird zunächst deutlich, dass nicht alle Länder über Sperrsysteme verfügen (wie z.B. Island, wo überhaupt kein Casinospielangebot vorherrscht). Im Gegensatz dazu können sich Spieler in einigen Ländern nicht nur in Spielbanken, sondern auch für weitere Marktsegmente sperren (z.B. in Spanien für Bingohallen, in Schweden sowie Finnland für internetbasierte Glücksspielformen oder in den Niederlanden für Spielhallen). Allerdings tragen diverse Umstände zur Untergrabung des Nutzens der Spielsperre bei. Auszugsweise anzuführen sind:

- Umgehung der Spielsperre durch Nachfrage von anderen nationalen Spielangeboten oder „Weiterzocken" im grenznahen Ausland (z.B. in Belgien);
- Ausweichen auf Glücksspiele, die über moderne Informations- und Kommunikationsmedien offeriert werden (Internet, Mobiltelefone etc.; z.B. in Frankreich);
- Fehlen eines Zentralregisters, das alle gesperrten Spieler umfasst und damit erst die Voraussetzung für ihren flächendecken Ausschluss vom Spielbetrieb schaffen würde (z.B. in Slowenien);
- Abwesenheit einer bindenden Rechtsgrundlage zur Etablierung einer einheitlichen Verfahrensordnung und infolgedessen ein singuläres, spiel-

stätten- oder betreiberspezifisches Vorgehen auf freiwilliger Basis (z.B. in Polen);
- Defizite in der strukturellen Vernetzung mit dem Suchthilfesystem (z.B. in Spanien).

Goudriaan, de Bruin und Koeter (2009) legten für die Niederlande eine vergleichsweise weitreichende Analyse der staatlichen Glücksspielpolitik unter Hinzuziehung empirischer Daten vor. Eine zentrale Säule der „Responsible Gambling Policy" von Holland Casinos, dem nationalen Casinomonopolisten, bezieht sich auf die Maßnahmen der Besuchsbeschränkung und der Spielsperre inklusive ihrer evidenzbasierten Optimierung. Die Verfügung einer Spielsperre umfasst alle Standorte von Holland Casinos und kann optional sechs Monate, ein Jahr oder zeitlich unbegrenzt andauern. Zudem besteht in den Niederlanden die Möglichkeit, sich auch für das Automatenspiel außerhalb der Spielbanken sperren und auf die sogenannte „White List" setzen zu lassen. Während im Casinobereich Eingangskontrollen den Ausschluss gesperrter Spieler – zumindest formal – garantieren, basiert die Spielsperre im Spielhallenbereich lediglich auf der Einreichung von Fotos der Betroffenen und deren Wiedererkennung durch die Angestellten. Da außerdem keine zentrale, betreiberübergreifende Sperrdatei existiert, scheint der Wert der Spielsperre in diesem Marktsegment nur von begrenzter Natur zu sein (vgl. hierzu auch Remmers, 1996).

Erste Studienbefunde zur Alltagsbewährung der Präventionskonzepte verweisen nach Goudriaan et al. (2009) auf einen relativ hohen Bekanntheitsgrad der einzelnen Schutzmaßnahmen (vor allem von Holland Casinos). Zudem äußerte die Mehrheit der Betroffenen nach ihrer Inanspruchnahme, durchaus zufrieden mit den Auswirkungen gewesen zu sein. Zugleich machen die Befunde jedoch auch auf Umsetzungsdefizite und einen beträchtlichen Nachbesserungsbedarf in der Praxis aufmerksam. Zum Beispiel wurden Personen mit glücksspielbezogenen Problemen mehrheitlich gar nicht durch die Programme erreicht (vgl. für Holland Casinos de Bruin et al., 2001). Ferner wich ein nicht unbedeutender Anteil gesperrter Personen auf alternative Glücksspielangebote aus: Einerseits bekundeten drei Viertel der Befragten, die auf der „White List" standen, vor Ablauf der Sperrdauer in anderen Spielstätten „gezockt" zu haben; andererseits schilderte die Hälfte der Betroffenen, die von Spielerschutzmaßnahmen im Casinobereich betroffen war, während der Laufzeit Geld für andere Spielformen ausgegeben zu haben. Um die Wahrscheinlichkeit dieses

Ausweichverhaltens zu verringern, setzen sich Goudriaan et al. (2009) für eine nationen- bzw. industrieweite Sperrpraxis ein, die eine anbieter- und glücksspielsegmentübergreifende Spielsperre vorsieht. Diese Ansicht entspricht der generellen Forderung nach einer Vernetzung der Sperrdaten, um die Reichweite und damit letztendlich die Effektivität der Spielsperre zu erhöhen (vgl. Singleton, 2008, der sich für einen inner- sowie zwischenstaatlichen Austausch der Sperrdaten in den USA ausspricht). Allerdings stellt ein intra- bzw. intersektoraler Wettbewerb zwischen verschiedenen Glücksspielanbietern verbunden mit den jeweiligen ökonomischen Interessen eine erhebliche Hürde für eine transparente und offene Kooperation dar.

Ein weiteres Versatzstück des Spielschutzkonzepts von Holland Casinos bezieht sich auf die Möglichkeit, Besuchsbeschränkungen zu vereinbaren, d.h. ein Maximum von Besuchen in einem definierten Zeitfenster (hier: pro Monat) festzulegen. Kritiker dieser Maßnahme betonen die Gefahr, dass ein spielsuchtgefährdeter Gast auch bei wenigen Casinobesuchen „Haus und Hof" verspielen kann und der nicht unterbrochene Zugang zum Casinospiel daher dem Präventionsgedanken bzw. dem Abstinenzgebot in fundamentaler Weise widerspricht. Inwieweit eine formalisierte Verknüpfung mit anderen Schutzmaßnahmen Sinn macht (z.B. verbindliche Limitierung der Besuchsanzahl nach Aufhebung einer Spielsperre), bleibt aus Sicht der Forschung bislang unbeantwortet. Zumindest sprechen erste Befunde von de Bruin et al. (2001) gegen einen simplifizierenden Zusammenhang zwischen der Besuchsfrequenz und einem problematischen Spielverhalten: So erlebte ein relativ großer Anteil an Problemspielern schon bei weniger als acht Besuchen pro Monat (maximale Anzahl von Casinobesuchen bei einer Besuchsbeschränkung) glücksspielbezogene Belastungen. Dynamische Aspekte wie ein abruptes Ansteigen der Besuchshäufigkeit oder eine plötzliche und offensichtliche Ausdehnung einzelner Spielsessions scheinen sich hingegen eher als Indikatoren von Fehlanpassungen zu eignen als rein statische Parameter.

3.5 Situation im außereuropäischen Kontext

Bei der Diskussion um den Nutzen der Spielsperre ist in jedem Fall die Heterogenität verschiedener Sperrkonzepte einschließlich ihrer Umsetzungen in der Praxis zu beachten. Deuten sich bereits innerhalb Europas vielfältige

Unterschiede in den (rechtlichen) Rahmenbedingungen, Anwendungsbezügen, konkreten Verfahrensweisen und Sanktionsandrohungen an, werden die Diskrepanzen bei einem Blick ins außereuropäische Ausland noch augenscheinlicher (vgl. Collins & Kelly, 2002; Meyer & Hayer, 2007; O'Neil et al., 2003; Townshend, 2007). Weiterhin gilt es zu bedenken, dass wohldefinierte und verbindliche Minimalstandards in Bezug auf den Einsatz von Sperrprogrammen nicht vorliegen.

In den USA obliegt es den Bundesstaaten, das Regelwerk für Sperrsysteme festzulegen. Sofern überhaupt existent (wie etwa in Missouri, New Jersey oder Illinois; vgl. Collins & Kelly, 2002; Rhea, 2005) beziehen sich Sperrsysteme ausschließlich auf die Variante der Selbstsperre. Im Jahr 1996 führte Missouri als Vorreiterstaat erstmalig in den USA ein flächendeckendes Sperrprogramm ein (O'Hare, 2004). Im Gegensatz zum Schweizer Modell, das Elemente der Früherkennung und Frühintervention vorsieht, sind die Sperrprogramme in den USA gemeinhin auf pathologische Spieler ausgerichtet und damit eher als reaktiver denn als proaktiver Präventionsansatz zu verstehen. Fehlende Einlass- bzw. Identitätskontrollen in den Casinos, die Beschränkung des Geltungsbereiches der Sperre zumeist auf einzelne Spielstätten sowie die vorherrschende Grundannahme, dass der Spieler die Verantwortung für sein Spielverhalten und die Einhaltung der Sperrverfügung selbst trägt (vgl. Nowatzki & Williams, 2002; Rhea, 2005), stellen die Effektivität dieser Sperrsysteme in Frage. Zudem argumentiert O'Hare (2004), dass sich auch eine nahezu perfekte Ausgestaltung und Umsetzung von Sperrprogrammen als wenig nützlich erweist, wenn es an der individuellen Änderungsbereitschaft des Spielers mangelt. In ähnlicher Weise kritisieren Blaszczynski et al. (2007) die derzeit gängige Sperrpraxis in vielen Ländern: Nachdem durch die Betroffenen mit der Selbstsperre ein aktiver Schritt zur Verhaltensänderung umgesetzt wurde, verlagert sich die Verantwortung schlagartig auf die Seite der Anbieter, die im Wesentlichen für die Umsetzung der Sperrvereinbarung zu sorgen haben. Diese Sichtweise impliziert eine grundsätzlich passive Haltung des gesperrten Spielers und steht im Widerspruch zur eigenständigen Initiierung gesundheitsförderlicher Prozesse bzw. der Wiedererlangung der Erfahrung, aufgrund eigener Kernkompetenzen gewünschte Handlungen erfolgreich ausführen zu können. Sofern die Spielsperre von den Betroffenen als Allheilmittel angesehen wird, die eine Lösung aller Probleme ohne großes individuelles Engagement verspricht, dürfte ihr Nutzen aufgrund der fehlenden Verantwortungsübernahme und des Mangels an Selbstwirksamkeitserlebnissen tatsächlich nur von begrenzter Natur zu sein.

Eine weitere wichtige Herausforderung deutet Townshend (2007) für Neuseeland an, wo – wie in Deutschland – das Automatenspiel außerhalb der Casinos („Video Gaming Machines") am häufigsten im Zusammenhang mit der Entwicklung glücksspielbezogener Probleme steht. Gerade bei hoher Verfügbarkeit von Glücksspielangeboten ist eine Vernetzung der Spielstätten im Hinblick auf die Sperrdaten anzustreben, um den potenziellen Nutzen der Zugangsbeschränkung nicht durch vielfältige Ausweichmöglichkeiten verpuffen zu lassen. Mit dieser Zielsetzung dürfte sich auch die Akzeptanz von Sperrprogrammen auf Mitarbeiterebene erhöhen, da das Weiterspielen von gesperrten Spielern bei potenziellen Konkurrenzunternehmen unwahrscheinlicher wird (vgl. mit den Interviewauszügen in Breen, Buultjens & Hing, 2003, die diese Einschätzung bestätigen). Zusätzliches Optimierungspotenzial besteht in Anlehnung an die Erfahrungen Neuseelands in Personalschulungen zu schadensminimierenden Maßnahmen im Allgemeinen sowie der transparenten Festlegung von Sanktionen im Falle der Verletzung der Sperrvereinbarung, die sowohl den Spieler als auch die Casinobetreiber treffen (vgl. Townshend, 2007). Im Falle der Umgehung der Selbstsperre würde beispielsweise die Unwirksamkeit von Spielverträgen auf der einen Seite Druck auf die Anbieter ausüben, die Zugangskontrollen zur Vorbeugung von Verluststattungen effektiver zu gestalten; auf der anderen Seite wären die Spielanreize für gesperrte Spieler verringert, da sie etwaige Gewinne nicht behalten dürften (vgl. Peters, 2002). Offen bleibt derzeit, ob diese Sichtweise Rechtswirksamkeit entfacht und vorbehaltlos auf Versäumnisse bei Fremdsperren zu übertragen ist.

Auf der Grundlage einer umfassenden Analyse von Sperrprogrammen in Kanada gehen Nowatzki und Williams (2002) davon aus, dass nur 0,4% bis 1,5% der Problemspieler von der Selbstsperre Gebrauch machen (vgl. mit einer differenzierten Auflistung kanadischer Selbstsperrprogramme und ihren Zielsetzungen in Responsible Gambling Council, 2008, oder Verlik, 2007). Hiermit übereinstimmend schätzen O'Neil et al. (2003) diesen Anteil für den australischen Bundesstaat South Australia auf ungefähr 3%. Neben Unzulänglichkeiten in der Durchführung lässt sich diese geringe Nutzungsrate auch auf die mangelhafte Krankheitseinsicht vieler Betroffener zurückzuführen: Suchttypische Negierungs-, Bagatellisierungs- und Verharmlosungstendenzen können gepaart mit Schuld- und Schamgefühlen zumindest partiell erklären, warum Problemspieler nur selten professionelle Hilfe oder sonstige Interventionsangebote wie die Spielsperre in Anspruch nehmen. Schließlich ist darauf zu verweisen, dass nicht alle Personen Probleme im Zusammenhang mit dem Casinospiel entwickeln und entsprechend auch nicht von den Casinosperrprogrammen erreicht werden. Die Erforschung weiterer struktureller Barrieren und individueller Hemmschwellen bei der Inanspruchnahme von Sperrprogrammen erscheint daher zwingend notwendig, um die Effektivität dieser Schutzmaßnahme nachhaltig zu optimieren.

4 Spezifische Themen im Überblick

4.1 Dauer der Spielsperre

Hinsichtlich der optimalen Dauer einer Spielsperre sind sowohl in der Literatur als auch in der Praxis unterschiedliche Positionen vertreten. Einerseits wird davon ausgegangen, dass die Spielsperre von Personen in Anspruch genommen wird, die ihr Spielverhalten als unkontrollierbar wahrnehmen und die trotz erheblicher Folgeschäden in exzessiver Weise „weiterzocken". Derartige Erlebens- und Verhaltensweisen, die zumeist einen mehrjährigen fehlangepassten Entwicklungsverlauf voraussetzen, verweisen in Kombination mit anderen Symptomen auf das Vorliegen einer Suchterkrankung (s. Abschnitt 1.1). Im Vordergrund der therapeutischen Zielsetzungen steht demnach grundsätzlich der lebenslange Verzicht auf das Suchtmittel „Glücksspiel", nicht zuletzt auch, um die Gefahr eines Rückfalls in destruktive Verhaltensmuster zu minimieren. Andererseits belegen mittlerweile zahlreiche Forschungsbefunde die unterschiedlichen Bedürfnislagen von Problemspielern (s. Abschnitt 1.1). In diesem Kontext wird zunehmend die Abstinenz als ausschließlich zu akzeptierender Zweck einer psychosozialen Intervention hinterfragt und empirisch überprüft, ob gewisse Klienten von einem kontrollierten Spielverhalten als Zielvorgabe profitieren könnten (z.B. Ladouceur et al., 2009). Übertragen auf die Spielsperre bedeutet dieser Denkansatz, aufgrund verschiedener individueller Bedürfnislagen über eine frei wählbare Sperrdauer nachzudenken. Ferner erscheint die Annahme plausibel, dass eine lebenslange Zugangsbeschränkung abschreckend wirkt und Sperrprogramme mit optionalen Zeitfenstern eine größere Anzahl an Spielern ansprechen würden (vgl. Singleton, 2008). Allerdings fehlt es bislang an fundierten wissenschaftlichen Erkenntnissen, um für bestimmte Personengruppen evidenzbasierte Handlungsempfehlungen auszusprechen. Pauschalvorschläge, wie sie Collins und Kelly (2002) mit einem Jahr oder Nowatzki und Williams (2002) mit mindestens fünf Jahren unterbreiten, basieren ausschließlich auf theoretischen Überlegungen und können zum jetzigen Zeitpunkt bestenfalls als grobe Richtwerte verstanden werden (vgl. Napolitano, 2003, und dessen Kritik an einer Einheitslösung, sowie Singleton, 2008, der für optionale Laufzeiten beginnend ab einem Jahr argumentiert).

Ähnliche Erkenntnisdefizite bestehen für die Festlegung einer obligatorischen Mindestlaufzeit der Spielsperre zur Vermeidung des „Drehtürphänomens" (sich in kurzen Abständen abwechselnde Phasen des Spielens und Gesperrtseins) sowie den Nutzwert sogenannter Cooling-Off-Periods. Während dieser mehrstündig oder mehrtägig andauernden „Abkühlungsphasen" haben die Betroffenen keinen Zugang zum Glücksspiel und sollen eine wohlüberlegte Entscheidung für oder gegen die Spielsperre treffen. Zumindest für einen Teil der Spieler ist anzunehmen, dass sich eine derartige Cooling-Off-Period als „iatrogen" erweist und der Schritt in Richtung Verhaltensänderung nach Ablauf der kurzfristigen Zugangsbeschränkung wieder revidiert wird (vgl. Blaszczynski et al., 2007). Unabhängig von der Laufzeit sind die Bedingungen für eine vorzeitige Aufhebung der Spielsperre zu konkretisieren und zu vertextlichen (vgl. für differenzierte Vorgaben mit Singleton, 2008).

4.2 Bekanntmachung der Spielsperre

Die Wahrnehmung von Spielerschutzmaßnahmen und daraus ableitend ihre Inanspruchnahme steht naturgemäß im engen Zusammenhang mit der Öffentlichkeitsarbeit und den eingesetzten Vermarktungsstrategien (vgl. Nowatzki & Williams, 2002). In diesem Kontext hat beispielsweise Hing (2003) auf den relativ geringen Bekanntheitsgrad von Selbstsperrprogrammen in australischen Clubs in Sydney aufmerksam gemacht. Surveys von Besuchern dieser Spielstätten konnten aufzeigen, dass nur ungefähr ein Viertel Hinweise auf die Option der Selbstsperre wahrgenommen hatte. Zudem gab lediglich ein Drittel der befragten Personen an zu wissen, was sich hinter dem Begriff der Selbstsperre tatsächlich verbirgt.

Weiterhin zu beachten ist, dass die Verfügung einer Spielsperre „in vivo" in der Regel keinen einfachen Entscheidungsprozess voraussetzt. Insbesondere die Situation der Antragsstellung kann mit Empfindungen wie Scham, Beklemmung oder Minderwertigkeit einhergehen (vgl. Singleton, 2008). Aus der Perspektive eines proaktiven Spielerschutzkonzepts muss demzufolge eingefordert werden, dass Auskunftsmaterial zur

Spielsperre gut sichtbar an prominenten Stellen einer Spielstätte ausgelegt wird. Darüber hinaus sollten die Abläufe bei Beantragung einer Spielsperre in standardisierter Form sowie diskret und vertraulich erfolgen. Eine längere Wartezeit im Eingangsbereich einer Spielstätte oder das Ausfüllen des Sperrantrags an Orten mit viel Publikumsverkehr gilt es zu vermeiden. Ebenfalls in Erwägung zu ziehen ist, Informationen zur Spielsperre inklusive Registrierungsmöglichkeiten in neutraler Umgebung außerhalb des eigentlichen Spielbetriebs anzubieten (z.B. über das Internet, auf dem Postweg), um damit Hemmschwellen abzubauen bzw. die prinzipielle Zugänglichkeit zu Sperrprogrammen zu verbessern.

4.3 Aushebelung der Spielsperre

Ein weiteres wesentliches Moment in der Ausgestaltung der Spielsperre betrifft die Konkretisierung von Sanktionen im Falle ihrer Nichteinhaltung. Aus Spielersicht soll ein Strafenkatalog bei Verstößen abschreckend wirken, der von der Beschlagnahmung von Gewinnen (Illinois, USA) über Strafgelder (New South Wales, Australien) bis zur Inhaftierung (Missouri, USA) reicht (für einen Überblick s. Meyer & Hayer, 2007). Ob eine derartige Kriminalisierung eines Spielers tatsächlich die gewünschten Effekte mit sich bringt, bleibt fragwürdig (vgl. ausführlich hierzu die kritische Position von Napolitano, 2003). Aus rechtlicher Perspektive werfen Faregh und Leth-Steensen (2009) die Frage auf, ob die Unterzeichnung einer Selbstsperre durch einen pathologischen Spieler überhaupt Rechtwirksamkeit entfacht bzw. ob der Betroffene aufgrund seiner Spielsucht einen kompetenten „Vertrags"-Partner verkörpert. Diese Argumentationskette geht davon aus, dass ein betroffener Spieler aufgrund seiner krankhaften Störung nicht mehr in der Lage ist, sein Verlangen nach dem Glücksspiel zu kontrollieren und somit eigenverantwortlich zu handeln. Infolgedessen muss ihm auch die Fähigkeit zum Treffen einer wohlinformierten und ausgewogenen Entscheidung in Bezug auf die Selbstsperre abgeschrieben werden (vgl. zur [partiellen] Geschäftsfähigkeit von pathologischen Spielern Meyer & Bachmann, 2005). Kasten 1 fasst ausgewählte, psychologisch relevante Sachverhalte rund um die Thematik „Spielsperre als Maßnahme des Spielerschutzes" zusammen (modifiziert und ergänzt nach Blaszczynski et al., 2007; Collins & Kelly, 2002; Napolitano, 2003; Nowatzki & Williams,

2002; O'Neil et al., 2003; Responsible Gambling Council, 2008; Rhea, 2005; Singleton, 2008).

Kasten 1: Die Spielsperre – Eine Auswahl psychologisch relevanter Sachverhalte

- Geltungsdauer: Soll die Spielsperre lebenslang andauern oder per se zeitlich begrenzt sein? Dürfen die Betroffenen die Dauer der Spielsperre frei auswählen?
- Reichweite: Welche Spielstätten bzw. Spielformen umfasst die Spielsperre (einzelne Standorte vs. glücksspielsegmentweit vs. glücksspielsegmentübergreifend vs. länderübergreifend)?
- Verankerung mit anderen Hilfemaßnahmen: Ist die Spielsperre als isolierte Maßnahme hilfreich oder kann ihr Nutzen durch eine strukturelle Koppelung an das Suchthilfesystem verstärkt werden? Soll die Verfügung einer Spielsperre an ein freiwilliges oder sogar verpflichtendes Informationsgespräch gekoppelt werden? Sind zusätzliche Beratungs- oder Therapieangebote für alle gesperrten Spieler indiziert? Wie sind die Zuständigkeiten hierfür bestmöglichst zu verteilen?
- Zugangskontrolle: Welche Möglichkeiten der Zugangskontrollen erscheinen unter Berücksichtigung des Datenschutzes am Erfolg versprechendsten zu sein (Ausweiskontrollen vs. biometrische Erkennungssysteme vs. Einführung von Mitgliedschaften)?
- Erwartungshaltung/Verantwortungszuschreibung: Welche Erwartungshaltung hegen Spieler und Administratoren an das Sperrprogramm? Wer ist primär für die Einhaltung der Spielsperre verantwortlich (Spieler vs. Glücksspielbetreiber vs. beide Parteien)? Welche Sanktionen sind bei Verletzung der Spielsperre für wen auszusprechen?
- Aufhebung der Spielsperre: Welche Anforderungen sind an eine Aufhebung der Spielsperre zu stellen? Sollten zum Beispiel der Besuch eines Seminars zum Thema „Glücksspielsucht und verantwortungsbewusstes Spielverhalten" oder die Kontaktaufnahme zum formellen Suchthilfesystem notwendige Bedingungen repräsentieren? Welche Instanz hat die Erfüllung jener Kriterien zu überprüfen?

5 Stand der Forschung

Obwohl die Spielsperre als Maßnahme des Spielerschutzes weltweit zunehmend in verschiedenen Marktsegmenten zum Einsatz kommt, fehlt bislang eine hinreichende und differenzierte Begleitforschung zur Evaluierung ihres Nutzens. Entsprechend kommen Meyer und Hayer (2007) im Zuge ihres Literaturüberblicks zu der Schlussfolgerung, dass sich die Befundlage zur Effektivität der Spielsperre als defizitär erweist, da es vor allem an Erhebungen im Längsschnitt sowie eindeutig formulierten Outcome-Kriterien mangelt (vgl. O'Neil et al., 2003; Rhea, 2005). In Anlehnung und Ergänzung zu dem systematischen Review von Meyer und Hayer (2007) werden im Folgenden alle vorfindbaren Einzelstudien vorgestellt und ihre Ergebnisse kritisch gewürdigt. Es bietet sich an, die Befunde getrennt in Abhängigkeit der jeweils zugrunde liegenden methodischen Vorgehensweisen (Querschnittsdaten, Längsschnittsdaten, Analyse von Sperrlisten) vorzustellen und sich im Anschluss daran separat in einem Exkurs mit der Spielsperre im Internet zu beschäftigen. Bei der Interpretation der Ergebnisse ist zu berücksichtigen, dass weltweit kein einheitliches Sperrprozedere existiert und sehr unterschiedliche Umsetzungsversuche anzutreffen sind.

5.1 Querschnittsdaten: Selbstberichte und multimodale Vorgehensweisen

Eine Vorreiterrolle in Bezug auf die Evaluation der Spielsperre als Maßnahme des Spielerschutzes nimmt eine Studie von Ladouceur, Jacques, Giroux, Ferland und Leblond (2000) ein, da erstmalig empirische Daten zur Klientel gesperrter Spieler vorgelegt wurden. Ausgehend von einer Befragung von 220 kanadischen Casinobesuchern lässt sich festhalten, dass 95% der selbstgesperrten Spieler mit Hilfe eines Screening-Instruments (South Oaks Gambling Screen [SOGS]; Lesieur & Blume, 1987) als wahrscheinlich pathologische Spieler und die restlichen 5% als (potenzielle) Problemspieler einzustufen waren. Der hohe Belastungsgrad dieser Stichprobe spiegelt sich auch in der finanziellen Situation wider: 71% berichteten von einer glücksspielbezogenen Verschuldung, die im Mittel bei knapp 12.000 Kanadischen Dollar lag. Den Selbstangaben zufolge hatte die Mehrheit (74%) selbst die Initiative zur Spielsperre ergriffen, was auf eine vergleichsweise hohe Änderungsbereitschaft hinweist. Obwohl nahezu jede Person zuversichtlich war, während der Phase der Spielsperre vom Casino fernzubleiben, deckt sich diese positive Erwartungshaltung nicht mit den Erfahrungswerten von 53 Spielern (24%), die zum wiederholten Mal die Spielsperre in Anspruch genommen hatten. Von dieser Subgruppe gaben 36% an, trotz bestehender Sperre ein Casino besucht zu haben. Darüber hinaus beteiligten sich 50% an anderen Glücksspielen wie zum Beispiel Videopoker. Gleichwohl hörten 30% während des Zeitraums der Spielsperre mit allen Glücksspielaktivitäten auf. Der augenscheinliche Widerspruch zwischen der hohen Bereitschaft zur Verhaltensänderung, vermutlich bedingt durch die negativen Konsequenzen des exzessiven Spielverhaltens, und dem tatsächlichen Handeln zeigt sich in einem weiteren Befund: Zwar zogen 49% der Spieler zusätzlich eine Therapie in Betracht, jedoch hatten nur 10% auch wirklich einen Termin bei einem Psychologen vereinbart.

Einen methodisch alternativen Zugang wählten Jackson und Thomas (2005), die in Victoria (Australien) Gruppendiskussionen mit insgesamt 19 Spielern durchführten. Ziel dieser Studie mit Explorationscharakter war es, ein tiefergehendes Verständnis über die Erfahrungen zu erhalten, die von dieser Klientel im Zuge der Kontaktaufnahme zum lokalen Versorgungssystem gesammelt wurde. Da sich eine nicht näher quantifizierte Probandenanzahl schon einmal für eine Selbstsperre entschieden hatte, konnten auch Einschätzungen zum Wert dieser Maßnahme erfasst werden. Grundsätzlich hegten die Diskussionspartner erhebliche Zweifel am Nutzen der Spielsperre, insbesondere aufgrund von mangelhaften Kontrollen in der Praxis. Bemerkenswerterweise wurde die abschreckende Wirkung der Zugangsbeschränkung primär als eine psychologische Komponente aufgefasst.

Bezogen auf Australien mit dem Schwerpunkt auf dem Bundesstaat Victoria legten O'Neil et al. (2003) eine differenzierte Bewertung von Sperrprogrammen vor, die in Casinos, Clubs und Pubs zum Einsatz gekommen waren. Im Zuge eines multimethodalen Vorgehens wurden neben der Analyse vorhandenen Datenmaterials unter anderem eigene Querschnittsbefragungen und -interviews sowie Gruppendiskussionen mit verschiedenen Personengruppen durchgeführt. Zu den Probanden zählten Führungskräfte in Spielstätten, Mitarbeiter des Versorgungssystems und gesperrte Spieler. Ein Survey mit 671 selbstgesperrten Spielern von der „Australian Hotels and Hospitality Association (Victoria)" zeigte, dass zu dieser Stichprobe überwiegend Frauen (69%) gehörten. Die Empfehlung, die Sperroption in Anspruch zu nehmen, stammte vorwiegend von Suchtberatern (37%) oder Familienmitgliedern (33%) und vergleichsweise selten von der Anbieterseite (22%). Nach Informationen des Crown-Casinos in Melbourne (Victoria) ließen sich im Zeitraum von 1994 bis 2002 insgesamt 933 zumeist männliche Gäste sperren. 137 Personen dieser Gruppe (14,7%) wurden bei einem Verstoß gegen die Sperrverfügung entdeckt. Weiterführenden Befunden zufolge ist nach Meinung der Glücksspielbetreiber vor allem die Identifikation gesperrter Spieler auf der Grundlage eingereichter Fotos problematisch. Die Mitarbeiter des Hilfesystems äußerten insbesondere Kritik an den unzureichenden Überwachungsmethoden und der fehlenden Kooperationsbereitschaft der Glücksspielbetreiber, so dass die Zweckdienlichkeit von Sperrprogrammen gemäß ihrer aktuellen Umsetzung als eher gering eingestuft wurde. Aus psychologischer Sicht von Interesse sind darüber hinaus die Ansichten der gesperrten Spieler, nach denen die Einstellung zu Sperrverstößen in Abhängigkeit des Ausmaßes der übernommenen Eigenverantwortung und dem Grad der Belastung zu variieren scheint: So berichteten Personen mit ausgeprägter Selbstreflektion und weniger schwerwiegenden glücksspielbezogenen Problemen eher davon, dass von der Spielsperre eine abschreckende Wirkung aufgrund der Angst, bei Verstößen entdeckt zu werden, ausgeht. Demgegenüber waren Verletzungen der Sperrvereinbarung einschließlich Unmutsäußerungen, bei diesen Handlungen nicht sanktioniert worden zu sein, bei geringer Ausprägung von Eigenverantwortung wahrscheinlicher. Offensichtlich besteht ein negativer Zusammenhang zwischen externalen und internalen Kontrollmechanismen: Je stärker sich ein Betroffener zur Modifikation seines Spielmusters auf äußere Faktoren verlässt, als umso geringer erweist sich der Einfluss personenbezogener Ressourcen auf die beabsichtigte Verhaltensänderung. Schließlich bestätigten die gesperrten Spieler, dass der Entschluss zur Selbstsperre auf einer persönlichen Krisensituation und der daraus resultierenden Kontaktaufnahme zum Hilfesystem fußte. Trotz der komplexen Befundlage begrenzen methodologische Probleme (z.B. unvollständige Angaben zum Prozess der Datengenerierung oder das Fehlen eindeutig formulierter Erfolgskriterien) den Bedeutungsgehalt dieser Untersuchung.

Ein multimodales Vorgehen bei der Datenerhebung wählte auch der Responsible Gambling Council (2008), indem a) insgesamt 76 Spieler in zwölf Fokusgruppen über ihre Erfahrungen mit der Selbstsperre berichteten; b) qualitative Interviews mit 22 ausgewählten Programmadministratoren zum Einsatz kamen sowie c) flankierend ein zweitätiges Expertenforum zum Thema „Selbstsperre" organisiert wurde. Ausgewählte Befunde verweisen darauf, dass die Teilnehmer der Fokusgruppen während der Sperre im Durchschnitt seltener spielten und entsprechend weniger Geld für Glücksspiele ausgaben. Allerdings gab nur eine Minderheit (knapp 30%) an, in dieser Zeit vollkommen glücksspielabstinent gelebt zu haben. Grundsätzlich wurde die Inanspruchnahme der Selbstsperre als selbstbestimmte und eigenverantwortliche Entscheidung angesehen. Positive Gefühle wie Erleichterung direkt im Anschluss an den Registrierungsprozess oder die Überzeugung, wieder die Kontrolle über das eigene Leben zurückgewonnen zu haben, standen ebenfalls im Zusammenhang mit diesem Schritt. Als Minimaldauer einer Sperre schlugen die Teilnehmer der Fokusgruppen sechs Monate vor, wobei eine kürzere Laufzeit durchaus für bestimmte Spieler als Reflektionsphase dienen könnte, um das eigene Spielverhalten genauer zu analysieren und sich wohlüberlegt für oder gegen eine längerfristige Sperre auszusprechen. Die größte Schwäche der Sperrpraxis bestand aus Sicht der Fokusgruppen in den lückenhaften Überwachungsmethoden. Nachbesserungsbedarf wurde außerdem in Bezug auf die Schulung des Personals im Umgang mit Problemspielern, die Bekanntmachung der Sperroption sowie die Reichweite der Selbstsperre (Ausdehnung auf Spielstätten mit Video Lottery Terminals) gesehen. Vorschläge wie eine Cooling-Off-Period oder eine obligatorische Beratungssitzung fanden indessen wenig Zustimmung. Schließlich herrschte Skepsis hinsichtlich der Bereitschaft des Casinopersonals vor, Sperrprogramme konsequent und nachhaltig umzusetzen, da dies unweigerlich mit Umsatzeinbußen einhergehen würde.

Nach Meinung der Programmadministratoren können grundsätzlich verschiedene, teilweise miteinander verwobene Beweggründe zur Selbstsperre führen. Anzuführen sind unter anderem glücksspielbezogene Probleme, erhebliche finanzielle Verluste, der Wunsch nach einer temporären Auszeit, Druck durch Familienmitglieder aber auch die Unzufriedenheit über den Betrieb bzw. die Mitarbeiter. Darüber hinaus wurde berichtet, dass die meisten Spieler den Registrierungsprozess möglichst schnell abhandeln möchten und in dieser Situation nicht sehr kommunikativ sind. Generell stuften die Programmadministratoren die Selbstsperre als geeignetes Instrument des Spielerschutzes ein. Einige Interviewpartner verwiesen indessen auf die Vorzüge von „Player Tracking Systemen" (kartenbasierte Speicherung von bestimmten Parametern des Spielverhaltens und empirische Ableitung von Risikoindikatoren; vgl. für eine ausführliche Übersicht zum Einsatz kartenbasierter Technologien Parke, Rigbye & Parke, 2008) und damit auf den alternativen Ansatz der Früherkennung. Außerdem wurde angemerkt, dass einige Spieler bezüglich der Funktion der Selbstsperre unrealistische Erwartungshaltungen mitbringen. Interessanterweise lehnten die Programmadministratoren mehrheitlich eine lebenslange Dauer der Spielsperre ab, da sie eher abschreckend wirken würde und demzufolge einen negativen Einfluss auf die Nutzungsrate hätte.

Im Rahmen des Expertenforums standen verschiedene Aspekte der Spielsperre zur Diskussion. So sollte sich der Erfolg von Sperrprogrammen an Kriterien wie der Veränderung der Spielhäufigkeit, Spielintensität und Spiellänge von gesperrten Spielern orientieren. Weitere Empfehlungen beziehen sich auf die Bereitstellung von Registrierungsmöglichkeiten außerhalb der Spielstätten, variable Laufzeiten der Sperre (einschließlich der Vorgabe „lebenslang"), die Vorlage von Informationsmaterialien im Zuge des Registrierungsprozesses (speziell zum Sperrprogramm sowie zu weiteren Hilfeangeboten), die Ausweitung des Anwendungsspektrums dieser Maßnahme auf andere Marktsegmente und die regelmäßige Evaluation der Sperrpraxis. Zudem wurde die Wichtigkeit des Brückenschlags zum Suchthilfesystem betont, wobei nicht anzunehmen ist, dass alle gesperrten Spieler zusätzliche Beratung oder Behandlung benötigen.

In der Gesamtbetrachtung bietet der Bericht des Responsible Gambling Council (2008) – trotz fehlender methodologischer Stringenz – eine Fülle von wertvollen und praxisrelevanten Hinweisen zur Steigerung der Effektivität der Spielsperre. Besonders auffallend ist der Versuch, „Best Practices" in Sachen Selbstsperre zu formulieren. Mit der Ausarbeitung eines „Individual Assistance Model" rücken die individuellen Bedürfnislagen und die jeweiligen Umstände, die zur Sperre geführt haben, in den Mittelpunkt. Ohne professionelle Beratung bzw. Behandlung oder weiterführende Aktivitäten der Betroffenen in Richtung Genesung ersetzen zu wollen, stellt dieser Ansatz eine Abkehr von einer ausschließlich an der

Überwachung der Selbstsperre orientierten Vorgehensweise dar. Die strukturelle Verzahnung mit Versorgungsangeboten spielt dabei eine essentielle Rolle: „The more closely self-exclusion is linked with community counselling and other supports, the more likely it is that the person who has chosen to self-exclude will be successful" (Responsible Gambling Council, 2008, S. 53).

Gerade bei Neueinführung von Spielerschutzmaßnahmen bedarf es nicht nur der Überprüfung ihrer Wirksamkeit im Sinne einer summativen Evaluation und damit einer Bewertung nach Abschluss der Intervention. Vielmehr sind ihre Akzeptanz bei verschiedenen Zielgruppen sowie ihre grundsätzliche Alltagstauglichkeit zu bestimmen. Daher müssen Forschungsansätze der formativen Evaluation eingefordert werden, die den gesamten Umsetzungsprozess begleiten und Zwischenergebnisse erstellen, um die Maßnahmen fortlaufend zu verbessern. Eine derartige, breit angelegte Prozessevaluation des „Casino and Racing Entertainment Centre (REC) Voluntary Self-Exclusion (VSE) Program", implementiert in der kanadischen Provinz Alberta, legte unlängst Verlik (2007) vor. Hauptzielsetzung der Arbeit war es, das vorherrschende Sperrsystem detailliert zu analysieren und nähere Auskünfte über seine Wirksamkeit einzuholen. Außerdem sollten Diskrepanzen zwischen der beabsichtigten und tatsächlichen Umsetzung des Sperrprogramms ausfindig gemacht und Handlungsempfehlungen für Verbesserungen unterbreitet werden. Die Datenerhebung fand im Sinne der Methodentriangulation sowohl mit qualitativen als auch quantitativen Verfahren statt und umfasste a) Befragungen mit 300 aktuell und ehemals gesperrten Spielern sowie 14 Experten aus anderen kanadischen Zuständigkeitsbereichen; b) Fokusgruppen mit Programmadministratoren, Managern der Spielstätten sowie nahen Bezugspersonen der betroffenen Spieler und c) 17 Interviews mit ausgewählten Schlüsselpersonen verschiedener Interessengruppen.

Besonderen Erkenntnisgewinn versprach die Telefonbefragung mit 300 zufällig ausgewählten Spielern, die sich zum Zeitpunkt der Datenakquise (57%) oder in der Vergangenheit (41%) auf der Sperrliste befanden. Die Stichprobe setzte sich mehrheitlich aus Männern (58%) und Personen im Alter von 35 bis 54 Jahren (49%) zusammen. Als bevorzugtes Spielmedium wurden Slot Machines benannt. 75% „zockten" mindestens zweimal in der Woche; eine Spielsitzung erstreckte sich im Mittel auf 4,5 Stunden. Mit Hilfe einer leicht abgewandelten Version des „Canadian Problem Gambling Index (CPGI; Ferris & Wynne, 2001) konnten 68% der Studienteilnehmer als Problemspieler und weitere 17% als gefährdete Spieler klassifiziert werden. Hauptsächlich erhielten die Probanden Informationen zur Selbstsperre durch Aufklärungsmaterialien (z.b. Broschüren; 38%), vom Personal der jeweiligen Spielstätten (35%) oder von Familienmitgliedern (exklusive dem Lebenspartner; 34%). Im Durchschnitt dauerte der gesamte Registrierungsprozess zwölf Minuten. Von denjenigen Befragten, die eine 48-stündige Cooling-Off-Period durchliefen, gaben jeweils knapp 40% an, dass diese Maßnahme zweckdienlich bzw. nicht zweckdienlich für die Entscheidung pro Selbstsperre gewesen war. Als Vorschlag zur Verbesserung der Sperrpraxis wurde mehrfach die Einbindung der Option „lebenslange Sperrdauer" genannt. Hingegen äußerten sich die Untersuchungsteilnehmer eher kritisch bezüglich der Möglichkeit, die Zugangsbeschränkung vor Ablauf der vereinbarten Laufzeit aufheben zu können. Bemerkenswerterweise gab über die Hälfte der Probanden an, erschöpfend (30%) oder sehr gut (24%) über die vorhandenen Hilfeangebote für Problemspieler in Alberta informiert gewesen zu sein. Während Motive wie die Abstinenz vom Glücksspiel, die Gefahr negativer Konsequenzen sowie der Einfluss naher Bezugspersonen als bedeutsam für die Inanspruchnahme der Selbstsperre eingestuft wurden, spielte das Personal der Spielstätten bei dieser Entscheidung lediglich eine untergeordnete Rolle. Immerhin die Hälfte der befragten Personen berichtete von – zumeist mehrfachen – Versuchen einer gezielten Umgehung der Spielsperre. Nur 33% der Spieler hatten seit Einschreibung in das Sperrprogramm zusätzliche Versorgungsangebote wahrgenommen; hauptsächlich wurden von dieser Gruppe die Meetings der Anonymen Spieler besucht.

Auf der Basis der gesamten Befundlage bilanziert Verlik (2007), dass die Inanspruchnahme der Selbstsperre für Personen mit einem problematischen Spielverhalten einen wichtigen ersten Schritt in Richtung Verhaltensänderung bedeutet. Entsprechend sollte eine stärkere Vernetzung mit dem Suchthilfesystem im Zentrum des Sperrprogramms stehen. Weitere Handlungsvorschläge stehen ebenfalls im Einklang mit den Forderungen des Responsible Gambling Council (2008) und beinhalten unter anderem die Benennung einer Kontaktperson als Verantwortlichen für die Umsetzung des Sperrprogramms in den jeweiligen Spielstätten, die Verbesserung der Programmvermarktung, die Erweiterung des Geltungsbereiches der Sperre auf andere Marktsegmente (Bingo, Video Lottery Terminals), verbindliche Personalschulungen zum Thema „Spielsperre", variable Sperrlaufzeiten (einschließlich „lebenslang") und die Überprüfung alternativer Überwachungsmethoden. Da einige Interviewpartner auch am Expertenforum des Responsible Gambling Council (2008) teilgenommen hatten, wundern die offenkundigen Überschneidungen in den Schlussfolgerungen beider Studien kaum. Ebenso bleiben die Ergebnisdarstellungen auf deskriptiver Ebene verhaftet; komplexere statistische Analysen der quantitativen Daten finden sich im Forschungsbericht nicht.

Schließlich liefern Schrans, Schellinck und Grace (2004) weitere Daten einer formativen Evaluation, die im Zuge der Etablierung eines Selbstsperrprogramms in Bezug auf Video Lottery Terminals in der kanadischen Provinz Nova Scotia erhoben wurden. Im Fokus dieser Pilotstudie stand die Frage, inwiefern es den Spielstättenmitarbeitern während des Alltagsgeschäfts überhaupt möglich ist, ausgewählte Spieler zu identifizieren bzw. mit welcher Genauigkeit dies erfolgt. Zusätzlich sollten Faktoren bestimmt werden, welche die Trefferquote und Treffergüte maßgeblich beeinflussen. Eine ergänzende, wiederholt durchgeführte Befragung der Programmadministratoren zielte zudem darauf ab, Stärken und Schwächen jener Testphase zu dokumentieren. In der Gesamtschau verwiesen die Befunde zum damaligen Zeitpunkt auf einen erheblichen Nachbesserungsbedarf und daher gegen einen flächendeckenden Einsatz des Selbstsperrprogramms im Marktsegment „Video Lottery Terminals". Zu den Negativpunkten zählten in erster Linie die unbefriedigende Erkennungsrate (quantitativ und qualitativ) sowie ein hoher administrativer Aufwand verbunden mit der schwindenden Compliance der Spielstättenmitarbeiter im Verlauf der dreimonatigen Projektlaufzeit. Da Modifikationen des Programms unter Kosten-Nutzen-Aspekten nur wenig Erfolg versprachen, plädierten Schrans et al. (2004) für alternative Methoden der Spielerüberwachung, zum Beispiel auf der Grundlage von Smart Cards. Unter organisationspsychologischen Gesichtspunkten impliziert diese Studie die Wichtigkeit, die Mitarbeiter von Spielstätten von der Sinnhaftigkeit des Spielerschutzes zu überzeugen sowie das zweifelsohne vorhandene Erfahrungswissen inklusive etwaiger Bedenken aufzugreifen und aktiv in den Implementierungsprozess einzubinden.

5.2 Längsschnittdaten von Spielerkohorten

Im Gegensatz zu Querschnittsuntersuchungen lassen Längsschnitterhebungen Rückschlüsse auf die Auswirkungen der Spielsperre im Zeitverlauf zu. Mit genau dieser Zielsetzung führten Ladouceur, Sylvain und Gosselin (2007) mit insgesamt 161 selbstgesperrten Spielern in Kanada Telefoninterviews durch. Neben einem Baseline-Interview kurz nach Abschluss der Selbstsperre fanden vier weitere Wellen der Datenerhebung statt (6, 12, 18 und 24 Monate später). Zum ersten Messzeitpunkt gaben 74,5% der Probanden an, dass finanzielle Probleme der Hauptgrund für die Einschreibung in die Sperrliste waren. Darüber hinaus berichteten 88,2% der Studienteilnehmer von dem Verlust der Handlungskontrolle und damit einhergehend von dem Gefühl, das Spielverhalten ohne fremde Hilfe nicht mehr einschränken zu können. In Einklang mit dieser subjektiv erlebten Belastung konnte die überwiegende Mehrheit der interviewten Personen bei der Baseline-Erhebung als (wahrscheinlich) pathologische Spieler klassifiziert werden (SOGS: 88,8%; DSM-IV-Kriterien: 73,1%). Die Follow-up-Daten von 117, 83, 60 und 53 Individuen belegen grundsätzlich positive Effekte wie eine Reduzierung des Verlangens nach Glücksspielen, eine Zunahme der wahrgenommenen Handlungskontrolle, eine Verringerung der Intensität verschiedener glücksspielbedingter negativer Konsequenzen sowie eine Verbesserung der Symptomatik nach SOGS- bzw. DSM-IV-Kriterien. Interessanterweise zeigten sich statistisch bedeutsame Veränderungen nur im 6-Monats-Follow-up und damit für den Zeitraum der Mindestlaufzeit der Spielsperre. Außerdem deuten weiterführende Befunde an, dass Spieler bei noch gültiger Sperre in der Regel bessere Outcomes aufweisen als Spieler, deren Sperre bereits wieder ausgelaufen war. Schließlich machen Ladouceur et al. (2007) auf Mängel in der konkreten Umsetzung des Sperrprogramms aufmerksam, da zum 6-Monats-Follow-up mehr als die Hälfte der Spieler erwähnte, trotz aktiver Spielsperre ein Casino besucht bzw. die Sperrvereinbarung verletzt zu haben.

Weitere Informationen zu selbstgesperrten Spielern stammen von Steinberg (2008) und beziehen sich auf 411 Spieler des Mohegan-Sun-Casinos (Connecticut, USA), die zunächst zum Zeitpunkt der Sperrverfügung einen selbstkonzipierten Fragebogen ausfüllten. Es ließen sich im Untersuchungszeitraum vom 01. Januar 2000 bis zum 01. Januar 2008 insgesamt 1.782 Personen sperren (Rücklaufquote: 23,1%). Die Ergebnisse auf deskriptiver Ebene deuten Defizite in der Bekanntmachung des Sperrprogramms an: Nur 18% der Befragten bekundeten, dass dessen Vermarktung hinreichend gewesen ist. Ebenfalls spielten ausliegendes Informationsmaterial (8%) bzw. die Mitarbeiter des Casinos (11%) im Vergleich zu engen Bezugspersonen (38%) oder den Anonymen Spielern (19%) nur selten eine

Rolle bei dem Verweis auf die Existenz dieser Schutzmaßnahme. Ähnlich wie bei Ladouceur et al. (2007) konnten 96,3% der Stichprobe zum Zeitpunkt der Sperrverfügung anhand der SOGS-Kriterien als (wahrscheinlich) pathologische Spieler klassifiziert werden, wobei Männer und Frauen ähnlich starke Belastungen aufwiesen. Die anvisierte Follow-up-Erhebung etwa drei Monate nach Inkrafttreten der Sperre konnte mit 59 Spielern des Baseline-Samples (n=411) realisiert werden (14,4%). Häufigkeitsanalysen verdeutlichten, dass die Probanden mehrheitlich von einer Reduzierung des Spielverhaltens bzw. von Abstinenz berichteten. Dieser Trend galt sowohl für diverse Spielangebote innerhalb als auch außerhalb der Casinos. Immerhin 84% der selbstgesperrten Spieler kehrten gar nicht zum Casino zurück, hauptsächlich aus Angst vor einer Festnahme (72%) und dem Willen, weiterhin abstinent zu leben (70%). Im Anschluss an die Sperrverfügung suchten 53% die Gruppentreffen der Anonymen Spieler, 34% professionelle Hilfe bei einem auf Glücksspielsucht spezialisierten Therapeuten sowie 42% ein alternatives Beratungsangebot auf. Aufgrund der kleinen Fallzahlen zum Follow-up sowie der Präsentation ausschließlich deskriptiver Daten sind die Erkenntnisse von Steinberg (2008) als vorläufig anzusehen. Ebenfalls können zentrale Fragen, etwa zum relativen Einfluss einzelner Hilfemaßnahmen (Spielsperre vs. professionelle Suchtberatung), nicht beantwortet werden. Trotz dieser Kritik bringt die Untersuchung wichtige Anhaltspunkte für eine Optimierung der Sperrpraxis mit sich, zum Beispiel im Hinblick auf die Notwendigkeit einer verbesserten Vermarktung des Sperrprogramms oder einer frühzeitigeren Intervention bei auffälligem Spielverhalten.

Mit dem übergeordneten Ziel, eine modifizierte Umsetzung der Sperrpraxis in einem Casino in Montreal (Kanada) zu evaluieren, konzipierten Tremblay et al. (2008) ein Untersuchungsdesign mit zwei Messzeitpunkten (Beginn und Ende der Sperrzeit). In Anlehnung an das Modell des „Self-Exclusion Educator" von Blaszczynski et al. (2007) wurde ein psychologisch ausgebildeter Berater eingesetzt, der während des gesamten Sperrzeitraums als Ansprechpartner für Betroffene, nicht jedoch als deren Therapeut, fungierte. Die Aufgaben des „Self-Exclusion Counsellor" umfassten eine auf Freiwilligkeit basierende Eingangsuntersuchung (strukturiertes klinisches Interview inklusive Feedback und Bekanntmachung ergänzender Hilfeangebote), eine telefonische Begleitung während der gesamten Sperrlaufzeit sowie ein verbindliches Treffen im Zuge des Auslaufens der Spielsperre. Um überhaupt wieder eine Zutrittsberechtigung für das Casino zu erhalten, verpflichteten sich die Spieler, diese abschließende Informations- und Aufklärungssitzung zu besuchen. Zur Datenerhebung zum zweiten Messzeitpunkt wurde erneut ein strukturiertes klinisches Interview durchgeführt. Zusätzlich kam es mit Hilfe eines selbstkonstruierten Fragebogens zur Erfassung der Komponenten „Zufriedenheit mit dem Sperrprogramm" sowie „wahrgenommener Nutzwert des Sperrprogramms".

Während des Untersuchungszeitraums entschieden sich 875 Spieler (75% aller Selbstsperren) für diese neuartige Form der Sperrpraxis, wobei für die Betroffenen grundsätzlich die Möglichkeit bestand, eine Sperrvereinbarung abzuschließen, die von drei Monaten bis zu fünf Jahren reichte. Zum zweiten Messzeitpunkt wurden die Komponenten des modifizierten Sperrprogramms von insgesamt 116 Personen ausnahmslos positiv eingestuft. Geringfügiger Nachbesserungsbedarf schien es in Bezug auf die Vorstellung des Sperrprogramms im Casino und den Standort des Arbeitsplatzes des Beraters zu geben. Außerdem konnten Daten von 39 Spielern gewonnen werden, die sowohl an der freiwilligen Eingangsbefragung als auch an der verbindlichen Abschlussveranstaltung teilnahmen. Deskriptive Analysen zeigten, dass bis zum zweiten Messzeitpunkt lediglich ein Fünftel der Probanden (21%) zusätzliche Hilfen in Anspruch genommen und ebenfalls nur eine Minderheit (14%) von sich aus den „Self-Exclusion Counsellor" kontaktiert hatte. Demgegenüber berichtete knapp die Hälfte der Teilnehmer (n=18) von Casinobesuchen trotz bestehender Zugangsbeschränkung. Im direkten Vergleich beider Messzeitpunkte konnten dennoch signifikante Verbesserungen bei verschiedenen Outcomes beobachtet werden: So verringerten sich neben der Spielhäufigkeit und den Ausgaben für Glücksspiele auch die negativen glücksspielbezogenen Konsequenzen sowie Anzeichen ausgewählter psychischer Probleme (Angst, Depression, riskanter Alkoholkonsum). Außerdem galten 31 Personen (79,5%) zum ersten Messzeitpunkt, hingegen nur noch zehn Personen (25,6%) zum zweiten Messzeitpunkt in Anlehnung an die DSM-IV-Kriterien als pathologische Spieler. In der Gesamtbetrachtung werten Tremblay et al. (2008) die Befunde als vielversprechenden Ansatz, das Sperrprozedere nachhaltig zu verbessern und gesperrten Spielern eine individuell abstimmte Unterstützung anzubieten (vgl. Sani, Carlevaro & Ladouceur, 2005, die im Rahmen einer Pilotstudie mit einem quasi-experimentellen Vorgehen ebenfalls den generellen Nutzen psychologisch fundierter Beratungsgespräche für gefährdete Spieler im Vorfeld der Sperrverfügung belegen konnten). Allerdings schränken das Fehlen einer Kontrollgruppe, die selbstselektive

Stichprobe und die Unkenntnis über die genauen Wirkmechanismen die Aussagekraft der Befunde ein.

Schließlich präsentiert Townshend (2007) Daten einer Pilotstudie mit 35 neuseeländischen Spielern aus einer ambulanten Versorgungseinrichtung, die Gebrauch von der Sperroption gemacht hatten. Neben einer umfassenden Eingangsdiagnostik konnten 32 Betroffene im Zuge einer Follow-up-Erhebung zwischen zwei und 24 Monaten nach Abschluss der Sperrverfügung noch einmal untersucht werden. Erste deskriptive Analysen offenbarten deutliche Verbesserungen in Bezug auf verschiedene Parameter, wie zum Beispiel den SOGS-Werten (Selbsturteile), der Kontrolle über das Spielverhalten (Selbsturteile) oder den DSM-IV-Kriterien zum „pathologischen Glücksspiel" (Klinikerurteile). 26 von 32 Klienten (81%) gaben zum zweiten Messzeitpunkt an, glücksspielabstinent zu sein. Indessen mahnen mangelhafte Angaben zur Forschungsmethodologie, der Verzicht auf inferenzstatistische Analysen sowie variierende Zeitfenster bei der Nachfolgeuntersuchung (2-24 Monate) zur Vorsicht bei der Ergebnisbewertung.

5.3 Analyse von Sperrlisten

Einen alternativen Zugang zu Informationen von gesperrten Spielern liefern Sperrlisten. In Abgrenzung zu Fragebogen- oder Interviewstudien mit kleineren, (selbst)selektiven Stichproben bieten Sperrdateien den Vorteil, größere Spielerkohorten in differenzierter Weise untersuchen zu können. Mit dem Ziel der Identifikation von Geschlechtsunterschieden führten Nower und Blaszczynski (2006) eine explorativ angelegte Querschnittsanalyse demographischer und glücksspielbezogener Daten von insgesamt 2.670 Spielern durch, die zwischen Januar 2001 und März 2003 eine lebenslange Selbstsperre beantragten und sich auf die sogenannte „List of Dissociated Persons" in Missouri (USA) setzen ließen. Logistische Regressionsanalysen konnten zeigen, dass Frauen (n=1.298; 48,4%) zum Zeitpunkt der Sperrverfügung verglichen mit den Männern älter sowie unter dem Personenkreis mit afroamerikanischer Abstammung überrepräsentiert waren. Erwartungsgemäß existierten darüber hinaus Unterschiede in Bezug auf die Beschäftigungsverhältnisse. Als typisch für selbstgesperrte Frauen erwiesen sich des Weiteren zwei Parameter des Spielverhaltens: a) ein späterer Beginn der „Spielerkarriere" sowie b) eine stärkere Präferenz für nicht-strategische Spielformen wie Spielautomaten, Videopoker oder Lotterien. Im Vergleich zu den Männern nannten Frauen als Gründe für die Selbstsperre häufiger das Bedürfnis nach Hilfe, die Wiedererlangung der Handlungskontrolle, die Suizidvorbeugung sowie Empfehlungen vom Therapeuten. Ebenso konnte bei den Frauen eine höhere Rate an Insolvenzanträgen festgestellt werden. Differenzierte Angaben zum Problemstatus der gesperrten Spieler ließen sich jedoch aufgrund des Fehlens eines validierten Screening-Instruments genauso wenig ableiten wie Daten zu komorbiden Störungen.

Mit einer vergleichbaren methodischen Vorgehensweise unternahmen Nower und Blaszczynski (2008) den Versuch, charakteristische Merkmale von selbstgesperrten Spielern unterschiedlicher Altersgruppen zu bestimmen. Zur Datenanalyse wurde wiederum das Sperrverzeichnis aus Missouri herangezogen (n=1.601 Sperren von Januar 2001 bis März 2003), um drei Altersgruppen einander gegenüberzustellen: a) jüngere Erwachsene (21-35 Jahre; n=490); b) Erwachsene mittleren Alters (36-55 Jahre; n=950) sowie c) ältere Erwachsene (56-79 Jahre; n=161). Als Differenzierungskriterien dienten soziodemographische Angaben, ausgewählte Indizes des Spielverhaltens und die Hauptgründe, die zur Spielsperre geführt hatten. Auf univariater Ebene ergaben sich zahlreiche statistisch bedeutsame Gruppenunterschiede. Erwähnenswert ist, dass ältere Personen von einem späteren Einstiegsalter berichteten, dennoch aber eine längere „Spielerkarriere" aufwiesen als jüngere Personen. Ferner bevorzugten ältere Probanden nicht-strategische Spielvarianten wie Videopoker oder Slot Machines. Unabhängig vom Alter wurden als Hauptgründe für die Selbstsperre am häufigsten die Wiedererlangung der Handlungskontrolle, der Bedarf an externer Hilfe sowie am Boden zerstört gewesen zu sein genannt. Bei der Gegenüberstellung verschiedener Altersgruppen konnten im Rahmen einer multivariaten logistischen Regressionsanalyse fünf Variablen als eigenständige Prädiktoren ermittelt werden. Die Gruppe der 56- bis 79-Jährigen verfügte über eine längere Spielerfahrung, war eher verheiratet sowie in Rente bzw. arbeitslos, verzeichnete eine stärkere Präferenz für nicht-strategische Spielformen und kreuzte häufiger die Suizidvorbeugung als Motiv für die Selbstsperre an. Gerade das nahezu vierfach erhöhte Risiko, die Sperrverfügung (auch) wegen vorherrschender Suizidalität wahrzunehmen, impliziert die Erfordernis von altersgruppenspezifischen Interventionsangeboten. Gleichwohl ist die Gültigkeit dieser Befunde für andere Kulturkreise oder unter abweichenden rechtlichen Rahmenbedingungen zu überprüfen.

Im Rahmen einer weiteren Analyse eines Sperrverzeichnisses verfolgten LaBrie, Nelson, LaPlante, Peller, Caro und Shaffer (2007) die primäre Intention, die zeitliche und räumliche Verteilung der Spielsperren im gesamten Bundesstaat Missouri (USA) zu bestimmen. Ausgangspunkt dieser Untersuchung war die Annahme, dass die Anzahl der Spielsperren während eines bestimmten Zeitraums oder in einem bestimmten Bezirk als verlässlicher Indikator für das jeweilige Ausmaß glücksspielbezogener Probleme herangezogen werden kann. Der Datensatz umfasst 6.599 Personen, die sich zwischen November 1996 und Februar 2004 auf die staatenweite Sperrliste setzen ließen. In Relation zur Allgemeinbevölkerung Missouris erwiesen sich die selbstgesperrten Spieler mit Wohnsitz Missouri (n=5.338) als eher jünger und männlich; zudem gehörten sie häufiger einer kulturellen Minderheit an. Außerdem konnte nachgewiesen werden, dass die Anzahl der Neusperren in den ersten Jahren nach Einführung des Sperrprogramms stetig zunahm und sich ab 2001 auf einem konstanten Niveau bewegte (bei ca. 1.100 Neusperren von Bewohnern Missouris pro Jahr). Hinsichtlich der räumlichen Verteilung legen die Daten unter anderem einen Zusammenhang zwischen der Anzahl der Spielsperren und der Casinonähe (Expositionsdosis; Distanz des Wohnorts eines gesperrten Spieler zum nächstgelegenen Casino) sowie der Casinodichte (Expositionspotenz; Anzahl der Casinos in der Umgebung des nächstgelegenen Casinos) nahe. Zusammenfassend argumentieren LaBrie et al. (2007), dass die Rate an Spielsperren in einem bestimmten Bezirk einen validen Kennwert darstellt, um die dort aktuell vorherrschende Prävalenz glücksspielbezogener Probleme sowie den entsprechenden Bedarf an Versorgungsangeboten kostengünstig bestimmen zu können (vgl. Shaffer, LaBrie, Caro, LaPlante & Nelson, 2004). Wiederum erscheint eine Generalisierung dieser Ergebnisse auf andere Kulturkreise ohne zusätzliche Evidenz als spekulativ.

5.4 Exkurs: Die Spielsperre im Internet

Im Zuge des technologischen Fortschritts und einer mittlerweile weit verbreiteten Vernetzung der Bevölkerung nimmt das Online-Gambling auf dem internationalen Glücksspielmarkt einen immer größeren Stellenwert ein. Allerdings warnen Suchtforscher vor den Gefahren, die mit Spielangeboten verbunden sind, die über das Medium Internet vermittelt werden. Wie an anderer Stelle aufgezeigt, bergen Online-Glücksspiele aufgrund diverser struktureller Merkmale, wie der leichten Verfügbarkeit, der breiten Spielpalette in Verbindung mit der hohen Ereignisfrequenz einzelner Spielformen sowie den anonymen Teilnahmegelegenheiten ein nicht zu unterschätzendes Gefährdungspotenzial (Hayer et al., 2005). Erste wissenschaftliche Untersuchungen mit (nicht-)repräsentativen Stichproben bestätigen in konsistenter Weise, dass ein relativ hoher Anteil an Personen mit glücksspielbezogenen Problemen unter den Online-Spielern zu finden ist (z.B. generell zum Internet-Glücksspiel Wood & Williams, 2007a; 2009, oder speziell zum Internet-Poker Wood, Griffiths & Parke, 2007).

Obwohl gerade im Internet zahlreiche Möglichkeiten zur Implementierung von angemessenen Spielerschutzmaßnahmen bestehen, wurden die Betreiber dieser Verantwortung in der Vergangenheit nur in Ansätzen gerecht (vgl. Hayer et al., 2005). Gegenwärtig sind erste Trends zu beobachten, die auf eine zunehmende Bereitschaft der Anbieterseite hinweisen, Minimalstandards zur Prävention glücksspielbezogener Probleme umzusetzen und die eingesetzten Schutzmaßnahmen evaluieren zu lassen. Wie in terrestrischen Spielstätten können bestimmte Personen vom Spielbetrieb entweder auf Wunsch des Spielers oder auf Veranlassung des Anbieters ausgeschlossen und der jeweilige Account gesperrt werden. In diesem Rahmen präsentierte Remmers (2006) erstmalig Daten zum Spielerschutzkonzept eines Betreibers von Online-Glücksspielen („PokerRoom.com"). In 2005 wurden dort insgesamt 4.847 Selbstsperren verfügt, was einer durchschnittlichen Rate von 13 Selbstsperren pro Tag entspricht. Überwiegend sperrten sich junge Männer aus den USA. Zusammengenommen nutzten etwa 3% bis 4% der Kunden dieser Plattform die verfügbaren Schutzmaßnahmen wie Einsatz- und Verlustlimitierungen oder die Selbstsperre. Mehrheitlich scheint ein unangemessenes Spielverhalten, etwa zu viel Zeit oder Geld investiert zu haben, ausschlaggebend für die Inanspruchnahme der Spielsperre gewesen zu sein (Wootton & d'Hondt, 2005). Eine differenzierte Analyse der Beweggründe, die letztendlich zur Selbstsperre geführt haben, wurde allerdings nicht dargelegt.

Ebenfalls auf deskriptivem Niveau verhaftet bleiben Ergebnisse einer Evaluationsstudie von Jonsson (2008), die sich auf die Spielerschutzmaßnahmen des staatlichen Anbieters „Svenska Spel" aus Schweden und dessen Pokerplattform im Internet beziehen. Bei einer Online-Befragung mit 1.031 zufällig ausgewählten Pokerspielern von „Svenska Spel" gaben 5,4% der Befragten an, schon einmal von der Selbstsperre Gebrauch gemacht zu haben (11% der gefährdeten Spieler). 30% dieser Gruppe wichen während dieser Zeit auf andere Poker-Websites aus und „zockten" dort weiter (24% der gefährdeten Spieler). Die Befunde deuten somit an, dass nur ein geringer Anteil an Problemspielern die Spielsperre überhaupt in Anspruch nimmt. Sofern dies aber der Fall ist, erweist sich ein Weiterspielen bei anderen Online-Pokeranbietern den Selbstangaben zufolge als eher unwahrscheinlich. Offensichtlich macht die selbsterzwungene temporäre Schließung eines Accounts auch bei einer einzigen Website Sinn – zumindest für einen kleinen Kreis gefährdeter Spieler sowie für einen kurzen Zeitraum. Zukünftige Studien mit größeren Stichproben sollten diese vorläufige Feststellung überprüfen und weiterführend präzisieren, welche Personengruppen von der Selbstsperre im Internet profitieren.

Griffiths, Wood und Parke (2009) ermittelten im Zuge einer weiteren Online-Befragung von 2.348 „Svenska Spel-Kunden" (Response Rate: 24,2%), dass 26% von einem speziellen Tool namens „PlayScan", welches verschiedene Spielerschutzmaßnahmen bündelt, Gebrauch gemacht hatten. Immerhin 17% dieser Subgruppe wiesen Erfahrungen mit der Selbstsperre auf. Hauptmotive für die Inanspruchnahme der Sperre waren das Einsparen von Geld sowie ein übermäßiges Spielverhalten. Von allen „PlayScan-Nutzern" wurde eine Sperrdauer von sieben Tagen am ehesten als nützlich eingestuft (46,3%). Demgegenüber verband nur eine Minderheit der Befragten (16,4%) eine permanente Sperrdauer mit einem Nutzwert. Zudem zeigen die Befunde, dass die Option der Selbstsperre von 42,3% der „PlayScan-Nutzer" als durchaus zweckdienliche Maßnahme angesehen wird (ähnliche Ergebnisse erzielte eine Befragung von insgesamt 10.865 Online-Spielern; vgl. International Gaming Research Unit & Betting Research Unit, 2007).

Vor kurzem legten Xuan und Shaffer (2009) eine Veröffentlichung vor, in der hinterfragt wird, wie sich das Spielverhalten von Online-Spielern direkt vor ihrem Entschluss, sich zu sperren, entwickelte. Als Stichprobe dienten 226 von insgesamt 47.603 Kunden eines Anbieters von Internet-Glücksspielen („bwin"), die dort im Februar 2005 einen Account angelegt hatten. Zum Sample zählten ausschließlich Live-Wetter, die ihr Konto auf der Basis von Selbstangaben aufgrund von glücksspielbezogenen Problemen zwischen Februar 2005 und Juni 2006 auflösten (alternative Gründe hierfür wären die Unzufriedenheit mit dem Anbieter sowie der Verlust des Interesses an Sportwetten gewesen). Zur Datenanalyse wurde eine Kontrollgruppe von 226 weiterhin spielberechtigten Personen mit identischer Verteilung der Merkmale „Alter" und „Geschlecht" herangezogen. Die Befunde zeigen, dass Kunden kurz vor Schließung ihres Accounts einen Anstieg der finanziellen Verluste verzeichneten sowie das Einsatzvolumen pro Wette erhöhten. Im Gegensatz dazu ließen sich weder Hinweise auf eine Zunahme der Risikobereitschaft – in Form von Wetten mit höheren Quoten – noch auf eine größere Anzahl abgegebener Wetten pro Tag finden. Somit verweisen die Ergebnisse darauf, dass selbsternannte Problemspieler im Zuge ansteigender Verluste eher risikoaversive, konservative Spielmuster wählen, indem sie höhere Einsätze auf Wetten mit niedrigerer Quote bzw. besserer Gewinnaussicht platzieren (Xuan & Shaffer, 2009). Interessanterweise ergeben sich sichtbare Veränderungen ausgewählter Spielparameter erst wenige Tage vor der Account-Schließung. Anscheinend geht dem Entschluss zur Online-Sperre keine länger anhaltende Eskalation des Spielverhaltens voraus. Allerdings schränken einige Punkte die Aussagekraft der Befunde beträchtlich ein: Zum einen ließ der zugrunde liegende Datensatz die Einbindung eines Screening-Instruments zur Erfassung glücksspielbezogener Probleme nicht zu; zum anderen umfasst die untersuchte Kohorte ausschließlich Live-Wetter eines einzigen Internetanbieters. Da keine Informationen zur Spielbeteiligung dieser Personen im Allgemeinen vorliegen, ist nicht auszuschließen, dass auch auf anderen Plattformen im Internet oder im Offline-Bereich „gezockt" wurde bzw. weiterhin wird. Hier stellt sich die Frage, ob die Selbstsperre bei einem Online-Glücksspielanbieter überhaupt Auswirkungen auf das generelle Spielverhalten eines Individuums hat (vgl. mit dem zweifelhaften Sinn einer Spielsperre, die nur punktuell bei einzelnen terrestrischen Spielstätten greift).

5.5 Zusammenfassende Bewertung der Befundlage

Wie der Übersicht zu entnehmen ist, steckt die Forschung zur Effektivität der Spielsperre derzeit noch in den Kinderschuhen (vgl. Meyer & Hayer, 2007). Obwohl in den letzten Jahren verstärkt Bemühungen um eine Erweiterung der Erkenntnislage mit dem Ziel einer evidenzbasierten Verbesserung der Sperrsysteme zu erkennen sind, kann die Befundlage insgesamt noch als rudimentär bezeichnet werden. Beispielsweise beziehen sich die wenigen Forschungsbefunde ohne Ausnahme auf die Selbstsperre, wissenschaftlich fundierte Daten zur Fremdsperre finden sich nicht. Während es nachvollziehbar erscheint, dass für die Spielsperre im Internet aufgrund der relativen Neuartigkeit des Produkts „Online-Gambling" bislang nur sporadisch Ergebnisse vorliegen, erstaunen die beträchtlichen Erkenntnislücken für den europäischen Casinobereich umso mehr. Methodisch gesehen ist vor allem der Rückgriff auf formative Evaluationsansätze zur prozessbegleitenden Weiterentwicklung von Spielerschutzmaßnahmen zu begrüßen. In Ergänzung zur summativen Evaluation bieten derartige Forschungsstrategien die Chance, Schwächen und Stärken bestimmter Interventionsmaßnahmen praxisnah zu ermitteln und vorhandene Mängel kurzfristig zu beheben. Zur Bestimmung der Wirksamkeit der Spielsperre erweist sich jedoch der Rückgriff auf Selbstberichte im Zeitverlauf als unerlässlich: Nur durch die Erhebung der Erlebens- und Verhaltensweisen gesperrter Spieler lassen sich Rückschlüsse auf den individuellen Nutzen der Spielsperre ziehen und konkrete Aussagen zu den vorherrschenden Wirkmechanismen ableiten. Auch diesbezüglich sind mit dem Vorliegen von vier Studien mit Longitudinaldesigns lediglich erste Anhaltspunkte erkennbar. Unabhängig davon sollte der Erfolg eines Sperrprogramms im Wesentlichen an der Nutzungsrate sowie an Veränderungen des Spielverhaltens gesperrter Spieler gemessen werden.

Ausgehend von jener defizitären Erkenntnislage ist augenblicklich als Arbeitshypothese festzuhalten, dass gesperrte Spieler einen hohen Belastungsgrad aufweisen und zum Sperrzeitpunkt nahezu ausnahmslos ein problematisches Spielverhalten offenbaren (eine Ausnahme stellt die Schweiz mit der Implementierung von präventiv ausgerichteten Sozialkonzepten im Casinobereich dar, was sich nicht zuletzt auch in der Klientel der gesperrten Spieler bemerkbar macht). Trotz positiver Veränderungen in Folge der Spielsperre, etwa in den Bereichen Spielverhalten und psychosozialer Belastung, hört nur eine Minderheit vollständig mit dem Glücksspiel auf. Das Ausweichverhalten auf andere, noch zugängliche Spielangebote und die gezielte Aushebelung der Spielsperre mindern den Stellenwert der Spielsperre und deuten den Bedarf an ergänzenden strukturellen Interventionen an. Vorrangig zu nennen sind die Erweiterung des Anwendungsspektrums der Spielsperre auf verschiedene Marktsegmente sowie eine institutionalisierte Verknüpfung mit Beratungs- und Behandlungseinreichungen. Vor allem die geringe Inanspruchnahme derartiger Versorgungsangebote dürfte im Zusammenhang mit der relativ hohen Rückfallgefährdung gesperrter Spieler stehen. Es muss jedoch offen bleiben, welche Personengruppen hauptsächlich von der Spielsperre profitieren und wie lange dieser Effekt anhält. Individuelle Faktoren wie der Schweregrad der Glücksspielproblematik, das Vorhandensein komorbider Störungen sowie unrealistische Erwartungshaltungen im Hinblick auf dieses Mittel der Zugangsbeschränkung fungieren in diesem Kontext offenbar als wichtige Moderatorvariablen. Abbildung 3 gibt einen integrativen Überblick über diejenigen Bedingungen, die wahrscheinlich im Zusammenhang mit dem Maßnahmenerfolg stehen. Grundsätzlich sind die Einflussgrößen auf Seiten des Individuums, in Bezug auf die Sperrpraxis und in der Umgebung zu verorten.

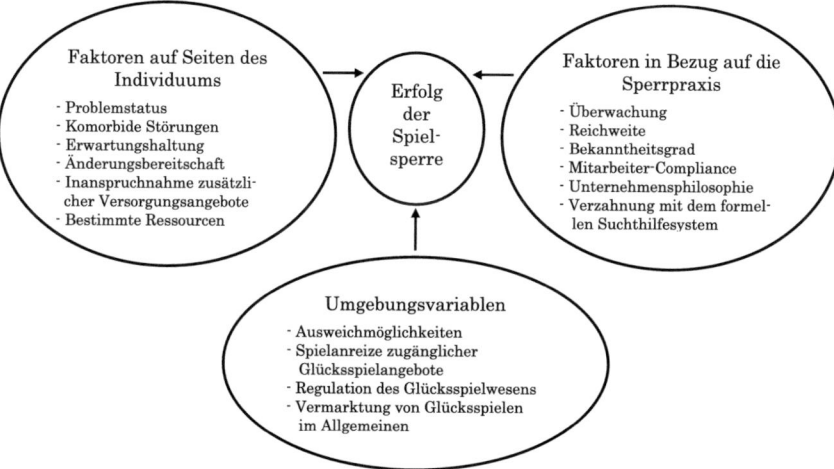

Abbildung 3: Effektivität der Spielsperre als Maßnahme des Spielerschutzes – Potenzielle Einflussgrößen im Überblick

Aus psychologischer (Forschungs-)Perspektive von Interesse wären darüber hinaus die Eruierung von motivationalen Prozessen, die zur Spielsperre geführt haben sowie die Entwicklung der individuellen Veränderungsabsicht vor, während und nach Ablauf der Sperrdauer. Speziell der Problemstatus der Betroffenen sowie Angaben zu ihrem Spielverhalten und zu ihrer „Spielerkarriere" verweisen auf eine mehrjährige Fehlanpassung und werfen zum einen die Frage nach Erfolg versprechenden Strategien der Früherkennung und Frühintervention auf. Zum anderen wird die Notwendigkeit einer proaktiveren Vermarktung der Spielsperre bestätigt, um den derzeit unbefriedigenden Erreichungsgrad dieser Maßnahme und damit ihre Nutzungsrate anhaltend zu verbessern. Vorläufig ist davon auszugehen, dass die Spielsperre für sich genommen keinen hinreichenden Spielerschutz bietet und die gängige Umsetzung der Sperrprogramme in verschiedenen Ländern optimierungsbedürftig erscheint. Darüber hinaus besteht ein offensichtlicher Nachholbedarf in Sachen wissenschaftlicher Begleitforschung zur Effektivität der Spielsperre, insbesondere was die spezifischen Rahmenbedingungen im europäischen Raum und des Internets anbelangt.

6 Zielsetzungen

Ausgehend von dem aufgezeigten defizitären Wissensstand verfolgt das Forschungsprojekt das übergeordnete Ziel, den Nutzen der Spielsperre als Maßnahme des Spielerschutzes erstmals im europäischen Casino-Kontext (Deutschland, Österreich, Schweiz) sowie im Internet ausführlich empirisch zu bestimmen. Zunächst sollen grundlegende Erkenntnisse darüber gewonnen werden, welche Personen sich überhaupt auf der Sperrliste wiederfinden. Im Zentrum jener Baseline-Erhebung stehen im Einzelnen die folgenden Themenkomplexe (für den Casinobereich):

- Wie gestaltete sich das Spielverhalten im Vorfeld der Spielsperre? Sind typische Entwicklungsverläufe erkennbar? Gab es in der Vergangenheit bereits Versuche, die Casinobesuche einzuschränken oder ganz zu beenden?
- Welche Beweggründe erscheinen in erster Linie ausschlaggebend für die Spielsperre? Nehmen ausschließlich pathologische Spieler die Möglichkeit dieser Maßnahme des Spielerschutzes wahr? Erfolgt die Entscheidung pro Spielsperre spontan oder eher nach einer langen Überlegungsphase? Welche Rolle spielen dritte Personen wie Angehörige oder das Casinopersonal bei diesem Entscheidungsprozess?
- Auf welchem Ausprägungsniveau bewegt sich die Änderungsbereitschaft gesperrter Spieler? Wurden bzw. werden zusätzliche Hilfeangebote in Anspruch genommen bzw. ist dies in Zukunft geplant?
- Welche Erwartungen werden generell mit der Spielsperre verknüpft? Nehmen die Betroffenen die Spielsperre als Allheilmittel wahr? Wer ist aus Sicht der gesperrten Spieler für die Einhaltung der Spielsperre verantwortlich?

Daneben sieht das Forschungsprojekt vor, erstmals auch detaillierte empirische Daten für das Online-Segment vorzulegen. Aus Praktikabilitätsgründen kam für den Internetbereich eine verkürzte Version des selbstkonstruierten Erhebungsinstruments in Form einer Online-Befragung zum Einsatz, so dass sich die Aussagen zum Personenkreis gesperrter Online-Spieler auf eine Auswahl der aufgeworfenen Fragestellungen begrenzen. Ergänzend zu dieser Querschnittsbetrachtung ist weiterführend zu untersuchen, welche Folgen die Inanspruchnahme der Spielsperre im Zeitverlauf mit sich bringt. Mit der Erfassung von Längsschnittdaten wird primär die originäre Zielsetzung des Forschungsprojekts – die Bestimmung der Effektivität der Spielsperre als Maßnahme des Spielerschutzes – verfolgt. Dabei stehen die nachfolgend angeführten Punkte im Vordergrund:

- Wie sieht das jeweils aktuelle Spielverhalten gesperrter Spieler aus? Wird vorrangig auf andere Glücksspielsegmente ausgewichen und unter Umständen sogar mehr „gezockt" als vor der Sperrverfügung? Existieren Bestrebungen, die Spielsperre gezielt auszuhebeln?
- Wie entwickeln sich glücksspielbezogene Erlebnis- und Verhaltensdeterminanten im Anschluss an die Sperrverfügung (z.b. das Verlangen nach dem Glücksspiel, die subjektiv erlebte Handlungskontrolle, glücksspielbedingte Belastungsindikatoren)? Wie stufen Betroffene den generellen Nutzen der Spielsperre ein? Schwächen sich etwaige positive Effekte im Zeitverlauf ab?
- Welche Effekte hat die Spielsperre auf die Beratungs- bzw. Behandlungsmotivation? Bedingen ausgewählte psychosoziale Faktoren wie komorbide Störungen (z.B. eine depressive Symptomatik), der Konsum von Suchtmitteln oder personenbezogene Ressourcen (z.B. das Ausmaß der Selbstwirksamkeitserwartung) den Erfolg der Spielsperre? Wie erleben Betroffene grundsätzlich die Situation vor, während und nach der Sperrverfügung?

Neben der getrennten Wirksamkeitsanalyse von Spielsperren im Casino- und Internetbereich sieht das Untersuchungsdesign eine direkte Gegenüberstellung von gesperrten Spielern aus den beiden Marktsegmenten vor. Es ist konkret zu überprüfen, ob sich die beiden Samples in wesentlichen Aspekten unterscheiden bzw. ob von der Offline-Spielsperre möglicherweise andere Effekte ausgehen als von der Online-Spielsperre. Nach einer abschließenden Verdichtung und kritischen Würdigung der Gesamtbefundlage sind evidenzbasierte Empfehlungen für eine optimierte Ausgestaltung von Sperrprogrammen abzuleiten.

7 Methodik

7.1 Untersuchungsplan

Vor dem Hintergrund der unzureichenden Erkenntnislage und zur Beantwortung der in Kapitel 6 dargelegten Projektziele liegt es methodologisch nahe, auf unterschiedliche, sich ergänzende Forschungsstrategien zurückzugreifen und damit verschiedenartiges Datenmaterial zur Untersuchung der Effektivität von Spielsperren heranzuziehen (vgl. zu den generellen Vorzügen der sog. Methodentriangulation Bortz & Döring, 2009). Während Quantifizierungen der Beobachtungsrealität über deskriptive oder inferenzstatistische Analysen von Messwerten allgemeingültige Aussagen über wohldefinierte Populationen zulassen, bleibt das qualitative Forschungsparadigma auf der vertiefenden Interpretation verbaler Daten – in der Regel von Textmaterial – verhaftet. Wesentlicher Vorteil der quantitativen Forschung ist es, anhand von größeren Stichproben bestimmte Verhaltens- und Erlebensausschnitte modellieren zu können, wie zum Beispiel bei der Messung sowie beim Vergleich von Merkmalsausprägungen oder bei der Beschreibung von Zusammenhängen zwischen zwei oder mehreren Variablen. Der Erkenntnisgewinn basiert hier auf dem Prinzip der „sinnhaften Datenreduktion". Um das notwendige Ausmaß an Kontrolliertheit zu erreichen und annähernd gleiche Voraussetzungen bei der Datengewinnung zu garantieren, sind quantitative Methoden (u.a. Fragebogenstudien) üblicherweise mit einem hohen Standardisierungs- und Strukturierungsgrad ausgestattet.

In Abgrenzung dazu beabsichtigen qualitativ orientierte Vorgehensweisen, die Lebensrealitäten, Erfahrungswirklichkeiten und Gedankenwelten möglichst unverzerrt, unvoreingenommen, ganzheitlich und umfassend aus der Perspektive des Subjekts abzubilden. Mit diesem idiographischen bzw. verstehenden Forschungsansatz rückt das Individuum und seine Sicht der Dinge in den Fokus. Charakteristisch für qualitative Verfahren, wie etwa Interviewstudien, sind zum einen eine große Offenheit und Flexibilität gegenüber dem Forschungsgegenstand (und den zu erforschenden Personen) und zum anderen eine ausgeprägte Einzelfallbezogenheit, was sich nicht zuletzt in der Reichhaltigkeit und Tiefe des vertextlichten Datenmaterials niederschlägt (vgl. Mayring, 2002). Erfahrungen aus der Vergangenheit zeigen, dass gerade die kombinierte Anwendung quantitativer und qualitativer Methoden bei der Erforschung des relativ neuen Themengebiets „pathologisches Spielverhalten" zu aussagekräftigen Befunden mit weitreichenden Implikationen führen kann (z.b. Meyer, Althoff & Stadler, 1998; Meyer & Hayer, 2005).

Gemäß dieser Ausrichtung wurde auch beim aktuellen Forschungsprojekt auf das Mittel der Methodentriangulation zurückgegriffen. Zur anvisierten Zielgruppe zählten selbst- und fremdgesperrte Spieler aus dem Casino- und Internetbereich. Personen, die sich wegen Manipulationen des Spielablaufs, betrügerischer Aktivitäten oder anstößiger Verhaltensweisen auf der Sperrliste wiederfanden, waren nicht zu untersuchen. Allerdings galt dieses Ausschlusskriterium nicht, wenn zugleich der Verdacht auf ein problematisches Spielverhalten bestand. In Anlehnung an die komplexen Fragestellungen sollte ein Untersuchungsplan umgesetzt werden, der insgesamt aus drei Stufen besteht (s. Abb. 4). Untersuchungsstufe 1 diente als Baseline-Erhebung und umfasste Spieler, die in einem Zeitraum von zwei Jahren – von Dezember 2006 bis November 2008 – von der Spielsperre im terrestrischen Casinobereich oder bei ausgewählten Internetplattformen betroffen waren. Die Datenerhebung bei den Offline-Spielern fand mit einem selbstkonstruierten, standardisierten Fragebogen in schriftlicher Form statt (Bremer Fragebogen zur Spielsperre [BFS]; s. Anhang 1 für die Basisversion Deutschland/Österreich). Für Internet-Spieler bot sich naturgemäß die Durchführung einer Online-Befragung an. Da gerade bei webbasierten Untersuchungen grundsätzlich auf die Anzahl der Items und die Gesamtlänge des Fragebogens zu achten ist, wurde hierfür eine verkürzte Fassung des BFS erstellt. Eine wesentliche Vorgabe für die Untersuchungsphase T_0 bestand darin, alle Informationen zeitnah nach Abschluss des Registrierungsprozesses zu generieren, um systematische Störeinflüsse weitgehend zu vermeiden. So war beispielsweise davon auszugehen, dass die Beantwortung einiger Fragen zu einem späteren Zeitpunkt aufgrund veränderter Rahmenbedingungen anders ausfallen würde als zu Beginn der Spielsperre.

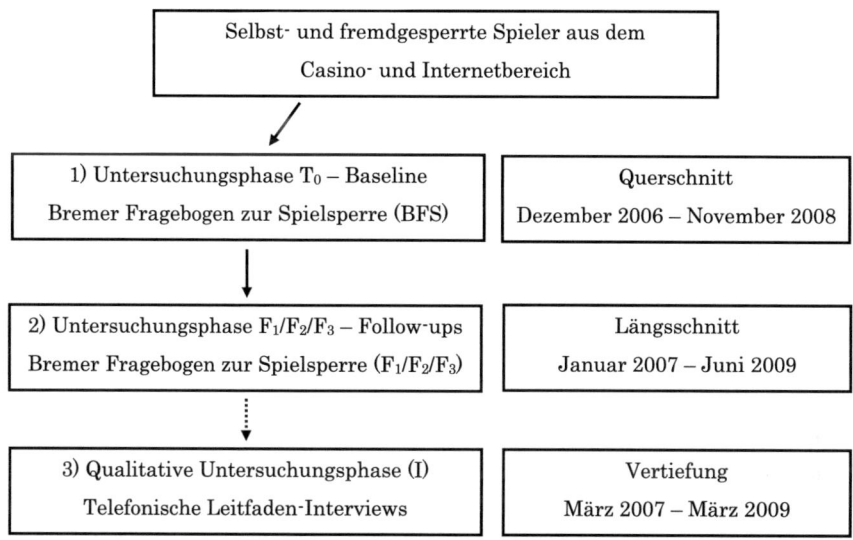

Abbildung 4: Das dreistufige Untersuchungsdesign in der Übersicht

Zusätzlich zur Querschnittsbefragung sollten die Probanden im Zeitverlauf begleitet werden und weitere standardisierte Fragebögen ausfüllen (vgl. exemplarisch in Anhang 2 die Fassung F_2 für den Casinobereich). Untersuchungsstufe 2 setzt sich aus drei Follow-up-Erhebungen zusammen, die vier Wochen (F_1), sechs Monate (F_2) sowie zwölf Monate (F_3) nach dem Erstkontakt (T_0) abliefen (Zeitraum: Januar 2007 – Juni 2009)[7]. Wiederum wurden die jeweiligen Messinstrumente eigenständig konzipiert, wobei die Inhalte bei jeder Befragungswelle sowohl für das Casino-Sample als auch für das Online-Sample nur marginal voneinander abwichen. Das mit vier Wochen relativ kurze Zeitfenster zwischen T_0 und F_1 erklärt sich dadurch, dass eine Erfassung breiterer psychologischer Konstrukte und Konzepte im Zuge der Baseline-Erhebung wegen der gebotenen Kürze nicht umsetzbar war, dennoch aber in absehbarer Zeit erfolgen sollte. Die

---

[7] Die tatsächliche Laufzeit von Untersuchungsphase 2 dauert abgesehen von Ausnahmefällen bis November 2009 (Casinobereich) bzw. bis Dezember 2009 (Online-Sample) an. In den vorliegenden Projektbericht fließen jedoch nur diejenigen Datensätze ein, die bis zum 30. Juni 2009 vorlagen. Für zukünftige Veröffentlichungen ist daher mit einer geringfügigen Vergrößerung der jeweiligen Teilstichproben zu rechnen.

Zusendung der Fragebögen ließ sich entweder auf dem Postweg (Printversion) oder via E-Mail (Word-Dokument) realisieren.

Mit Untersuchungsstufe 3 und den explorativ angelegten, halbstrukturierten Leitfaden-Interviews via Telefon[8] mit einer wohldefinierten Auswahl an Probanden wurde der Untersuchungsplan vervollständigt. Die Intention dieses Vorgehens bestand darin, die mit der Spielsperre einhergehenden individuellen Erlebnis- und Deutungsprozesse anhand von Einzelfällen näher zu beleuchten und subjektiv gemeinte Sinnstrukturen zu extrahieren, zu rekonstruieren sowie schließlich im Rahmen des interpretativen Forschungsparadigmas zu analysieren. Zudem lag ein Hauptaugenmerk auf der Erkundung bislang unberücksichtigt gebliebener Facetten des Themas „Effektivität von Spielsperren". Im Sinne des „theoretical sampling" wurden die Kriterien der Stichprobenauswahl während der laufenden Untersuchung schrittweise modifiziert und in Abhängigkeit der jeweils vorliegenden Erkenntnisse präzisiert. Entsprechend konnte die Selektion geeigneter Gesprächspartner als ein sequentielles oder zirkuläres Geschehen aufgefasst werden, das sich an inhaltlich-empirischen sowie pragmatischen Gesichtspunkten orientierte. Unter anderem ergab es sich erst im Zuge des bereits fortgeschrittenen Forschungsprojekts, einzelne Personen nach einem gewissen Zeitabstand ein zweites Mal zu interviewen. Die Datenerhebung durch die Leitfaden-Interviews fand von März 2007 bis März 2009 und damit parallel zu den Untersuchungsstufen 1 und 2 statt.

7.2 Untersuchungsablauf

Eine große Herausforderung stellte die Datengewinnung während der ersten Untersuchungsphase T_0 im Casinobereich dar. Einerseits war es das Ziel, eine hinreichend große Anzahl an Spielern zu erreichen; andererseits sollte die Vorlage des Fragebogens möglichst zeitnah zur Inspruchnahme der Spielsperre umgesetzt werden. Es lag somit nahe, die Befragung direkt vor Ort in den Spielstätten durchzuführen bzw. vom Casinopersonal durchführen zu lassen, ohne jedoch in die Organisationsprozesse und allgemeinen Arbeitsabläufe der Betriebe einzugreifen. Da dieses Vorhaben das Engagement der Mitarbeiter voraussetzte, wurde zunächst ein Infor-

---

8 Mit einer Ausnahme wurden alle Interviews am Telefon und nicht Face-to-Face durchgeführt.

mationsmodul konzipiert, das die Casinoangestellten aller partizipierenden Standorte über die Absichten und Inhalte des Forschungsprojekts aufklärte sowie zur Mithilfe bei der Datenerhebung motivierte. Ein zentraler Aspekt dieses Moduls bezog sich auf die Vermittlung von adäquaten Kommunikations- und Interaktionsmustern bei der Vorstellung des Forschungsprojekts im Gästekontakt sowie Möglichkeiten der strukturellen Integration der Befragung im Zuge der Datenaufnahme bei Spielsperren. Zugleich wurde betont, dass die Anliegen der Spieler, wie der Wunsch nach einer Selbstsperre, ausnahmslos prioritär zu behandeln seien und Forschungsinteressen diesbezüglich zurückstehen müssten.

Im Einzelnen sollte das Casinopersonal über die Hintergründe der laufenden wissenschaftlichen Studie zum Nutzen und zu den Grenzen der Spielsperre als Maßnahme des Spielerschutzes informieren und den BFS als ergänzenden Bestandteil des Registrierungsprozesses vorstellen. Selbstredend war es allen Spielern freigestellt, am Forschungsprojekt teilzunehmen bzw. auf der letzten Seite des BFS eine personenbezogene Kontaktmöglichkeit in Form einer Postanschrift, E-Mail-Adresse oder Telefonnummer für die Nachfolgefragungen zu hinterlassen und damit aus der Anonymität herauszutreten. Die Unterstützung durch die Spielbankmitarbeiter endete mit dem unmittelbaren Versenden der ausgefüllten Fragebögen an die Universität Bremen, wo die Follow-up-Erhebungen unabhängig von den Casinos abgewickelt wurden. Alternativ zum Ausfüllen des BFS vor Ort bestand für die Spieler die Gelegenheit, ein Exemplar des Fragebogens inklusive frankiertem Rückumschlag mit nach Hause zu nehmen und dort zu beantworten. Sofern sich ein Spieler schriftlich mit einem Sperrantrag an die entsprechende Spielbank wendete, sollte die Zusendung des BFS auf dem Postweg erfolgen. Zur Gewährleistung eines kontinuierlichen Rücklaufs wurden alle partizipierenden terrestrischen Standorte während der zwei Jahre andauernden Untersuchungsphase T_0 in regelmäßigen Abständen mit Fragebögen versorgt. Im Allgemeinen war davon auszugehen, dass zwar einige selbstgesperrte Spieler, hingegen nur sporadisch auch fremdgesperrte Spieler, ihre Bereitschaft zur Teilnahme an der Forschungsstudie signalisieren würden. Schließlich sei noch auf den Sonderfall des Geschäftssitzes von Casinos Austria in Wien hingewiesen. Da es dort zur Bearbeitung der schriftlichen Spielsperren kam und sich mitunter sogar Spieler persönlich mit ihrem Sperrantrag vorstellten, wurde die Wiener Zentrale als zusätzlicher österreichischer Standort in das Untersuchungsdesign mit aufgenommen. Somit setzen sich die an der Untersuchung teilnehmenden „lokalen Spielstätten" aus insgesamt fünf deutschen, 13 österreichischen und zwei Schweizer Standorten zusammen (s. Tab. 1 für die Städtenamen).

Tabelle 1: *Überblick über die an der Untersuchung teilnehmenden „Spielstätten"*

Lokalisation	n	Standorte
Deutschland	5	Bad Harzburg, Bad Zwischenahn, Hannover, Osnabrück[a]
Österreich	13	Baden, Bad Gastein, Bregenz, Graz, Innsbruck, Kitzbühel, Kleinwalsertal, Linz, Salzburg, Seefeld, Velden, Wien, Zentrale von Casinos Austria (in Wien)
Schweiz	2	Bern, Luzern
Internet	2	tipp3, win2day

[a]*Bis zur Zusammenlegung des Spielbetriebs am 19. April 2008 gab es in Osnabrück zwei örtlich getrennte Spielstätten (Spielbank mit klassischem Spielangebot und Spielbank-Dependance ausschließlich mit Automatenspielen), die sich auch jeweils an der Untersuchung beteiligten.*

In Ergänzung zu dieser traditionellen Forschungsstrategie machte es Sinn, die Datenerhebung bei gesperrten Online-Spielern nicht mit „Papier und Bleistift", sondern webbasiert durchzuführen. Inzwischen gehören Internet-Befragungen zum Standardmethodenrepertoire in den Sozialwissenschaften. Ein offensichtlicher Vorteil dieser Vorgehensweise besteht darin, über das Medium Internet einen verbesserten Zugang zu ansonsten nur schwer zu erreichende Personengruppen – wie eben gesperrte Online-Spieler – zu erhalten bzw. größere Samples in zeit- und arbeitsökonomischer Weise zu stark emotional besetzten Themen zu befragen. Unter Berücksichtigung potenzieller Fallstricke und Fehlerquellen kann die Datenqualität von Online-Untersuchungen durchaus das (psychometrische) Niveau herkömmlicher Offline-Erhebungen erreichen oder sogar überbieten (z.B. Gosling, Vazire, Srivastava & John, 2004). Es überrascht daher kaum, dass Wood und Griffiths (2007) sowie in einer aktualisierten Veröffentlichung Griffiths (2010) den vielfältigen Nutzen von webbasierten Erhebungsmethoden mit Bezug zur Glücksspiel(sucht)forschung hervorheben.

Im Rahmen des vorliegenden Forschungsprojekts ließ sich eine Datenerhebung über zwei österreichische Glücksspielinternetportale (s. Tab. 1) vollziehen. Für den Bereich der Online-Selbstsperre wurde jeweils eine verkürzte Version des BFS erstellt und an das entsprechende Setting – Selbstsperre bei win2day sowie Selbstsperre bei tipp3 – angepasst. Die Einbindung der modifizierten Fragebogenversion erfolgte bei win2day in Form eines Pop-up-Fensters, das nach Abschluss des Registrierungsvorgangs auf dem Bildschirm erschien (für einen Screenshot s. Abb. 5). Nach Beantwortung aller Fragen wurden die Studienteilnehmer aufgefordert, den Button „absenden" anzuklicken und damit die Befragung zu beenden. Ein automatischer Versand der kodierten Daten via E-Mail an die Universität Bremen garantierte deren Empfang quasi „in Echtzeit". War der Fragebogen nicht vollständig ausgefüllt, erhielten die Spieler eine Rückmeldung mit dem Hinweis auf die fehlende(n) Eingabe(n). Erst die Eliminierung jeglicher „Missing Values" ermöglichte das endgültige Abschicken des Datensatzes. Zur weiteren Kontaktierung wurden die Respondenten zudem gebeten, ihre E-Mail-Adresse anzugeben. In Anlehnung an die Untersuchungsstufe 1 erstreckte sich die Befragungsphase auf einen Zeitraum von zwei Jahren (12.12.2006 – 12.12.2008). Zusätzlich war für fremdgesperrte win2day-Kunden eine Fragebogenvariante zuzuschneiden, welche die Zielpersonen als Word-Dokument im Anhang einer E-Mail direkt von win2day erhielten (Zeitfenster: 26.01.2007 – Ende 2008).

Mit Hilfe eines Online-Umfrage-Tools fand in nahezu analoger Weise die Baseline-Datenerhebung auf der Internettplattform tipp3 statt. Im Gegensatz zu win2day und der Vorgehensvariante via Pop-up-Fenster wurden tipp3-Kunden im Anschluss an das Sperrprozedere gebeten, einen – wiederum marginal adaptieren – Fragebogen über einen separaten Link aktiv aufzurufen („Für die Teilnahme drücken Sie bitte hier!"; s. Abb. 5). Der Startschuss der Untersuchung datierte auf den 09. Februar 2007. Aufgrund von technischen Problemen ließen sich im Zeitraum vom 08. Januar 2008 bis zum 28. Februar 2008 allerdings keine Daten erfassen. Zur Kompensation dieser Erhebungslücke war das Online-Umfrage-Tool bis Ende Mai 2009 geschaltet. Die Option der Fremdsperre existiert(e) bei tipp3 nicht.

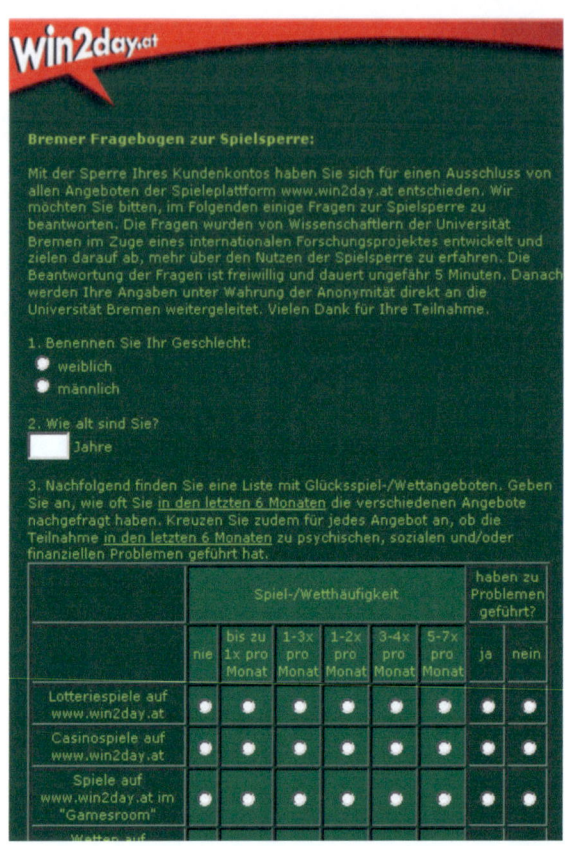

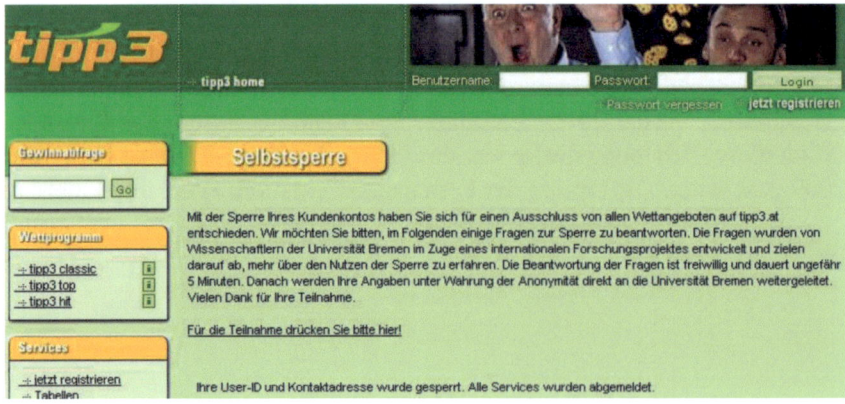

Abbildung 5: Screenshots der Online-Befragungen auf win2day und tipp3

Das Hauptaugenmerk bei der Umsetzung von Untersuchungsstufe 2 lag auf der kontinuierlichen Begleitung der Subsamples und deren Versorgung mit den entsprechenden Fragebögen zu den vorgesehenen Follow-up-Zeitpunkten. Alle gesperrten Spieler, die zur Baseline-Erhebung eine Kontaktmöglichkeit hinterlassen hatten, bekamen entweder auf dem klassischen Postweg (galt vorrangig für das Casino-Sample) oder über E-Mail (mittels angehängter und ausfüllbarer Word-Datei; galt vorrangig für das Internet-Sample) weitere Messinstrumente zugeschickt. Im Falle eines ausbleibenden Rücklaufs wurden die Zielpersonen bis zu sechsmal kontaktiert und an die Forschungsstudie bzw. die Fragebögen erinnert. Wegen fehlender Kompatibilität waren diejenigen Datensätze von der Auswertung auszuschließen, die später als drei Monate nach dem anvisierten Follow-up-Datum die Universität Bremen erreichten. Die Nutzung alternativer Kommunikationskanäle (postalisch sowie elektronisch) sollte dazu dienen, die Ausfallquote im Verlauf des Forschungsprojekts zu verringern.

Darüber hinaus komplettierte Untersuchungsstufe 3 mit der telefonischen Durchführung von halbstrukturierten Leitfaden-Interviews den Untersuchungsplan. Aus logistischen Gründen – eine beträchtliche Anzahl der Gesprächspartner lebte in Österreich oder der Schweiz – fiel die Entscheidung auf eine telefonbasierte Vorgehensweise. Die technische und methodische Umsetzung der qualitativ angelegten Telefoninterviews orientierte sich in erster Linie an der Publikation von Burke und Miller (2001) und ihren handlungsleitenden Vorschlägen bezüglich der Phasen vor, während und nach der Datenerhebung. Grundsätzlich kennzeichnend für die Methode des Telefoninterviews ist nach Opdenakker (2006) die „zeitliche Synchronizität" der Kommunikationsstrukturen bei zugleich vorliegender „räumlicher Asynchronizität". Neben ressourcenökonomischen Aspekten besteht ein wesentlicher Vorteil darin, eine in der Regel nur schwer zu erreichende Personengruppe (z.B. gesperrte [Online-]Spieler) zu einer sensiblen Thematik (z.B. die Inanspruchnahme der Spielsperre) umfassend befragen und die Gespräche dabei auf Tonband aufnehmen zu können (vgl. Sturges & Hanrahan, 2004). Als nachteilig erweisen sich zum einen die begrenzten Möglichkeiten zur Wahrnehmung sozialer Hinweisreize; zum anderen ist die Herstellung eines angemessenen Kontextes lediglich bedingt steuerbar (z.B. im Hinblick auf den Aufenthaltsort der interviewten Personen und die jeweils vorherrschenden Rahmenbedingungen). Um dennoch einen vergleichsweise hohen Standardisierungsgrad zu erreichen, wurden die Respondenten in einem Vorgespräch nicht nur über die Inhalte und den Ablauf der Interviews aufgeklärt, sondern auch gebeten, für maximal 60 Minuten einen ruhigen Ort – wenn möglich zu Hause – aufzusuchen[9]. In einem direkten Vergleich mit Face-to-Face-Interviews kommen Sturges und Hanrahan (2004) zu der Schlussfolgerung, dass Telefoninterviews zu ähnlichen Ergebnissen führen, da die Wahl der Methodik die Befundlage – zumindest bei ihrer Untersuchung – nicht maßgeblich beeinflusst hat. Bei bestimmten Forschungsgegenständen und Forschungsfragen scheint die telefonbasierte Datenerhebung daher ein geeignetes „qualitatives Mittel" zu sein, zu validen Erkenntnissen zu gelangen.

Im Gegensatz zu den schriftlichen Befragungen der Untersuchungsstufen 1 und 2 mit feststehenden Frageformulierungen und Antwortkategorien zielten die Leitfaden-Interviews genuin auf das Verstehen subjektiver Sichtweisen („Fremdverstehen") und das wertneutrale Nachvollziehen individueller Erlebens- und Verhaltensweisen ab (vgl. im Detail zu den Grundlagen qualitativer Sozialforschung Lamnek, 2005). Im Zuge der halbstrukturierten Interviews stand den Spielern demzufolge Raum zur Verfügung, zu vorgegebenen Themenkomplexen ihre persönlichen „An-Sichten" preiszugeben und eigene Bedeutungszuschreibungen und Bewertungen vorzunehmen. Der Begriff „halbstrukturiert" meint in diesem Zusammenhang wie bei Meyer und Hayer (2005), dass Inhalt, Umfang und Art der Fragen in Form eines Gesprächsleitfadens zwar grob vorstrukturiert wurden, die Vorgehensweise ausdrücklich aber auch eine situationsangepasste Anpassung erlaubte (z.B. das Stellen von Zusatz-, Anknüpfungs- und Ergänzungsfragen, das Auslassen bestimmter Themen, Änderungen im Wortlaut der Fragen oder Veränderungen im Gesprächsablauf).

Weiterhin von zentraler Bedeutung war die Auswahl der Interviewpartner auf der Basis von transparenten und wohldefinierten Regeln. Die Rekrutierung verlief einerseits nach pragmatischen Gesichtspunkten (Verfügbarkeit und Bereitschaft der Respondenten) und andererseits nach inhaltlichen Anhaltspunkten in Abhängigkeit bereits verfügbarer empirischer Erkenntnisse. Als Kriterien ließen sich soziodemographische Merkmale wie Alter und Geschlecht sowie untersuchungsrelevante Variablen anführen. Hierzu zählten das Land, in dem die Spielsperre erwirkt wurde (Ös-

---

9 Diese Vorgabe wurde bei der vorliegenden Studie zumeist in geeigneter Weise umgesetzt. Nur in Einzelfällen gestalteten sich die Umgebungsfaktoren suboptimal: So fand zum Beispiel ein Interview während der Arbeitszeit des Gesprächspartners sowie ein weiteres Interview – zumindest partiell – in Gegenwart des Lebenspartners statt.

terreich vs. Deutschland vs. Schweiz), das betroffene Glücksspielsegment (Spielbanken vs. Internet), die bevorzugte Spielform bei Casinospielern (Tischspiele vs. Automatenspiele), der glücksspielbezogene Problemstatus (sozialer Spieler vs. Problemspieler) und das (Nicht-)Zeigen eines Ausweichverhaltens nach Abschluss der Sperrvereinbarung. Das Subsample der Untersuchungsstufe 3 sollte – sofern erreichbar – Personen mit diesen unterschiedlichen Eigenschaften abdecken. Abgesehen von prototypischen Fällen sah der Kriterienkatalog ferner die gezielte Bestimmung von Einzelfällen vor, die in auffallender Weise von den vorfindbaren Durchschnittsstrukturen abwichen.

Zusammengenommen ist zu betonen, dass dieser Prozess naturgemäß nicht darauf ausgerichtet war, eine unabhängige Zufallsauswahl zu treffen, sondern vielmehr beabsichtigte, individuelle Wirklichkeitsstrukturen exemplarisch zu illustrieren und somit die quantitative Befundlage „in der Tiefe" zu ergänzen. Wie bereits oben angedeutet, erfolgte das Auswahlverfahren forschungsprozessbegleitend, wobei die Entscheidungen für die Auswahl der Interviewpartner auf der Grundlage des jeweiligen empirischen Ist-Zustands getroffen wurden. Die ersten beiden Untersuchungsstufen bildeten hierfür das Fundament. Da die Grobanalyse des qualitativen Textmaterials bzw. der einzelnen Transkripte zeitnah nach Durchführung der Interviews vonstatten ging, konnten im weiteren Studienverlauf auch vorher unberücksichtigt gebliebenen Phänomenen Beachtung geschenkt werden. Aufgrund des Longitudinalcharakters der Forschungsstudie und den damit verbundenen Fragestellungen erschien es sinnvoll, ausgewählte Spieler zweimal mit der Absicht zu interviewen, offensichtliche Kontinuitäten und markante Brüche im Entwicklungsverlauf zu beleuchten.

7.3 Erhebungsinstrumente

7.3.1 Bremer Fragebogen zur Spielsperre (BFS) – Messzeitpunkt T_0

Eine essentielle Aufgabe des Forschungsprojekts bestand in der Entwicklung von gegenstandsangemessenen Erhebungsinstrumenten. Unter Berücksichtigung der in Kapitel 5 vorgestellten Studienbefunde und der in Kapitel 6 aufgeworfenen Fragestellungen wurde zunächst ein Sortiment an Items für den Messzeitpunkt T_0 ausgewählt, das in Abhängigkeit der zu untersuchenden Zielgruppen (z.B. Casinospieler vs. Online-Spieler) Anpassungen erfahren musste. Bei der Zusammenstellung der Fragebögen war zudem generell der Balanceakt zwischen wissenschaftlicher Neugierde und Praktikabilität im jeweiligen Untersuchungssetting zu beachten. Die Konstruktion aller Messinstrumente in Bezug auf die konkreten Itemformulierungen und Antwortvorgaben, die Struktur, das Layout sowie weitere „technische" Aspekte erfolgte auf der Grundlage vergangener Erfahrungen mit Fragebogenstudien im Glücksspielbereich, dem Informationsaustausch mit ausgewählten Glücksspielexperten und der Hinzuziehung einschlägiger methodenkritischer Fachpublikationen (z.B. Bortz & Döring, 2009). Nachfolgend soll als Prototyp die Version des BFS vorgestellt werden, die im Casinobereich in Deutschland sowie Österreich[10] zum Einsatz kam und sich im Wesentlichen aus zwei inhaltlichen Versatzstücken zusammensetzt: a) Items rund um das individuelle Spielverhalten sowie b) konkrete Fragen zur Spielsperre (s. Anhang 1). Insgesamt beinhaltet diese Variante des BFS 40 Items bzw. Itemblöcke. Außerdem vorauszuschicken ist, dass sich einzelne Bausteine des BFS an die Datenakquise in Schweizer Spielbanken anlehnen, die dort obligatorisch im Zuge der Beantragung von Spielsperren vollzogen wird. Explizit gestaltet sich der Inhalt des BFS wie folgt:

Im Anschluss an einen einleitenden Informationstext zum Forschungsprojekt und die Abfrage des aktuellen Datums bzw. soziodemographischer Variablen (Geschlecht, Alter) führt der BFS eine Liste mit sieben verschiedenen Glücksspielkategorien an. Alle Probanden werden gebeten, die Teilnahmehäufigkeit in den letzten sechs Monaten getrennt für jede Spielform anzugeben, sowie zu benennen, ob die einzelnen Spielformen in Verbindung mit dem Erleben psychosozialer und/oder finanzieller Probleme stehen. Weitere Items zum Spielverhalten beziehen sich auf die retrospektive Beurteilung der Entwicklung des Casinospielverhaltens – Erstkontakt, Beginn des regelmäßigen „Zockens", erstmaliges Auftreten von spielbedingten Problemen – und typische Spielmuster im letzten halben Jahr, wie die Dauer eines durchschnittlichen Casinobesuchs oder die dabei getätigten Ausgaben (jeweils in den letzten 6 Monaten[11]). In Anlehnung an die Publi-

---

10 Für Schweizer Casinospieler entstand eine marginal veränderte Fassung des BFS. Die geringfügigen Modifikationen umfassen das Item „Geldausgabe für das Casinospiel" (Vorgabe von Schweizer Franken anstelle von Euro) sowie den Wegfall der Frage nach der Dauer der aktuellen Spielsperre bzw. nach dem Grund der Beendigung einer vorausgegangenen Spielsperre.

11 Gerade Fragen zu den Ausgaben beim Glücksspiel sind im Allgemeinen mit einer hohen Ambiguität verbunden. Um valide Befunde in Form von

kation von Ladouceur et al. (2007) folgen vier Fragen mit je fünf Antwortkategorien zum Ausprägungsgrad casinospielbezogener Stressindikatoren (Verlangen, Verringerung der Handlungskontrolle, emotionale Belastung, Einbuße an Lebensqualität; als Zeitfenster gelten wiederum die vorangegangenen 6 Monate). Zudem enthält der BFS ein Item zur Selbsteinschätzung des Spielverhaltens in den letzten sechs Monaten sowie drei Items zur Wahrnehmung von Auffälligkeiten im Spielverhalten durch außenstehende Personen (Casinogäste, Casinopersonal, Angehörige). Zur Klassifikation etwaiger Glücksspielprobleme wurden die Respondenten mit den diagnostischen Kriterien des DSM-IV für pathologisches Spielverhalten konfrontiert (10 Items bezogen auf das Casinospiel; 6-Monats-Prävalenz; vgl. für die englische Originalversion Stinchfield, Govoni & Frisch, 2005). Bei zwei Fragen geht es danach um die Bereitschaft, mit dem Casinospiel aufzuhören (Importance- und Confidence-Skala mit einer Skalierung von 0-10; vgl. Demmel, 2003). Weiterhin zielt ein zusätzliches Item darauf ab, in – im Vergleich zur ursprünglichen Fassung – leicht abgewandelter Form die Absicht zur Verhaltensänderung beim Glücksspiel im Allgemeinen abzudecken (vgl. mit dem Verhaltensmodifikationsmodell „Stages of Change" und dem „Stages of Change"-Fragebogen zur Änderungsbereitschaft bei Tabakkonsum von Etter & Perneger, 1999, und für eine deutschsprachige Anwendung mit dem Epidemiologischen Suchtsurvey von Kraus & Augustin, 2005). Ein selbstformuliertes Item zu bisherigen Versuchen, glücksspielabstinent zu leben, sowie eine differenzierte Erhebung der Inanspruchnahme formeller, institutionalisierter Hilfen (ambulantes Beratungssetting, Arzt-/Psychologenpraxis, stationäres Behandlungssetting, Schuldnerberatung, Selbsthilfe) in der Vergangenheit und Gegenwart bzw. der Intention, in Zukunft derartige Hilfeangebote aufzusuchen, komplettieren den ersten Abschnitt des BFS.

Im zweiten Teil des BFS behandeln die weitgehend eigenständig konstruierten Fragen verschiedene Aspekte der Spielsperre. Nach Bestimmung der Art (Fremd- oder Selbstsperre) und Dauer der Sperre sowie der hierfür ausschlaggebenden Spielform (Tisch- und/oder Automatenspiele) sollen alle selbstgesperrten Probanden auf einer elfstufigen Skala angeben, ob der Entschluss für diesen Schritt eher spontan oder nach langer Überle-

---

Selbstberichten zu erhalten, ist dem genauen Itemwortlaut daher besondere Aufmerksamkeit zu schenken (vgl. z.B. mit Blaszczynski, Dumlao & Lange, 1997; Volberg, Gerstein, Christiansen & Baldridge, 2001; Wood & Williams, 2007b).

gung getroffen wurde (Spontaneitäts-Skala). Eine Liste mit zwölf Motiven plus der Restkategorie „Sonstiges", modifiziert und ergänzt nach dem Schweizer Datenmanagementsystem, verfolgt des Weiteren den Zweck, die Beweggründe, die zur Spielsperre geführt haben, genauer zu erkunden. Fragen bezüglich des Zugangs zum Sperrprogramm sowie der Gefühlslage beim Initialkontakt mit dem Casinopersonal schließen sich ebenso an, wie Items zu bereits in der Vergangenheit gesammelten Erfahrungen mit Restriktionsmaßnahmen (Spielsperre und Besuchsbeschränkung). Insbesondere von Interesse ist in diesem Zusammenhang, ob die aktuelle Spielsperre zum Abschluss kam, weil eine bestehende Vereinbarung zur Begrenzung der Besuchshäufigkeit nicht die gewünschten Effekte mit sich brachte. Ferner sollen die (gesperrten) Spieler beantworten, welche Personengruppen die Entscheidung pro Spielsperre maßgeblich beeinflusst haben, ob der Zeitpunkt der Spielsperre überhaupt richtig gewählt ist und welche Sperrlaufzeit sich für die individuellen Bedürfnisse als optimal erweisen würde. Ein abschließender Kasten mit Einstellungsitems dient vorrangig der Klärung, welche Erwartungshaltungen an die Spielsperre als Maßnahme des Spielerschutzes geknüpft werden (im Antwortformat einer 4-stufigen Skala). Im Anschluss an die etwa 15- bis 20-minütige Befragung bietet ein offenes Feld die Möglichkeit, eine Kontaktadresse für die weiteren Erhebungswellen zu hinterlassen. Im Vorfeld der Untersuchung fand eine Tauglichkeitsüberprüfung des Fragebogens in ausgewählten Casinos statt. Die Erkenntnisse dieses Pre-Tests ergaben keinen wesentlichen Nachbesserungsbedarf.

Für den Online-Bereich (win2day, tipp3) musste eine Kürzung des Baseline-Fragebogens (Bearbeitungszeit: ca. 5 Minuten) und eine Adaption der Inhalte an das Spielen im Internet erfolgen. Die insgesamt 19 Items bzw. Itemkomplexe umfassende Befragung von selbstgesperrten win2day-Kunden beginnt ähnlich wie die Basisversion mit Items zum Geschlecht und Alter sowie mit einer detaillierten Erfassung der Spielhäufigkeit bei jetzt zehn verschiedenen Glücksspielvarianten. Nach der Bestimmung von problembehafteten Spielformen und ausgewählten Parametern des Spielverhaltens auf win2day schließt sich der Lie/Bet-Questionnaire zum Screening glücksspielbezogener Probleme an (vgl. Johnson et al., 1997). Jenes Screening-Instrument besteht aus zwei Items, basierend auf den entsprechenden DSM-IV-Kriterien für pathologisches Spielverhalten, und gilt als hinreichend valides Hilfsmittel zur Unterscheidung von sozialen Spielern und wahrscheinlichen Problemspielern. Zu beachten ist, dass sich die beiden Items in der vorliegenden Studie konkret auf das „Zocken" im Internet und die Lebenszeit-Prävalenz beziehen. Mit dem Lie/Bet-Questionnaire können zwar erste Hinweise auf eine Glücksspielproblematik gewonnen, jedoch keine abschließenden Diagnosen gestellt werden. Im weiteren Verlauf der Online-Erhebung finden sich die Fragen zur Selbsteinschätzung des Spielverhaltens hinsichtlich des letzten Halbjahrs, zur Änderungsbereitschaft (Wichtigkeit, Zuversicht, Absicht) und zur Sperrdauer wieder. Ebenfalls aus der Basisversion übernommen wurden die Elemente „richtiger Zeitpunkt der Spielsperre", „spontane Entscheidung pro Spielsperre versus lange Überlegung" sowie „bisherige Erfahrungen mit Selbst- bzw. Fremdsperren". In leicht abgewandelter Form runden die Items zur Motivlage, zu den Einstellungsmustern und zur Einflussnahme dritter Personen beim Entschluss, sich zu sperren, die webbasierte Befragung der win2day-Kunden ab. Die freiwillige Angabe einer E-Mail-Adresse zum Schluss soll weitere Kontaktaufnahmen ermöglichen. Letztlich ist noch zu erwähnen, dass eigenständige Versionen des Fragebogens für fremdgesperrte win2day-Kunden und für selbstgesperrte tipp3-Kunden existieren.

7.3.2 Bremer Fragebogen zur Spielsperre (BFS) – Messzeitpunkte $F_1/F_2/F_3$

Die Erhebungsinstrumente, die bei den Nachfolgebefragungen zum Einsatz kamen, ähneln sich grundsätzlich in ihrem Aufbau sowie ihrer inhaltlichen Ausrichtung und bestehen sowohl aus selbstkonstruierten Items als auch aus validierten Skalen (s. beispielhaft Anhang 2 für den Messzeitpunkt F_2 im Casinobereich). Während das erste Follow-up neben der Erfassung kurzfristiger Auswirkungen der Spielsperre vor allem dazu diente, weiterreichende Problemfelder (u.a. regelmäßiger Substanzkonsum, depressive Symptomatik) und ausgewählte Ressourcen (u.a. Zufriedenheit in verschiedenen Lebensbereichen, Selbstwirksamkeitserwartung) abzubilden, standen das zweite und dritte Follow-up vornehmlich im Zeichen der Veränderungsmessung. Der Fokus richtete sich hier primär auf die Entwicklung des Spielverhaltens sowie der psychischen Befindlichkeit nach Abschluss der Spielsperre und damit auf die mit dieser Spielerschutzmaßnahme einhergehenden Effekte. Darüber hinaus wurden die oben erwähnten Problemfelder bzw. Konstrukte zu den späteren Follow-up-Messzeitpunkten miterfasst. Eine geringfügig adaptierte Version des Fragebogens für Online-Spieler (z.B. Rückgriff auf den Lie/Bet-Questionnaire anstelle der 10 DSM-IV-Kriterien oder Präsentation einer modifizierten Liste an Glücksspielmöglichkeiten aus Gründen der Vergleichbarkeit; s. Abschnitt 7.3.1) liegt ebenfalls vor. Insgesamt waren etwa 30 Minuten für das Ausfüllen eines Follow-up-Fragebogens zu veranschlagen. Bei der Ergebnisinterpretation erschienen außerdem folgende Aspekte von Relevanz: Erstens wurden bei einigen Items in Abhängigkeit des Messzeitpunkts variierende Zeitfenster vorgegeben (z.b. vorzugsweise „seit dem Abschluss der Spielsperre" zu F_1 und F_2 sowie „in den letzten 6 Monaten" zu F_3). Zweitens erfolgten nuancierte Veränderungen im Wortlaut einzelner Items (z.b. sinngemäße Anpassungen des Tempus; so wurde z.b. aus der Aussage „Es wird mir schwer fallen, mich an die Spielsperre zu halten" zu T_0 die Aussage „Es fällt mir schwer, mich an die Spielsperre zu halten" zu F_1, F_2 und F_3). Drittens müssen – wie bei jeder auf Selbstberichten fußenden Untersuchung – die Angaben der Betroffenen keineswegs mit den tatsächlichen Verhältnissen übereinstimmen. Im Einzelnen setzen sich die Follow-up-Erhebungen aus diesen sechs Basisbausteinen zusammen (exemplarisch für den Casinobereich; s. Tab. 2 für eine kompakte Übersicht):

- Spielverhalten: In Anlehnung an die Baseline-Erhebung beginnt jeder Follow-up-Fragebogen mit einer Abbildung des Spielverhaltens getrennt für verschiedene Spielformen sowie mit bestimmten Veränderungsparametern (Häufigkeit des Spielens, Dauer des Spielens, Höhe der Geldeinsätze). Erneut vorgelegt wurden auch die vier casinospielbezogenen Stressindikatoren, die Importance- und Confidence-Skala (Wichtigkeit, im Moment nicht im Casino zu spielen und Zuversicht, diese Zieldefinition einhalten zu können) und die Frage nach der zusätzlichen Inanspruchnahme des institutionellen Hilfesystems. Eine Ausnahme stellt das Screening des glücksspielbezogenen Problemstatus dar, das nur zu F_2 und F_3 vorgenommen wurde.
- Spielsperre: Eine Reihe von selbstkonstruierten Items befasst sich mit möglichen positiven wie negativen Auswirkungen der Spielsperre und folglich mit dem Kernstück dieser Untersuchung. Hierbei geht es unter anderem um den generellen Nutzen, Umgehungsversuche und Entzugserscheinungen. Wiederum Thema sind die an die Spielsperre geknüpften Einstellungsmuster, in den Follow-ups allerdings geprägt durch konkrete Erfahrungswerte.
- Konsum von Suchtmitteln: In einer Vielzahl von Bevölkerungsstudien und klinischen Stichproben konnte in konsistenter Weise eine hohe

Komorbiditätsrate zwischen dem pathologischen Spielverhalten und Störungen durch Substanzkonsum nachgewiesen werden (vgl. für einen umfassenden Überblick Petry, 2005). Abgesehen von der Polytoxikomanie berichten pathologische Spieler gehäuft vom Phänomen einer Suchtverlagerung (vgl. Meyer & Bachmann, 2005). Vor diesem Hintergrund enthalten die Follow-up-Fragebögen einen kurz gehaltenen Itemkomplex zum Konsum ausgewählter Suchtmittel (Alkohol, Tabak, Schmerz- oder Beruhigungsmittel, illegale Drogen). Die Skalierung wurde dem Deutschen Kerndatensatz zur Dokumentation im Bereich der Suchtkrankenhilfe entlehnt (Stand 15.12.2006; für die derzeit gültige Fassung vgl. http://www.dhs.de/makeit/cms/cms_upload/dhs/kds_manual_ev_080623.pdf).

- Lebenszufriedenheit: Fehlanpassungen im Zusammenhang mit dem Glücksspiel haben oftmals gravierende psychische, soziale und finanzielle Schäden zur Folge und können verschiedene Lebensbereiche wie zum Beispiel soziale Beziehungen, die Freizeitgestaltung, den körperlichen Gesundheitszustand sowie die Arbeits- und Wohnsituation berühren. Somit stellt sich die Frage, ob die Intervention in Form einer Spielsperre eine vergleichsweise hohe Lebenszufriedenheit – zumindest in einigen Lebensbereichen – bedingt. Zur Erfassung dieser Variable wurde abermals der Deutsche Kerndatensatz zur Dokumentation im Bereich der Suchtkrankenhilfe (vgl. http://www.dhs.de/makeit/cms/cms_upload/dhs/kds_manual_ev_080623.pdf) als Vorlage ausgewählt. Die einzelnen Follow-up-Messinstrumente beinhalten zwölf unterschiedliche Lebensbereiche und eine vierstufige Antwortskala, die von „sehr zufrieden" bis „sehr unzufrieden" reicht.
- Selbstwirksamkeitserwartung: In Ergänzung zu einer defizit- bzw. störungsorientierten Sichtweise erscheint die Bestimmung von individuellen Ressourcen bedeutsam, nicht zuletzt auch, um Subgruppen zu identifizieren, die aus einer Maßnahme wie der Spielsperre einen größeren Nutzen ziehen als andere Personengruppen. So postulieren Meyer und Hayer (2007), dass bei gesperrten Spielern eine ausgeprägte Übernahme von Eigenverantwortung grundsätzlich bessere Outcomes im Entwicklungsverlauf erwarten lässt. Ein Konzept, das mit psychischer Gesundheit und subjektivem Wohlbefinden korreliert, bezieht sich auf die allgemeine Selbstwirksamkeitserwartung (vgl. Luszczynski, Guitiérrez-Doña & Schwarzer, 2005). Mit Selbstwirksamkeitserwartung sind optimistische Überzeugungen und Grundhaltungen gemeint,

aufgrund der eigenen Fähigkeiten und Fertigkeiten erwünschte Zielzustände zu erreichen. Personen mit einer hohen Kompetenzerwartung vertrauen darauf, aus eigener Kraft schwierige Lagen und Situationen meistern zu können, wobei diese Leistung im Erfolgsfall der eigenen Kompetenz zugeschrieben wird. Zur Messung dieses Konzepts wurde auf die zehn Items umfassende bereichsunspezifische Skala der „Allgemeinen Selbstwirksamkeitserwartung" (SWE) von Schwarzer und Jerusalem (1999) zurückgegriffen (Beispielitem: „Wenn sich Widerstände auftun, finde ich Mittel und Wege, mich durchzusetzen"). Zwei Vorzüge dieses Instruments bestehen in den ansprechenden psychometrischen Gütekriterien und ihrem Nutzen als Prognoseverfahren.

- Depressivität: Nach zahlreichen Befunden sind glücksspielbezogene Probleme relativ häufig mit einer depressiven Symptomatik assoziiert (z.B. Meyer & Bachmann, 2005; Petry, 2005). Es liegt die begründete Vermutung nahe, dass gerade dieses vielschichtige Krankheitsbild als Einflussgröße bzw. „Drittvariable" fungiert und die Auswirkungen der Spielsperre abschwächt oder verstärkt. Treten beispielsweise durch die Zugangsbeschränkung und die damit verbundene plötzliche „innerliche Leere" negative Affekte in Form einer depressiven Symptomatik auf, ist mit einer erhöhten Rückfallgefahr und ggf. mit Versuchen des Ausweichens auf die noch zugänglichen Spielstätten zu rechnen. Im Gegensatz dazu steht die Hypothese, dass die Spielsperre Erleichterung verschafft, zur Stimmungsaufhellung beiträgt und depressive Symptome in den Hintergrund rücken lässt. In der vorliegenden Studie wurde auf die Kurzversion der Allgemeinen Depressions Skala (ADS-K) von Hautzinger und Bailer (1993) zurückgegriffen, um das Vorhandensein depressiver Affekte, körperlicher Beschwerden, motorischer Hemmung und negativer Denkmuster zu bestimmen. Die ADS-K umfasst 15 Items, eine vierstufige Antwortskala und einen Bezugszeitraum von einer Woche. Ferner begründeten psychometrisch zufriedenstellende Gütekriterien und die prinzipiell leichte Handhabung den Gebrauch dieses Screening-Instruments.

Tabelle 2: Wesentliche Versatzstücke der Fragebögen im Untersuchungsverlauf

T_0	F_1	F_2	F_3
Spielverhalten - Prävalenz - Spielerkarriere - Stressindikatoren - Problemstatus - Änderungsbereitschaft - Inanspruchnahme formeller Hilfen - ... **Spielsperre** - Entschluss (spontan vs. geplant) - Motivlage - Einstellungen - ...	**Spielverhalten** - Prävalenz - Veränderungen - Stressindikatoren - Änderungsbereitschaft - Inanspruchnahme formeller Hilfen - ... **Spielsperre** - Auswirkungen - Einstellungen - ... **Suchtmittelkonsum** **Lebenszufriedenheit** **Selbstwirksamkeitserwartung** **Depressivität**	**Spielverhalten** - Prävalenz - Veränderungen - Stressindikatoren - Problemstatus - Änderungsbereitschaft - Inanspruchnahme formeller Hilfen - ... **Spielsperre** - Auswirkungen - Einstellungen - ... **Suchtmittelkonsum** **Lebenszufriedenheit** **Selbstwirksamkeitserwartung** **Depressivität**	**Spielverhalten** - Prävalenz - Veränderungen - Stressindikatoren - Problemstatus - Änderungsbereitschaft - Inanspruchnahme formeller Hilfen - ... **Spielsperre** - Auswirkungen - Einstellungen - ... **Suchtmittelkonsum** **Lebenszufriedenheit** **Selbstwirksamkeitserwartung** **Depressivität**

7.3.3 Leitfaden-Interviews

Die zusätzliche Realisierung von 30 halbstrukturierten Leitfaden-Interviews diente dem übergeordneten Ziel, über die Exploration der subjektiven Sichtweisen von Betroffenen vertiefende Erkenntnisse zum Thema „Effektivität der Spielsperre" zu erhalten. Dieser Anspruch setzt eine distanzierte, gleichzeitig aber auch offene und wertschätzende Grundhaltung des Interviewleiters voraus. Weiterhin maßgeblich für den Informationsgehalt bzw. die Datenqualität sind die konkrete Gestaltung der Interviewsituation und das Interviewerverhalten. Insbesondere gilt es, geschlossene und komplexe Frageformulierungen (wegen der Gefahr des Informationsverlusts) sowie jegliche Art der suggestiven Beeinflussung (wegen der Gefahr der Informationsverzerrung) zu vermeiden.

Mit der Erstellung eines halbstrukturierten Gesprächsleitfadens im Sinne eines „roten Fadens" wurden die Zielvorgaben des Interviews vorab festgelegt und konkrete thematische Ausrichtungen vorgegeben, ohne den Interviewablauf in ein starres Korsett stecken oder auf wortlautgetreue Fragen zurückgreifen zu wollen. Auf der einen Seite ließ sich damit einem beliebigen und abschweifenden Interviewgeschehen entgegenwirken. Auf der anderen Seite bestand ein Spielraum, flexibel und situationsabhängig auf individuelle Antworten einzugehen und Inhalte auch abseits des Leitfadens zuzulassen bzw. gewisse Themenkomplexe ganz auszublenden. Die Konzeption des Interviewleitfadens ähnelt dem Vorgehen bei einem ehemaligen Forschungsprojekt (Meyer & Hayer, 2005) und basiert auf dem aktuellen Forschungsstand sowie der zeitnahen Exploration des bereits erhobenen Datenmaterials der schriftlichen Befragungsrunden (Untersuchungsstufen 1 und 2). Nach der Sammlung thematischer Schwerpunkte wurde ein Ordnungs- und Ablaufschema entwickelt und die Inhalte hierarchisch in Ober- und Unterpunkte gegliedert. Neue, bislang unbeachtete Sachverhalte ließen sich auch nach Beginn der Untersuchungsstufe 3 noch einbinden, was eine kontinuierliche Anpassung des Leitfadens bedeutete.

Wie bereits dargelegt, fanden alle Gespräche mit einer Ausnahme (Face-to-Face-Interview an der Universität Bremen) am Telefon statt. Im Vorfeld der Datenerhebung wurde jeweils via E-Mail oder telefonisch eine Interviewanfrage gestartet und über den Hintergrund sowie die Zielrichtung des Vorgehens aufgeklärt. Im Falle einer Zusage kam es zu einer verbindlichen Terminvereinbarung, die die (gesperrten) Spieler üblicherweise auch einhielten. Weitere Schritte vor dem eigentlichen Interview beinhalteten die Einholung der Bereitschaft zur Aufnahme des Gesprächs auf Tonband und die damit verbundene Zusicherung eines vertraulichen und anonymisierten Umgangs mit der Tonbandkassette bzw. dem entstandenen Textmaterial. Während des Telefoninterviews bestand die zentrale Herausforderung für den Gesprächsleiter darin, sich „räumlich-asynchron" über eine aufmerksamkeitsfokussierte und empathische Grundhaltung auf die Schilderungen des Gegenübers einzulassen und somit einen guten Rapport herzustellen bzw. aufrechtzuerhalten. Bezüglich der konkreten Frage- bzw. Interviewtechnik erschienen folgende kommunikative Hilfsmittel zielführend:

a) Einsatz variabler Fragetypen (Spezifizierungsfragen, Strukturierungsfragen, Ergänzungsfragen, Verständnisfragen, Nachhaken etc.);
b) Spiegelung ausgewählter Sachverhalte;
c) „naives" Hinterfragen von scheinbar eindeutigen oder pauschalisierenden Kernaussagen;
d) Konfrontation mit vermeintlichen Widersprüchen sowie
e) Aufforderung zu Gedankenexperimenten („Was wäre wenn-Situationen").

Insgesamt dauerten die Interviews in Abhängigkeit von individuellen und situativen Kontextbedingungen zwischen 25 und 55 Minuten (s. Abschnitt 8.5), wobei die drei Nachfolgeinterviews erwartungsgemäß etwas kürzer ausfielen. Nach Beendigung der Tonbandaufnahmen schlossen sich zumeist weiterführende informelle Gespräche über das laufende Forschungsprojekt, bestimmte glücksspielbezogene Themen oder die aktuellen psychosozialen Belastungen der (gesperrten) Spieler an. Unmittelbar nach Abschluss der Telefoninterviews wurden Notizen über deren Inhalte und Verläufe angefertigt und etwaige Besonderheiten oder Auffälligkeiten festgehalten. Alle 30 Interviews lieferten auswertbare und folglich aussagekräftige Informationen.

7.4 Datenanalyse

Nach Erstellung von Kodierplänen mit festgelegten Kodierregeln wurden die quantitativen Informationen in Datenmasken der Statistik-Software SPSS für Windows, Version 11.5, eingegeben und ausgewertet. Vor der EDV-gestützten Datenanalyse fand eine Überprüfung der Datensätze auf mögliche Kodierungsfehler und offensichtliche Antwortmuster (z.B. durchgängiges Ankreuzen derselben Antwortkategorie) statt. Im Zuge der Analyse mit den bereinigten Datensätzen kamen sowohl Verfahren der deskriptiven Statistik als auch Signifikanztests zum Einsatz. In Abhängigkeit der jeweiligen Skalenniveaus werden auf deskriptiver Ebene Maße der zentralen Tendenz (Modalwerte bei der Darstellung von Häufigkeitstabellen, Mittelwerte) sowie Variabilitätsmaße einer Merkmalsverteilung (Range, Standardabweichung) angeführt. Die Überprüfung der statistischen Beziehungen erfolgte bei nominalskalierten Variablen mit Hilfe der

Chi-Quadrat-(χ^2)-Teststatistik nach Pearson[12] bzw. bei intervallskalierten Variablen über die Produkt-Moment-Korrelation (r). Standardmäßig wurde ein Testniveau von $\alpha=0{,}05$ vorgegeben (vgl. zu der hier verwendeten Terminologie von Testniveau und Signifikanzniveau mit Kähler, 2004). Bei Verletzungen der Voraussetzungen eines Chi-Quadrat-Tests kam bei hinreichend großen Stichprobenumfängen die Kontinuitätskorrektur der Teststatistik nach Yates zur Anwendung. Parametrische Überprüfungen von Mittelwertsunterschieden bei Gruppenvergleichen im Quer- und Längsschnitt ließen sich je nach Stichprobenart (unabgängig vs. abhängig) und Stichprobenanzahl (2 vs. 3 vs. 4) über verschiedene Testverfahren realisieren (abhängiger t-Test, unabhängiger t-Test[13], einfaktorielle Varianzanalyse mit nachgeschaltetem Scheffé-Test zur genauen Bestimmung der sich jeweils statistisch bedeutsam unterscheidenden Mittelwerte, einfaktorielle Varianzanalyse mit Messwiederholung[14]; jeweils bei einem α von 5%; vgl. Field, 2005).

Die Auswertung der qualitativen Daten orientierte sich weitgehend an einem Schema, das bereits in einer vorherigen Publikation zur Anwendung kam (Meyer & Hayer, 2005). Alle Interviewaufnahmen wurden zunächst zeitnah zur Datenerhebung in Gänze in Schriftdeutsch transkribiert. Aus Gründen der Lesbarkeit sollten dialektische Färbungen, grammatikalische Fehler oder längere Sprechpausen nicht vertextlicht werden, solange diese Glättung keine wesentliche Veränderung des Sinngehaltes mit sich brachte. Ein erster Analyseschritt zielte darauf ab, die vorliegenden Textdokumente komprimiert darzustellen. Nach sorgfältiger Durchsicht der einzelnen Transkripte wurden zum einen kompakte Fallvignetten verfasst und zum

---

12 Bei ausgewählten Fragestellungen werden beim Vorliegen signifikanter χ^2-Testwerte zusätzlich Odds Ratios (OR) sowie die dazugehörigen 95%-Konfidenzintervalle ($KI_{95\%}$) angegeben. Odds Ratios repräsentieren Chancenverhältnisse und sind als Effektmaße bei Daten mit binären Outcomes heranzuziehen (2x2-Tabellen; vgl. Rudas, 1998).

13 Für die im Vorfeld notwendige Prüfung auf Varianzhomogenität diente der Levene-Test ($\alpha=0{,}1$).

14 Die Überprüfung der Sphärizität (homogene Varianzen der Mittelwertsdifferenzen) erfolgte mit dem Mauchly-Test. Bei Verletzung der Sphärizitätsannahme wurde auf die Greenhouse-Geisser-Korrektur zurückgegriffen. Alle Post-hoc-Tests im Zuge von einfaktoriellen Varianzanalysen mit Messwiederholung untersuchen ausschließlich, ob sich die jeweils aufeinanderfolgenden Messzeitpunkte signifikant voneinander unterscheiden (T_0 vs. F_1; F_1 vs. F_2; F_2 vs. F_3).

anderen untersuchungsrelevante Aussagen bzw. Themenbereiche markiert und das Datenmaterial auf bedeutsame Textpassagen reduziert. Die Zuordnung von Gesprächsauszügen und thematischen Kategorien erlaubte eine direkte Gegenüberstellung der einzelnen Interviews. Mit zunehmendem Textmaterial entstand ein differenziertes und komplexes Kategoriensystem. Des Weiteren ermöglichte die direkte Gegenüberstellung einzelner Textbausteine intersubjektive Vergleiche mit der Absicht, immer wiederkehrende aber auch untypische Erlebnisschilderungen zu identifizieren. Nach Abschluss dieses Arbeitsschrittes lag ein hierarchisch aufgebautes Kategoriensystem mit Kern- und Unterthemen vor, anhand dessen alle Interviewtranskripte abschließend noch einmal überprüft und die Zuordnungsprozesse geringfügig überarbeitet wurden (Kontrollfunktion). Die Präsentation relevanter Textpassagen beschränkt sich im Ergebnisteil auf kurze Ausschnitte der Originalaussagen und ihrer „interpretativen Einordnung". Abbildung 6 fasst die verschiedenen Versatzstücke der Analyse des qualitativen Datenmaterials zusammen.

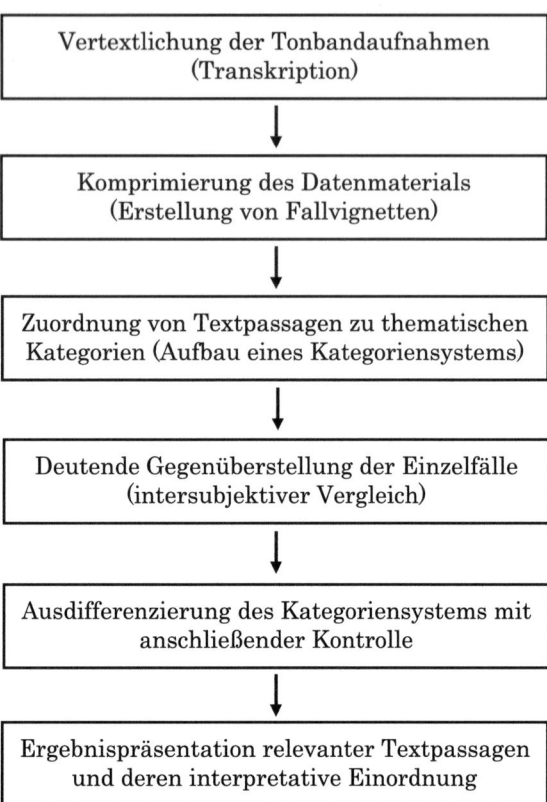

Abbildung 6: Prozess der qualitativen Datenanalyse (in Anlehnung an Meyer & Hayer, 2005, S. 80)

8 Ergebnisse

8.1 Casinostichprobe: Baseline-Erhebung

8.1.1 Rücklauf

Aufgrund des Untersuchungssettings zur Baseline-Erhebung war davon auszugehen, dass nur ein bestimmter Anteil der anvisierten Zielgruppe seine Bereitschaft zum Ausfüllen des BFS erklären würde. Tabelle 3 zeigt den Rücklauf und die Ausschöpfungsquote getrennt für die drei teilnehmenden Länder. Nach Eliminierung zweier nicht auswertbarer Datensätze reduzierte sich die endgültige Stichprobengröße auf n=152[15]. Von diesen 152 Fragebögen stammen mit einer Ausnahme alle von selbstgesperrten Spielern. Während die Ausschöpfungsquote in Deutschland mit 15,8% (Basis: Anzahl der Spielsperren deutschsprachiger Gäste im Untersuchungszeitraum an den 4 Standorten) als zufriedenstellend zu bewerten ist, erweist sich der Erreichungsgrad in Österreich – 6,2% bezogen auf Selbstsperren – und der Schweiz – 1,9% ebenfalls bezogen auf Selbstsperren – als gering. Erwartungsgemäß variierte der Rücklauf pro Standort in Abhängigkeit der Casinogröße und des Engagements der Mitarbeiter bei der Datenakquise erheblich (Spannbreite: 0-48 ausgefüllte Exemplare). 131 Fragebögen (86,2%) und damit die überwiegende Mehrheit wurde direkt in den Spielstätten bearbeitet. Aufgrund der relativ kleinen Fallzahlen erfolgten die weiteren Analysen länderübergreifend. Sofern jedoch in Einzelfällen anzunehmen war, dass länderspezifische Besonderheiten einen inhaltlich bedeutsamen Einfluss auf die Befundlage ausüben könnten, wurden länderdifferenzierende Auswertungen vorgenommen.

---

15 Zu beachten ist zudem, dass die Stichprobengröße bzw. die Anzahl gültiger Fälle, bedingt durch Missing Values, bei den folgenden Analyseschritten zum Teil geringer ausfällt.

Tabelle 3: Stichprobengröße und Ausschöpfungsquote zu T_0 im Casinobereich

Ort[ab]	Rücklauf (n)	Ausschöpfungsquote zu T_0
Deutschland	51	51/323 (nur deutschsprachige Gäste) = 15,8%
Österreich	84	84/1.350 (nur Selbstsperren) = 6,2%
Schweiz	17	17/918 (nur Selbstsperren) = 1,9%
Gesamt	152[c]	

[a]*Grundsätzlich gilt es zu beachten, dass eine in den jeweiligen Ländern ausgesprochene Spielsperre nichts über die Nationalität der gesperrten Person aussagt. Im vorliegenden Forschungsbericht meint beispielsweise eine „Spielsperre aus Deutschland" eine Sperrverfügung, die in einem deutschen Casino vollzogen wurde, nicht jedoch zwangsläufig von einer Person mit deutscher Staatsangehörigkeit.*
[b]*In Österreich steht es den Betroffenen prinzipiell frei, die Laufzeit der Selbstsperre zu bestimmen. Im vorliegenden Subsample reicht die festgelegte Sperrdauer von sechs Monaten (Minimallaufzeit) bis zu zehn Jahren. Mehrheitlich entschieden sich die Spieler für eine einjährige Sperre. Für Deutschland gaben alle Spieler eine siebenjährige bzw. lebenslange Sperrlaufzeit an. In der Schweiz gilt eine Spielsperre zunächst auf unbegrenzte Dauer, so dass auf die Abfrage der Laufzeit verzichtet wurde.*
[c]*Die 152 Datensätze stammen von 151 selbstgesperrten sowie einem fremdgesperrten Spieler (wegen „finanziellem Notstand") und wurden gemeinsam ausgewertet.*

8.1.2 Charakteristika gesperrter Casinospieler

Die Stichprobe der gesperrten Casinospieler setzt sich vornehmlich aus Männern (109 von n=151; 72,2%) und Personen mittleren Alters zusammen ($\bar{x}$=41,3 Jahre; Range: 19-75 Jahre). Auffällig ist, dass gesperrte Spieler aus der Schweiz im Durchschnitt weitaus jünger sind (n=16; $\bar{x}$=32 Jahre) als Spieler aus Österreich (n=83; $\bar{x}$=41,4 Jahre) und Deutschland (n=51; $\bar{x}$=44,1 Jahre; F=4,83; df=149; p=0,009). Über das Spielverhalten dieser Gruppe in den sechs Monaten vor Abschluss der Spielsperre gibt Tabelle 4 Aufschluss. Selbstredend wurden die casinotypischen Spielangebote in einer hohen Taktfrequenz nachgefragt, gefolgt von den Lotterieprodukten. Automatenspiele außerhalb der Spielbanken scheinen dagegen weniger populär zu sein: So gaben immerhin 90 von 110 Respondenten (81,8%)

an, in diesem Zeitraum niemals am gewerblichen Automatenspiel teilgenommen zu haben. Dieser Befund wird gestützt durch den geringen Anteil an Spielern (12,4%), der das Automatenspiel außerhalb von Casinos als problembehaftet erlebt. In dieser Rubrik liegen die Automatenspiele der Casinos (51,3%) mit sichtbarem Abstand vor den Tischspielen der Casinos (38,1%). Nahezu deckungsgleiche Ergebnisse ergaben sich bei der Frage nach der für die Spielsperre ausschlaggebenden Spielform: 75 von 146 Spielern (51,4%) beantragten die Selbstsperre wegen des Automatenspiels, 46 Spieler (31,5%) wegen Tischspielen und weitere 25 Personen (17,1%) wegen beider Glücksspielvarianten. Bemerkenswerweise ist diese Variable nicht unabhängig vom Geschlecht ($\chi^2=7,33$; df=2; p=0,026): Mehr Männer als erwartet schilderten, dass Tischsspiele zur Selbstsperre geführt haben, wohingegen es unerwartet viele Frauen waren, die das Automatenspiel als ausschlaggebend für diesen Schritt ansahen.

Tabelle 4: Spielverhalten und problembehaftete Spielformen (gesperrte Spieler im Casinobereich; in den letzten 6 Monaten vor der Sperrverfügung)

Spielform	Spielfrequenz (%/n)			Problembehaftet (%/n)
	nie bis 1x pro Monat	1-3x pro Monat	mind. 1x pro Woche	
Tischspiele in Casinos	46,9 60	25,8 33	27,3 35	38,1 43 von 113
Automatenspiele in Casinos	38,8 52	30,6 41	30,6 41	51,3 60 von 117
Automatenspiele außerhalb von Casinos	89,1 98	0,9 1	10,0 11	12,4 14 von 113
Lotto/Lotterien (inkl. Rubbellose)	63,3 76	15,8 19	20,8 25	9,4 9 von 96
Sportwetten (inkl. Pferdewetten)	89,5 102	2,6 3	7,9 9	6,0 7 von 116
Glücksspiele im Internet	91,1 102	6,3 7	2,7 3	5,3 6 von 114
Illegale Glücksspiele	97,3 108	1,8 2	0,9 1	5,3 6 von 114

Der Entwicklungsverlauf hinsichtlich des Casinospiels mit den Eckpfeilern Erstkontakt, Beginn regelmäßigen Spielens und Entstehung glücksspielbedingter Probleme sieht wie folgt aus: Im Mittel waren die Spieler 27,7 Jahre alt, als sie erstmalig ein Casino besuchten (n=140; Range: 16-66 Jahre). Die Phase, in der mindestens einmal in der Woche in der Spielbank „gezockt" wurde, setzte 5,5 Jahre danach ein (n=124; $\bar{x}$=33,2 Jahre). Weitere zwei Jahre später nahmen die Probanden erstmalig psychische, soziale oder finanzielle Probleme durch das Casinospiel wahr (n=105; $\bar{x}$=35,2 Jahre). Geschlechtsspezifische Analysen zeigen, dass die Gruppe der Frauen generell einen „zeitlich verzögerten" Entwicklungsverlauf aufweist (Erstbesuch mit 34,2 Jahren [n=36; t=3,84; df=45,64; p≤0,001]; Beginn regelmäßigen Spielens mit 41,9 Jahren [n=30; t=4,81; df=121; p≤0,001]; Entwicklung spielbedingter Probleme mit 43,9 Jahren [n=27; t=4,27; df=103; p≤0,001]; Abschluss der Spielsperre mit 48,1 Jahren [n=42; t=3,91; df=148; p≤0,001]). Bezogen auf ihr Spielverhalten in den sechs Monaten vor der Spielsperre gaben 42 von 150 Befragten (28%) an, bei einem Casinobesuch im Schnitt fünf bis sieben Stunden gespielt zu haben; bei weiteren 20 Personen (13,3%) belief sich die Dauer sogar auf mehr als sieben Stunden. Der durchschnittliche Nettoverlust bei einem Casinobesuch im letzen halben Jahr betrug bei 59 von 146 Respondenten (40,4%) mindestens 1.000 Euro (respektive mindestens 1.000 Schweizer Franken). Beide Parameter des Spielverhaltens – Spieldauer und Nettoverlust bei einem gewöhnlichen Casinobesuch – können als erste Hinweise auf ein exzessives Spielverhalten im Vorfeld der Spielsperre gewertet werden, zumindest bei einer nicht unbedeutenden Anzahl an Untersuchungsteilnehmern.

Weitere Rückschlüsse auf etwaige Belastungen im Zusammenhang mit dem Casinospiel bringen die Antwortmuster zu ausgewählten Stressindikatoren mit sich (Bezugszeitraum: die letzten 6 Monate). Auf einer fünfstufigen Skala von „sehr schwach" (1) bis „sehr stark" (5) liegen die Gruppenmittelwerte für das Verlangen nach dem Casinospiel (n=149; $\bar{x}$=3,70; s_x=1,05), die mit dieser Spielform assoziierte emotionale Belastung (n=139; $\bar{x}$=3,69; s_x=1,14) und die mit dem „Zocken" im Casino verbundene Einbuße an Lebensqualität (n=143; $\bar{x}$=3,35; s_x=1,29) jeweils im oberen Bereich. Die Einschätzung der Handlungskontrolle beim Casinospiel befindet sich zwischen den Ausprägungen „eher schwach" (2) und „mittelmäßig" (3; n=143; $\bar{x}$=2,41; s_x=1,18). Daneben berichteten 26 von 151 Befragten (17,2%), schon einmal von anderen Gästen wegen des eigenen Spielverhaltens angesprochen worden zu sein. Hingegen bejahten nur 17 Spieler der gesamten Stichprobe (11,2%), dass diese Art der Intervention jemals durch Casinomitarbeiter erfolgte. Bei immerhin 30 von 150 Respondenten (20%) hatten Angehörige den Schritt gewählt, das Casino wegen des Spielverhaltens ihrer Bezugsperson zu kontaktieren. Weiterhin ist es der Stichprobe sehr wichtig, im Moment mit dem Spielen im Casino aufzuhören (Importance-Skala: 0 [sehr unwichtig] bis 10 [sehr wichtig]; n=152; $\bar{x}=9{,}31$; $s_x=1{,}66$). Die Zuversicht, dieses Vorhaben auch erfolgreich umzusetzen zu können, ist zwar durchaus vorhanden, jedoch etwas geringer ausgeprägt (Confidence-Skala: 0 [überhaupt nicht zuversichtlich] bis 10 [sehr zuversichtlich]; n=149; $\bar{x}=7{,}26$; $s_x=3{,}27$). Tabelle 5 gibt Aufschluss über die korrelativen Zusammenhänge zwischen der Änderungsbereitschaft und den casinospielbezogenen Stressoren. Bei einseitiger Hypothesentestung[16] ergeben sich vier signifikante Korrelationen: Je höher die emotionale Belastung (n=139; r=0,23; p=0,003) und die Einbuße an Lebensqualität (n=143; r=0,28; p≤0,001) ausfällt, desto wichtiger erscheint es den Probanden, mit dem Casinospiel aufzuhören. Ferner existiert eine negative statistische Beziehung zwischen der Zuversicht, dieses Ziel auch erreichen zu können und dem Verlangen nach dem Casinospiel (n=147; r=-0,19; p=0,011). Letztlich korreliert das Ausmaß der wahrgenommenen Handlungskontrolle positiv mit dem Confidence-Item (n=142; r=0,22; p=0,005).

Tabelle 5: Korrelationen zwischen Änderungsbereitschaft und casinospielbezogenen Stressoren zu T_0

	Änderungsbereitschaft – Wichtigkeit	Änderungsbereitschaft – Zuversicht
Casinospielbezogener Stressor – Verlangen	n=149; r=0,12; p=0,07	n=147; r=-0,19; p=0,011*
Casinospielbezogener Stressor – Handlungskontrolle	n=143; r=-0,04; p=0,31	n=142; r=0,22; p=0,005*
Casinospielbezogener Stressor – Emotionale Belastung	n=139; r=0,23; p=0,003*	n=138; r=0,05; p=0,27
Casinospielbezogener Stressor – Einbuße an Lebensqualität	n=143; r=0,28; p≤0,001*	n=142; r=0,09; p=0,14

Signifikant bei einseitiger Testung (p≤0,05).

---

16 Theoretische Überlegungen lassen an dieser Stelle die Aufstellung von gerichteten Zusammenhangshypothesen zu.

Weiterhin bringt der BFS zwei Möglichkeiten mit sich, den glücksspielbezogenen Problemstatus der Probanden zu erfassen. Zum einen wurden die Spieler auf einer vierstufigen Skala direkt nach einer Selbsteinschätzung ihres Spielverhaltens im Casino in den letzten sechs Monaten gefragt. Zum anderen erlaubt die Abfrage der DSM-IV-Kriterien zum pathologischen Spielverhalten, adaptiert an das Casinospiel, eine Klassifikation in soziale Spieler (Vorliegen von höchstens 2 Kriterien), Problemspieler (Vorliegen von 3 oder 4 Kriterien) und pathologische Spieler (Vorliegen von mindestens 5 Kriterien). Einzelne fehlende Antworten sollten hier grundsätzlich als Nicht-Zutreffen eines Kriteriums gewertet werden. Tabelle 6 fasst die Zuordnungen für beide Variablen zusammen.

Tabelle 6: Problemstatus „Casinospiel" (letzten 6 Monate) [a]

	DSV-IV ($\leq$ 2) sozial	DSV-IV (3-4) problematisch	DSV-IV ($\geq$ 5) pathologisch	Gesamt
Selbsteinschätzung „Ich spiele wie andere auch"	16 (61,5%) (44,4%)	4 (15,4%) (11,4%)	6 (23,1%) (7,9%)	26 (17,7%)
Selbsteinschätzung „Ich spiele etwas übertrieben, jedoch nicht problematisch"	6 (35,3%) (16,7%)	8 (47,1%) (22,9%)	3 (17,6%) (3,9%)	17 (11,6%)
Selbsteinschätzung „Mein Spielverhalten ist zwar problematisch, aber ich bin kein süchtiger Spieler"	13 (31,0%) (36,1%)	11 (26,2%) (31,4%)	18 (42,9%) (23,7%)	42 (28,6%)
Selbsteinschätzung „Ich bin ein süchtiger Spieler"	1 (1,6%) (2,8%)	12 (19,4%) (34,3%)	49 (79,0%) (64,5%)	62 (42,2%)
Gesamt	36 (24,5%)	35 (23,8%)	76 (51,7%)	147 (100%)

[a] *In dieser Kreuztabelle finden sich nur diejenigen Personen wieder, die auch beim Zeilenmerkmal „Selbsteinschätzung" eine Angabe gemacht haben. Insgesamt sieht die Verteilung der 152 Probanden anhand der DSM-IV-Kriterien (Spaltenmerkmal) wie folgt aus: 38 soziale Spieler (25%), 37 Problemspieler (24,3%) und 77 pathologische Spieler (50,7%). Die zwölf weiß hinterlegten Zellen des Tabelleninneren beinhalten sowohl die absoluten Häufigkeiten als auch die jeweiligen prozentua-*

len Zeilen- und Spaltenhäufigkeiten. Beispielsweise gelten 49 Personen, die ihr Spielverhalten selbst als süchtig einstufen, in Anlehnung an die DSM-IV-Kriterien zugleich als pathologische Spieler. Von den insgesamt 62 selbsternannten süchtigen Spielern lassen sich damit nach den DSM-IV-Kriterien 79% als pathologische Spieler einordnen (prozentuale Zeilenhäufigkeit); in der Gruppe der insgesamt 76 pathologischen Spieler nach DSM-IV-Kriterien befinden sich folglich 64,5%, die sich als süchtige Spieler definieren (prozentuale Spaltenhäufigkeit).

Bei Betrachtung von Tabelle 6 ist zunächst augenscheinlich, dass die Mehrheit aller Respondenten Probleme im Zusammenhang mit dem Casinospiel entwickelt hat. Anhand ihrer Selbsteinschätzung fallen 104 von 147 Personen (70,7%) in die gemeinsame Kategorie „Problem-/süchtiger Spieler". Nach den DSM-IV-Kriterien zeigen 111 Individuen (75,5%) ein problematisches bzw. pathologisches Spielverhalten. Zwischen beiden Merkmalsverteilungen lässt sich zudem eine hohe Übereinstimmung feststellen ($\chi^2=52,13$; df=6; p≤0,001). Zugleich bedeuten die Prozentangaben, dass bei etwa einem Viertel der Spieler zum Zeitpunkt der Sperrverfügung keine casinospielbedingten Probleme vorliegen. Weiterführende Analysen deuten an dieser Stelle einen länderspezifischen Einfluss an: So gelten in der Schweiz 9 von 17 gesperrten Spielern (52,9%) nach den DSM-IV-Kriterien als soziale Spieler. Im Vergleich dazu findet sich sowohl in Deutschland (13,7%) als auch in Österreich (26,2%) ein geringerer Anteil an Personen mit einem angepassten Spielverhalten ($\chi^2=10,60$; df=2; p=0,005). Länderübergreifend wurden folgende DSM-IV-Kriterien am häufigsten erfüllt: Chasing-Verhalten (77%), Kontrollverlust (69,7%), Casinospiel als zentraler Lebensinhalt (59,2%), Toleranzentwicklung (57,9%) und Belügen von bedeutsamen Bezugspersonen (50,7%).

Eine weitere wichtige Komponente des Fragebogens bilden Items, die sich auf die Änderungsbereitschaft und konkrete Versuche der Verhaltensänderung beziehen. Wenig überraschend ist, dass die Spielsperre bei der Mehrheit der Spieler mit der Absicht einhergeht, in den nächsten 30 Tagen (n=54 von 118; 45,8%) bzw. in den nächsten sechs Monaten (n=26 von 118; 22%) mit allen Formen des Glücksspiels aufzuhören. Eine einschneidende Veränderung des Spielverhaltens wird somit als erstrebenswert erachtet und geplant (Stadium der Vorbereitung) oder zumindest längerfristig angedacht (Stadium der Absichtsbildung). Ferner gaben 97 von 148 Probanden (65,5%) an, in der Vergangenheit schon mindestens einmal bewusst den Versuch unternommen zu haben, glücksspielabstinent zu leben; 36 Personen (24,3%) berichteten in diesem Zusammenhang bereits von mehr als sechs Versuchen. Allerdings scheinen diese „Veränderungsstrategien" eher informeller Natur zu sein. Wie Tabelle 7 verdeutlicht, hat nur ein Bruchteil der Stichprobe – jeweils weniger als 7% – in der Vergangenheit oder gegenwärtig Erfahrungen mit einzelnen institutionalisierten Hilfeangeboten gesammelt. Etwa jeder zehnte Spieler plant, bestimmte ambulante Versorgungsdienste wie eine ambulante Beratungsstelle, einen niedergelassenen Arzt/Psychologen, die Schuldnerberatung oder eine Selbsthilfegruppe in Anspruch zu nehmen. Unabhängig vom konkreten Versorgungsangebot wollen insgesamt 34 Untersuchungsteilnehmer (22,4%) in Zukunft formelle Hilfen einfordern. Erwartungsgemäß konnten 33 dieser 34 Personen (97,1%) als Problem- oder pathologische Spieler eingestuft werden.

Tabelle 7: Vergangene, gegenwärtige und geplante Inanspruchnahme formeller Hilfeangebote von gesperrten Casinospielern (n=152; Mehrfachnennungen möglich)[a]

Inanspruchnahme ...	... in der Vergangenheit (%)	... in der Gegenwart (%)	... in der Zukunft geplant (%)
Ambulante Beratung	4,6	3,9	8,6
Arzt/Psychologe	3,9	6,6	9,2
Stationäre Behandlung	1,3	0,7	3,3
Schuldnerberatung	6,6	3,9	10,5
Selbsthilfegruppe	3,9	3,9	13,2
Gesamt (ohne Doppelerfassung)	13,2	13,2	22,4

[a]*Einzelne Missing Values wurden bei dieser Tabelle als „keine Inanspruchnahme" kodiert.*

Weitere Rückschlüsse auf etwaige Fehlanpassungen im Entwicklungsverlauf lassen die Hintergründe zu, die zur Spielsperre geführt haben. Im Allgemeinen fiel der Entschluss zur Spielsperre bei den Betroffenen eher nach längerer Überlegung (n=146; $\bar{x}$=6,02; s_x=3,86; Spontaneitäts-Skala: 0 = sehr spontan; 10 = nach langer Überlegung). Die statistische Überprüfung auf Mittelwertunterschiede zwischen sozialen Spielern (n=35; $\bar{x}$=4,20), Problemspielern (n=36; $\bar{x}$=5,69) und pathologischen Spielern (n=75; $\bar{x}$=7,03) erweist sich als signifikant (F=7,13; df=145; p≤0,001).

Paarweise post-hoc-Vergleiche aller Faktorstufen mit Hilfe der Scheffé-Prozedur belegen bedeutsame Differenzen zwischen sozialen und pathologischen Spielern. Einen ähnlichen Subgruppeneffekt ergibt sich beim Merkmal „Wichtigkeit, mit dem Casinospiel aufzuhören" (Importance-Skala) (F=7,20; df=151; p=0,001); auf grundsätzlich hohem Niveau unterscheiden sich pathologische Spieler (n=77; $\bar{x}$=9,79) signifikant sowohl von den Problemspielern (n=37; $\bar{x}$=8,89) als auch von den sozialen Spielern (n=38; $\bar{x}$=8,74). Demgegenüber lassen sich keine Unterschiede bei der Confidence-Skala feststellen (F=0,47; df=148; p=0,63).

Einen ersten detaillierten Überblick über die gängigen Sperrmotive gibt Tabelle 8. Mit Ausnahme der Vorbeugung (n=91; 60,3%) finden sich unter den am häufigsten genannten Beweggründen die gängigen finanziellen und psychosozialen Belastungen, die im Zusammenhang mit einem exzessiven Spielverhalten auftreten, wie zum Beispiel übermäßige Geldverluste im Casino (n=115; 76,2%) oder das Gefühl, das eigene Spielverhalten nicht mehr hinreichend kontrollieren zu können (n=81; 53,6%). Von wenigen Spielern wird die Spielsperre im Zuge einer Beratung oder Therapie in Anspruch genommen (n=11; 7,3%). Auch der Ärger über Entscheidungen oder das Verhalten des Casinopersonals spielt als Sperrmotiv nur eine untergeordnete Rolle (n=7; 4,6%). Zudem gab die überwiegende Anzahl der Respondenten an anderer Stelle des BFS an, dass der Zeitpunkt der Spielsperre vorbeugend ausgerichtet ist (n=48 von 143; 33,6%) bzw. gerade rechtzeitig kommt (n=70 von 143; 49%).

Tabelle 8: Beweggründe, die zur Casinospielsperre geführt haben (n=151; Mehrfachnennungen möglich)

Sperrmotiv	Prozentuale und absolute Häufigkeiten
Zu viel Geld im Casino verloren	76,2% n=115
Als vorbeugende Maßnahme	60,3% n=91
Verlust der Handlungskontrolle	53,6% n=81
Finanzielle Probleme durch das Casinospiel	43,7% n=66
Zu viel Zeit im Casino verbracht	37,7% n=57
Riskieren von Spieleinsätzen, die in keinem Verhältnis zum eigenen Einkommen/Vermögen stehen	37,1% n=56
Familiäre Probleme oder Beziehungsprobleme wegen des Casinospiels	32,5% n=49
Verschuldung aufgrund des „Zockens" im Casino	28,5% n=43
Auf Wunsch von Bezugspersonen	17,2% n=26
Probleme bei der Arbeit wegen des Casinospiels	13,2% n=20
Als Teil meiner Spielerberatung/-therapie	7,3% n=11
Ärger über das Casinopersonal	4,6% n=7

Flankierend zu ihren Motiven wurden die Probanden gefragt, wer bei dem Entschluss pro Spielsperre die treibende Kraft gewesen ist (Mehrfachnennungen möglich). Zunächst schreiben sich fast alle Betroffenen selbst eine wichtige Rolle bei diesem Schritt zu (n=139 von 149; 93,3%). „Signifikante Andere" wie der Lebenspartner (n=41; 27,5%) oder Angehörige/ Freunde (n=32; 21,5%) scheinen in diesem Kontext, zumindest bei einigen Spielern, ebenso einen bedeutsamen Beitrag zu leisten. Die Einflussnahme der Lebenspartner lässt sich vorwiegend in der Subgruppe der „Problem-/ pathologischen Spieler" beobachten (vs. soziale Spieler; χ^2=9,30; df=1; p=0,002; OR=5,82; $KI_{95\%}$[1,68;20,18]). Im Gegensatz dazu finden der Berater/Therapeut (n=9; 6%) und das Casinopersonal (n=2; 1,3%) äußerst selten Erwähnung.

Ein wichtiges Element bei der Bestimmung der Effektivität eines Sperrprogramms umfasst dessen Bekanntheitsgrad. Entsprechend wurden die Probanden gebeten anzugeben, durch wen oder was sie überhaupt von der Möglichkeit der Spielsperre erfahren hatten. Zusammengenommen verdeutlichen die 147 gültigen Antworten bei möglichen Mehrfachnennungen einerseits, dass Bezugspersonen wie andere Spieler (n=43; 29,3%) oder Angehörige/Freunde/Bekannte (n=41; 27,9%) aber auch Medienberichte (n=30; 20,4%) einen nicht zu unterschätzenden Einfluss ausüben. Andererseits scheint die Öffentlichkeitsarbeit der Anbieter in Sachen Spielsperre nur bedingt zu greifen, da lediglich 37 Spieler (25,2%) direkt durch das Casinopersonal sowie 20 Respondenten (13,6%) durch im Casino ausliegende Unterlagen über die Option der Spielsperre informiert wurden. Abgesehen von Materialien aus dem Internet (n=9; 6,1%) entfallen auf die Kategorien Berater/Therapeut (n=10; 6,8%) und Selbsthilfegruppe (n=3; 2%) – bedingt durch die geringe Inspruchnahme formeller Hilfen – ebenso wenige Ja-Antworten.

Erste Hinweise auf die emotionale Ausnahmesituation, in der sich Spieler befinden, die sich auf die Sperrliste setzen lassen, bringen die Angaben nach den Empfindungen im Zuge der Interaktion mit dem Casinopersonal mit sich. 88 von 122 Spielern und damit die überwiegende Mehrheit (72,1%) berichteten davon, nach der initialen Kontaktaufnahme erleichtert gewesen zu sein (Mehrfachnennungen möglich). Mit großem Abstand folgen die positiv bzw. neutral konnotierten Erlebniskategorien „erfreut" (n=17; 13,9%) und „bestätigt" (n=13; 10,7%). Ein geringer, jedoch keineswegs unbedeutender Anteil der Befragten fühlte sich in dieser Situation beschämt (n=20; 16,4%) oder belastet (n=12; 9,8%). Diese negativen Emotionen wurden mit einer Ausnahme durchgängig von Problemspielern oder pathologischen Spielern beschrieben. Generell deutet sich somit an, dass beim Registrierungsprozess nicht nur auf hemmschwellenreduzierende Kontextbedingungen zu achten ist. Vielmehr setzen die Gesprächsinhalte und Gesprächsverläufe ein psychologisch fundiertes Basiswissen voraus (z.B. in Gesprächsführung oder Krisenintervention), um in angemessener

Weise auf die individuellen Bedürfnislagen der Betroffenen eingehen zu können.

Vor dem Hintergrund der Erfassung möglicher „Drehtürphänomene" sollte auch die Anzahl der Probanden bestimmt werden, die bereits in der Vergangenheit eigene Erfahrungen mit der Spielsperre gesammelt hatte. Knapp ein Drittel der Stichprobe (n=45 von 145; 31%) war schon einmal gesperrt. Zu dieser Untergruppe zählen 32 Personen aus österreichischen und 13 Personen aus deutschen Spielbanken (allerdings niemand aus der Schweiz; χ^2=9,90; df=2; p=0,007). Mehrheitlich beschränkt sich die Häufigkeit der ehemaligen Spielsperren auf ein einziges Mal (n=36 von 42; 85,7%). In 14 von 36 Fällen (38,9%) erfolgte die Beendigung frühzeitig durch die Beantragung einer Aufhebung. Bei den anderen 22 Fällen (61,1%) lief die Spielsperre regulär aus. Zudem gaben 8 von 37 Untersuchungsteilnehmern (21,6%) an, die Spielsperre erfolgreich umgangen zu haben; vier weitere Personen waren diesbezüglich ohne Erfolg. Neben der Spielsperre existiert mit der Vereinbarung einer Besuchsbeschränkung eine weitere Maßnahme des Spielerschutzes. In der vorliegenden Stichprobe machten bereits 22 von 145 Respondenten (15,2%) von dieser Alternative Gebrauch (19 Spieler aus österreichischen sowie 3 Spieler aus deutschen Spielbanken). Interessanterweise gaben 8 von 17 Probanden (47,1%) an, dass die aktuelle Spielsperre verfügt wurde, weil sich das Mittel der Besuchsbeschränkung als nicht mehr ausreichend erwies. Zwischen den dichotom operationalisierten Variablen „vergangene Erfahrung mit Spielsperren" und „Erfahrungen mit Besuchsbeschränkungen" besteht eine signifikante statistische Assoziation (χ^2=21,65; df=1; p≤0,001; OR=8,99; $KI_{95\%}$[3,20;25,22]). Im Ganzen kann festgehalten werden, dass die ehemalige Inanspruchnahme bestimmter Protektionsmaßnahmen, wie die Besuchsbeschränkung oder die Spielsperre, einige Spieler nicht davor bewahrt, sich (abermals) für ein Zutrittsverbot zu entscheiden.

Abschließend wurden die Untersuchungsteilnehmer zu ihrer persönlichen Meinung in Bezug auf die Ausgestaltung und den vermeintlichen Nutzen der Spielsperre befragt. Zunächst fällt auf, dass sich eine beträchtliche Anzahl an Spielern eine lebenslange (n=58 von 141; 41,1%) oder einjährige Spielsperre (n=35; 24,8%) wünscht. Etwa jeder zehnte Proband präferiert Laufzeiten von entweder sechs Monaten, fünf Jahren oder zehn Jahren. Hingegen gaben nur zwei Personen (1,4%) vier Wochen als optimale Sperrdauer an. Eine Cooling-Off-Period als kurzes Sperrintervall im Sinne einer Reflexionsphase wird folglich so gut wie gar nicht von den

Betroffenen als Wahlangebot in Betracht gezogen. Die Statistiken zur Beschreibung der Verteilungen von zehn Einstellungsitems sind in Tabelle 9 angeführt. Des Weiteren finden sich dort die Testwerte der einfaktoriellen Varianzanalysen mit dem Faktor „Problemstatus Casinospiel" (Einteilung in soziale, Problem- und pathologische Spieler). In der Gesamtbetrachtung lassen die Kennwerte folgende Rückschlüsse zu:

- Die Antwortmuster deuten in der Stichprobe – vermutlich situationsbedingt – ein hohes Maß an Eigenverantwortung und Optimismus an: Laut Selbstauskunft übernehmen die Probanden unabhängig von ihrem Problemstatus mit der Spielsperre die Verantwortung für ihr Spielverhalten (n=141; $\bar{x}$=3,71; s_x=0,68). Auch glauben die Spieler in der Tendenz, dass es ihnen leicht fallen wird, vom Casino fernzubleiben (n=142; $\bar{x}$=2,88; s_x=1,03), wobei hier pathologische Spieler (n=75; $\bar{x}$=2,65) weniger optimistisch sind als soziale Spieler (n=32; $\bar{x}$=3,22).
- Generell wird die Spielsperre als alleiniger „Problemlöser" angesehen: Während die Aussage „Die Spielsperre reicht aus, um meine Probleme in den Griff zu bekommen" (n=136; $\bar{x}$=3,29; s_x=0,94) hohe Zustimmung erfährt, finden sich die Items „Andere Maßnahmen werden mir bei der Lösung meiner Probleme mehr helfen als die Spielsperre" (n=131; $\bar{x}$=2,00; s_x=1,07) sowie „Die Spielsperre macht nur mit zusätzlicher Beratung/Behandlung für mich einen Sinn" (n=133; $\bar{x}$=1,76; s_x=1,07) am Ende des Itemspektrums wieder. Augenscheinlich sind es vorrangig einige pathologische Spieler (n=71; $\bar{x}$=2,07), die ergänzenden Versorgungsbedarf sehen (vs. soziale Spieler: n=28; $\bar{x}$=1,11). Passend hierzu ist auch die generell starke Ablehnung der Aussage „Es wird für mich einfach sein, trotz Spielsperre am Casinospiel teilnehmen zu können" (n=133; $\bar{x}$=1,41; s_x=0,75). Gesperrte Spieler gehen offenbar von effektiven Zugangskontrollen und damit der Behebung ihres „Spielproblems" alleine durch Verfügbarkeitsbegrenzungen aus.
- Verantwortungsübernahme und Verantwortungszuschreibung scheinen sich nicht gegenseitig auszuschließen: Trotz hoher Ausprägung der Eigenverantwortung verweisen die Angaben zugleich darauf, dass aus Sicht der Probanden auch der Anbieter in der Verpflichtung steht, gesperrte Spieler verbindlich vom Spielbetrieb auszuschließen (n=127; $\bar{x}$=3,07; s_x=1,15).

Tabelle 9: Einstellungen in Bezug auf die Spielsperre von Casinospielern (127≤n≤141; 4-stufige Antwortskala: trifft gar nicht zu [1] – trifft genau zu [4])

Itemwortlaut	MW[a] (SD)	Subgruppen-vergleiche[b]
„Mit der Spielsperre habe ich die Verantwortung für mein Spielverhalten übernommen"	3,71 (0,68)	F=0,12; p=0,89
„Die Spielsperre reicht aus, um meine Probleme in den Griff zu bekommen"	3,29 (0,94)	F=0,75; p=0,47
„Mit der Spielsperre hat der Anbieter die Verantwortung übernommen, mich vom Spielbetrieb auszuschließen"	3,07 (1,15)	F=0,58; p=0,56
„Es wird mir leicht fallen, vom Casino fernzubleiben"	2,88 (1,03)	F=4,23; p=0,017* $\overline{X}$ so=3,22> $\overline{X}$ pa=2,65
„Ich bin mir sicher, dass ich nach Ablauf/Aufhebung der Spielsperre problemlos im Casino spielen könnte"	2,19 (1,08)	F=4,49; p=0,013* $\overline{X}$ so=2,67> $\overline{X}$ pa=1,99
„Ich werde in Zukunft auf Glücksspiele außerhalb des Casinos ausweichen"	2,19 (1,23)	F=2,48; p=0,09
„Es wird mir schwer fallen, mich an die Spielsperre zu halten"	2,18 (1,11)	F=5,35; p=0,006* $\overline{X}$ so=1,77< $\overline{X}$ pa=2,46
„Andere Maßnahmen werden mir bei der Lösung meiner Probleme mehr helfen als die Spielsperre"	2,00 (1,07)	F=2,46; p=0,09
„Die Spielsperre macht nur mit zusätzlicher Beratung/Behandlung für mich einen Sinn"	1,76 (1,07)	F=9,53; p≤0,001* $\overline{X}$ so=1,11< $\overline{X}$ pa=2,07
„Es wird für mich einfach sein, trotz Spielsperre am Casinospiel teilnehmen zu können"	1,41 (0,75)	F=0,80; p=0,45

[a]*Kennwerte für die gesamte Stichprobe (MW = Mittelwert; SD = Standardabweichung).*
[b]*Bezogen auf die Subgruppen der sozialen, Problem- und pathologischen Spieler (126≤df≤141). Post-hoc-Vergleiche erfolgten nur bei signifikanten F-Werten*

(p≤0,05) und ergaben jeweils statistisch bedeutsame Mittelwertsunterschiede zwischen den sozialen Spielern (so) und den pathologischen Spielern (pa).

8.2 Online-Stichproben: Baseline-Erhebung

8.2.1 Win2day-Sample: Rücklauf und Charakteristika gesperrter Spieler

Im Vergleich zur Casinostichprobe war beim win2day-Sample aufgrund des fehlenden persönlichen Kontakts ein geringerer Rücklauf an Datensätzen zu erwarten. Insgesamt zeigten sich 294 selbstgesperrte Kunden von win2day bereit, die Internetversion des BFS auszufüllen. Wegen offensichtlicher Musterantworten verringerte sich die Anzahl gültiger Fälle letztlich auf n=259[17]. Da während des Zeitraums der Datenerhebung 11.818 Selbstsperren von 8.237 Personen verfügt wurden, entspricht dies einer Ausschöpfungsquote von 2,2% (bezogen auf die Gesamtanzahl der Selbstsperren) bzw. 3,1% (bezogen auf die Gesamtanzahl der Personen). Der Rücklauf an Fragebögen von fremdgesperrten Spielern (n=2) ließ zu wünschen übrig, so dass sich die folgenden statistischen Analysen ausschließlich auf die Gruppe der „Selbstsperrer" beschränken.

Soziodemographisch setzt sich die Stichprobe selbstgesperrter win2day-Kunden überwiegend aus Männern zusammen (n=178; 68,7%). Im Durchschnitt sind die Probanden mit 36,2 Jahren relativ jung (Range: 18-64 Jahre). Von den 259 Spielern entschieden sich 76 (29,3%) für eine vierwöchige, 53 (20,5%) für eine dreimonatige, 32 (12,4%) für eine sechsmonatige und 98 (37,8%) für eine zwölfmonatige Sperrdauer. Einen Überblick über das Spielverhalten in den letzten sechs Monaten vor der Sperrverfügung gibt Tabelle 10. Von den Spielangeboten auf win2day wurden die casinotypischen Spiele am ehesten mit hoher Taktfrequenz nachgefragt: So gaben 60,6% (n=157) der Respondenten an, mindestens einmal pro Woche Geld für diese Spielvarianten ausgegeben zu haben. Bemerkenswert ist darüber hinaus, dass 49,8% (n=129) dieser Untergruppe laut Selbstberichten sogar fünf- bis siebenmal in der Woche an win2day-Casinospielen teilgenommen hatten. Abgesehen von den win2day-Produkten erweisen sich Lottoangebote in lokalen Annahmestellen, alternative Inter-

---

17 Nur bei den Einstellungsitems kam es vereinzelnd zu nicht auswertbaren Standardantworten. Ansonsten beziehen sich alle Analysen immer auf die gesamte Stichprobe (n=259).

net-Glücksspiele außer Wetten und die Automatenspiele in den Casinos als beliebt (wöchentliche Spielbeteiligung von jeweils mehr als 10% der Stichprobe).

Eine ähnliche Rangfolge lässt sich bei den als problembehaftet wahrgenommenen Spielformen erkennen (s. Tab.10). Auch diesbezüglich befinden sich die win2day-Casinospiele auf Platz 1 (n=103; 39,8%), gefolgt von den Spielen des win2day-Gamesroom (n=70; 27%), alternativen Online-Glücksspielen außer Wetten (n=33; 12,7%) und den Automatenspielen in den Spielbanken (n=32; 12,4%) bzw. außerhalb der Spielbanken (n=28; 10,8%). Erst auf dem sechsten Platz sind die Lotterieangebote von win2day (n=26; 10%) platziert.

Darüber hinaus ist das Vorliegen von glücksspielbezogenen Problemen im Zusammenhang mit einem win2day-Angebot als nicht unabhängig vom Vorliegen glücksspielbezogener Probleme im Zusammenhang mit anderen win2day-Produkten anzusehen (Lotteriespiele und Casinospiele: χ^2=20,28; df=1; p≤0,001; OR=7,73; $KI_{95\%}$[2,81;21,27]; Lotteriespiele und Gamesroom: χ^2=26,10; df=1; p≤0,001; OR=7,83; $KI_{95\%}$[3,22;19,04]; Casinospiele und Gamesroom: χ^2=33,22; df=1; p≤0,001; OR=5,32; $KI_{95\%}$[2,93;9,63]). Diese Befunde sprechen demnach dafür, die einzelnen Spielsektoren von win2day im Hinblick auf die Entwicklung fehlangepasster Spielmuster nicht isoliert zu behandeln.

Weitere Hinweise zum Spielverhalten auf der Internetplattform win2day liefern die Parameter „durchschnittliche Dauer eines Besuchs" sowie „durchschnittliche Nettoverluste pro Woche" (jeweils bezogen auf die letzten 6 Monate). So dauerte bei 156 Personen (60,2%) eine Spielsitzung im Schnitt mindestens eine Stunde an. 56 Probanden (21,6%) berichteten davon, in einer Woche üblicherweise mehr als 500 Euro nur auf win2day verspielt zu haben. Jene Merkmalsausprägungen können als erste Belege für etwaige Glücksspielprobleme bei einem nicht unerheblichen Anteil der Stichprobe interpretiert werden.

Tabelle 10: Spielverhalten und problembehaftete Spielformen (n=259 gesperrte win2day-Kunden; in den letzten 6 Monaten vor der Sperrverfügung)

Spielform	Spielfrequenz (%/n)			Problem-behaftet (%/n)
	nie bis 1x pro Monat	1-3x pro Monat	mind. 1x pro Woche	
Lotteriespiele auf win2day	62,2 / 161	13,5 / 35	24,3 / 63	10,0 / 26
Casinospiele auf win2day	27,8 / 72	11,6 / 30	60,6 / 157	39,8 / 103
Spiele im Gamesroom auf win2day	60,6 / 157	4,2 / 11	35,1 / 91	27,0 / 70
Wetten auf tipp3	96,1 / 249	1,2 / 3	2,7 / 7	1,5 / 4
Wetten im Internet bei anderen Anbietern	91,1 / 236	2,3 / 6	6,6 / 17	5,4 / 14
Glücksspiele im Internet bei anderen Anbietern (außer Wetten)	83,4 / 216	3,5 / 9	13,1 / 34	12,7 / 33
Tischspiele in Casinos	87,6 / 227	4,2 / 11	8,1 / 21	8,9 / 23
Automatenspiele in Casinos	85,3 / 221	3,1 / 8	11,6 / 30	12,4 / 32
Automatenspiele außerhalb von Casinos	88,8 / 230	1,5 / 4	9,7 / 25	10,8 / 28
Lottoangebote in Annahmestellen	73,0 / 189	8,1 / 21	18,9 / 49	2,7 / 7
Wetten in tipp3-Annahmestellen	94,2 / 244	2,3 / 6	3,5 / 9	2,3 / 6
Wetten in Wettbüros	95,0 / 246	1,2 / 3	3,9 / 10	3,1 / 8
Illegale Glücksspiele	98,1 / 254	0,8 / 2	1,2 / 3	3,1 / 8

Eine Konkretisierung dieser Vermutung lassen die Analysen zum Problemstatus zu (s. Tab. 11). Laut Selbstdefinition zählen sich 55 Untersuchungsteilnehmer (21,2%) zu den Problemspielern und weitere 58 Individuen (22,4%) zu den süchtigen Spielern (bezogen auf das Spielverhalten im Internet und die letzten 6 Monate). Wird der Lie/Bet-Questionnaire zum Screening einer potenziellen Glücksspielproblematik herangezogen, gelten 176 Probanden (68%) als mögliche Internet-Problemspieler, da sie mindestens eins der beiden vorgegebenen Kriterien erfüllen (bezogen auf die Lebenszeit). Beide Merkmalsverteilungen erweisen sich als nicht unabhängig voneinander (χ^2=58,34; df=3; p≤0,001). Ausgehend von der Einteilung nach dem Lie/Bet-Questionnaire herrschen zwar keine Geschlechtsunterschiede vor (χ^2=2,10; df=1; p=0,15). Allerdings sind es eher die jüngeren Probanden, die die Gruppe der wahrscheinlichen Problemspieler repräsentieren (t=2,17; df=257; p=0,03): Während die Personen mit einem potenziell problematischen Online-Spielverhalten im Durchschnitt 35,2 Jahre alt sind, beläuft sich der Altersmittelwert bei den sozialen Online-Spielern auf 38,4 Jahre. Schließlich hängt auch die gewählte Sperrlaufzeit vom Problemstatus ab (χ^2=7,85; df=3; p=0,049): Potenzielle Problemspieler entscheiden sich in der Tendenz für eine längere Sperrdauer als Personen mit einem unproblematischen Spielverhalten.

Tabelle 11: Problemstatus „Online-Gambling" (n=259)[a]

	Lie/Bet (= 0) sozial	Lie/Bet (≥ 1) wahrscheinlich problematisch	Gesamt
Selbsteinschätzung „Ich spiele wie andere auch"	48 (60,8%) (57,8%)	31 (39,2%) (17,6%)	79 (30,5%)
Selbsteinschätzung „Ich spiele etwas übertrieben, jedoch nicht problematisch"	24 (35,8%) (28,9%)	43 (64,2%) (24,4%)	67 (25,9%)
Selbsteinschätzung „Mein Spielverhalten ist zwar problematisch, aber ich bin kein süchtiger Spieler"	9 (16,4%) (10,8%)	46 (83,6%) (26,1%)	55 (21,2%)
Selbsteinschätzung „Ich bin ein süchtiger Spieler"	2 (3,4%) (2,4%)	56 (96,6%) (31,8%)	58 (22,4%)
Gesamt	83 (32,0%)	176 (68,0%)	259 (100%)

[a]*Die sechs weiß hinterlegten Zellen des Tabelleninneren beinhalten sowohl die absoluten Häufigkeiten als auch die jeweiligen prozentualen Zeilen- und Spal-*

tenhäufigkeiten. Beispielsweise gelten 56 Personen, die ihr Spielverhalten selbst als süchtig einstufen, in Anlehnung an den Lie-/Bet-Questionnaire zugleich als wahrscheinliche Problemspieler. Von den insgesamt 58 selbsternannten süchtigen Spielern lassen sich damit in Anlehnung an den Lie-/Bet-Questionnaire 96,6% als wahrscheinliche Problemspieler einordnen (prozentuale Zeilenhäufigkeit); in der Gruppe der insgesamt 176 wahrscheinlichen Problemspieler in Anlehnung an den Lie-/Bet-Questionnaire befinden sich folglich 31,8%, die sich als süchtige Spieler definieren (prozentuale Spaltenhäufigkeit).

Von Interesse sind ferner die Verteilungen der Merkmale zur Änderungsbereitschaft und zu den Sperrmotiven. Zunächst kann festgehalten werden, dass es der Stichprobe momentan relativ wichtig ist, das Spielen im Internet zu beenden (Importance-Skala; $\bar{x}=7,46$; $s_x=3,15$). Die Zuversicht der Zielerreichung bewegt sich dabei auf ähnlich hohem Niveau (Confidence-Skala; $\bar{x}=7,22$; $s_x=3,13$). Bei beiden Variablen unterscheiden sich die sozialen Spieler (n=83) signifikant von den potenziellen Problemspielern (n=176) (Importance-Skala: t=-5,89; df=133,33; p≤0,001; Confidence-Skala: t=2,95; df=187,45; p=0,004): Personen mit einem wahrscheinlich problematischen Spielverhalten scheint es zwar wichtiger zu sein, mit dem Online-„Zocken" aufzuhören ($\bar{x}=8,26$ vs. $\bar{x}=5,77$); derweil erweisen sie sich als weniger optimistisch in der Umsetzung dieses Ziels ($\bar{x}=6,86$ vs. $\bar{x}=8,00$). Des Weiteren gaben 63 Personen (24,3%) an, mit allen Formen des Glücksspiels aufhören zu wollen; für 56 Probanden (21,6%) bezieht sich das Ziel der Abstinenz nur auf den Bereich des Online-Gambling, und weitere 34 Studienteilnehmer (13,1%) haben lediglich die Absicht, nicht mehr auf der Internetplattform von win2day zu spielen. Im Allgemeinen lässt sich die Entscheidung pro Online-Spielsperre als eine eher spontane Handlung beschreiben (Spontaneitäts-Skala; $\bar{x}=2,83$; $s_x=3,27$). Statistisch bedeutsame Unterschiede zwischen potenziellen Problemspielern und sozialen Spielern sind bei diesem Merkmal nicht zu erkennen (t=-0,93; df=257; p=0,35).

Die Motive, die ausschlaggebend für die Inanspruchnahme der Online-Selbstsperre sind, listet Tabelle 12 auf. Die meisten Nennungen entfallen auf die Antwortalternative der Vorbeugung (n=163; 62,9%). Erst danach folgen Gründe, die als symptomatisch für ein exzessives Spielverhalten anzusehen sind, wie etwa zu hohe Geldverluste (n=134; 51,7%), übermäßiger Zeitaufwand (n=92; 35,5%) oder der Verlust der Handlungskontrolle (n=78; 30,1%). Laut Selbstauskunft sperrten sich 68 Personen (n=26,3%), weil sie sich über die Internetplattform win2day geärgert hatten (Platz 5 der Rangreihe). Die Verfügung einer Sperre im Rahmen einer

Spielerberatung/-therapie ist als Sperrmotiv hingegen nahezu bedeutungslos (n=3; 1,2%). Im Ganzen besitzen bereits 70 Probanden (27%) Erfahrungen mit der Selbstsperre (online oder offline). Während in der Vergangenheit 37 Studienteilnehmer (14,3%) diese Option mindestens einmal auf win2day wahrnahmen, verfügten schon 23 Personen (8,9%) bei einem anderen Internet-Glücksspielanbieter eine derartige Zugangsbeschränkung. Zudem wurden 3,1% der Stichprobe (n=8) bereits direkt von Anbieterseite gesperrt (Fremdsperre online oder offline).

Tabelle 12: Beweggründe, die zur Online-Selbstsperre auf win2day geführt haben (n=259; Mehrfachnennungen möglich)

Sperrmotiv	Prozentuale und absolute Häufigkeiten
Als vorbeugende Maßnahme	62,9% n=163
Zu viel Geld durch das Spielen im Internet verloren	51,7% n=134
Zu viel Zeit mit dem Spielen im Internet verbracht	35,5% n=92
Verlust der Handlungskontrolle	30,1% n=78
Ärger über win2day	26,3% n=68
Riskieren von Spieleinsätzen, die in keinem Verhältnis zum eigenen Einkommen/Vermögen stehen	25,5% n=66
Finanzielle Probleme durch das Internet-Glücksspiel	19,3% n=50
Familiäre Probleme oder Beziehungsprobleme wegen des Internet-Glücksspiels	14,7% n=38
Verschuldung aufgrund des „Zockens" im Internet	12,4% n=32
Auf Wunsch von Bezugspersonen	4,6% n=12
Probleme bei der Arbeit wegen des Internet-Glücksspiels	3,1% n=8
Als Teil meiner Spielerberatung/-therapie	1,2% n=3

Weitgehend kongruent zu Tabelle 12 sind die Angaben der Probanden zur Angemessenheit des Zeitpunkts der Spielsperre: Für 161 Spieler (n=62,2%) war diese Maßnahme vorbeugend ausgerichtet; weitere 61 Personen (n=23,6%) äußerten, dass die Zugangsbeschränkung gerade rechtzeitig gewählt wurde. Für jeden siebten Studienteilnehmer (14,3%) kam die Spielsperre dagegen zu spät (zum vermeintlichen subjektiven Konzept des Begriffs „Vorbeugung" der Respondenten s. Abschnitt 8.5). Gefragt nach den Einflussgrößen beim Entschluss pro Selbstsperre benannten die Probanden fast immer sich selbst (multiple Antworten möglich; n=252; 97,3%). Der Lebenspartner (n=21; 8,1%) oder Angehörige/Freunde (n=18; 6,9%) spielen im Gegensatz dazu bestenfalls eine untergeordnete Rolle. Nahezu keine Erwähnung finden der Berater/Therapeut sowie Informationen zum Spielerschutz auf win2day (jeweils von 3 Spielern; 1,2%). Ebenso wie beim Offline-Sample scheinen die Lebenspartner der potenziellen Internet-Problemspieler überzufällig häufig die Entscheidung pro Spielsperre zu beeinflussen (vs. soziale Spieler; χ^2=5,32; df=1; p=0,02; OR=4,90; $KI_{95\%}$[1,11;21,56]).

Im Hinblick auf die Einstellungsmuster[18] des Online-Samples gibt Tabelle 13 einen differenzierten Überblick. Die größte Zustimmung erfahren die Aussagen „Mit der Spielsperre habe ich die Verantwortung für mein Spielverhalten übernommen" (n=252; $\bar{x}$=3,35; s_x=0,97), „Die Spielsperre reicht aus, um meine Probleme in den Griff zu bekommen" (n=252; $\bar{x}$=3,06; s_x=1,10) sowie „Es wird mir leicht fallen, von Glücksspielen im Internet fernzubleiben" (n=252; $\bar{x}$=2,90; s_x=1,06). Am Ende der Rangreihe stehen Aussagen wie „Die Spielsperre macht nur mit zusätzlicher Beratung/Behandlung für mich einen Sinn" (n=252; $\bar{x}$=1,38; s_x=0,80), „Ich werde in Zukunft auf andere Glücksspielangebote im Internet ausweichen" (n=252; $\bar{x}$=1,50; s_x=0,99) sowie „Andere Maßnahmen werden mir bei der Lösung meiner Probleme mehr helfen als die Spielsperre" (n=252; $\bar{x}$=1,61; s_x=0,88). Demnach verneinen die Probanden zum einen die Notwendigkeit zusätzlicher Hilfestellungen; zum anderen scheint keineswegs die Absicht zu bestehen, alternative Online-Anbieter aufzusuchen und dort weiter zu „zocken". Ausgehend von den deskriptiven Analysen lässt sich

---

18 In sieben Fällen ließ die vorgeschaltete Exploration der Datensätze bei diesem Itemkomplex Musterantworten erkennen. Da jene Probanden ansonsten schlüssige Antwortkreuze gesetzt hatten, wurden diese Fälle nicht vollständig eliminiert, sondern nur die Angaben bei den Einstellungsitems als fehlend gewertet.

vorläufig festhalten, dass selbstgesperrte Online-Spieler ein hohes Maß an Eigenverantwortung sowie antizipierter Handlungskontrolle aufweisen und keine weiteren externen Hilfen oder Maßnahmen in Erwägung ziehen. Offenbar halten sich die psychosozialen Belastungen im Zusammenhang mit dem Internet-Glücksspiel in Grenzen bzw. werden als gut kontrollierbar wahrgenommen. Zugleich ist aber auch auf Spalte 3 der Tabelle 13 zu verweisen, die eine teststatistische Differenzierung von sozialen Spielern (n=77) und wahrscheinlichen Problemspielern (n=175) bei neun der zwölf Einstellungsitems verdeutlicht. Unter anderem glauben die Probanden mit einem potenziell problematischen Spielverhalten, dass es ihnen in Zukunft schwerer fallen wird, sich an die Spielsperre zu halten oder dass sich die Spielsperre im Internet bei nur einem Anbieter als sinnlos erweist. Grundsätzlich offenbart diese Subgruppe nicht überraschend pessimistischere Einstellungen in Bezug auf ihr zukünftiges Spielverhalten und den Nutzen der Online-Sperre als Maßnahme des Spielerschutzes.

Tabelle 13: Einstellungen in Bezug auf die Spielsperre (win2day-Sample mit n=252; 4-stufige Antwortskala: trifft gar nicht zu [1] – trifft genau zu [4])

Itemwortlaut	MW[a]/ (SD)	Subgruppenvergleiche[b]
„Mit der Spielsperre habe ich die Verantwortung für mein Spielverhalten übernommen"	3,35 (0,97)	$t=-1,71$; $df=119,04$; $p=0,09$
„Die Spielsperre reicht aus, um meine Probleme in den Griff zu bekommen"	3,06 (1,10)	$t=-1,25$; $df=113,23$; $p=0,21$
„Es wird mir leicht fallen, von Glücksspielen im Internet fernzubleiben"	2,90 (1,06)	$t=2,17$; $df=250$; $p\leq0,001*$
		$\bar{x}$ so=3,12>$\bar{x}$ pr=2,81
„Ich bin mir sicher, dass ich nach Ablauf/Aufhebung der Spielsperre problemlos im Internet spielen könnte"	2,70 (1,15)	$t=2,51$; $df=250$; $p=0,01*$
		$\bar{x}$ so=2,97>$\bar{x}$ pr=2,58
„Mit der Spielsperre hat der Anbieter die Verantwortung übernommen, mich vom Spielbetrieb auszuschließen"	2,46 (1,26)	$t=-5,18$; $df=250$; $p\leq0,001*$
		$\bar{x}$ so=1,87<$\bar{x}$ pr=2,72
„Die Spielsperre im Internet bei nur einem Anbieter ist sinnlos"	2,13 (1,27)	$t=-3,42$; $df=172,78$; $p=0,001*$
		$\bar{x}$ so=1,75<$\bar{x}$ pr=2,30

Tabelle 13: (Fortsetzung)

Itemwortlaut	MW[a]/ (SD)	Subgruppenvergleiche[b]
„Ich werde in Zukunft auf Glücksspielangebote außerhalb des Internets ausweichen"	1,87 (1,08)	t=-2,47; df=250; p=0,01* $\overline{X}$ so=1,62<$\overline{X}$ pr=1,98
„Es wird für mich einfach sein, trotz Spielsperre auf win2day.at spielen zu können"	1,79 (1,11)	t=0,02; df=250; p=0,98
„Es wird mir schwer fallen, mich an die Spielsperre zu halten"	1,76 (0,97)	t=-4,70; df=166,76; p≤0,001* $\overline{X}$ so=1,36<$\overline{X}$ pr=1,93
„Andere Maßnahmen werden mir bei der Lösung meiner Probleme mehr helfen als die Spielsperre"	1,61 (0,88)	t=-5,11; df=199,21; p≤0,001* $\overline{X}$ so=1,25<$\overline{X}$ pr=1,77
„Ich werde in Zukunft auf andere Glücksspielangebote im Internet ausweichen"	1,50 (0,99)	t=-2,42; df=194,39; p=0,02* $\overline{X}$ so=1,30<$\overline{X}$ pr=1,59
„Die Spielsperre macht nur mit zusätzlicher Beratung/Behandlung für mich einen Sinn"	1,38 (0,80)	t=-3,60; df=230,07; p≤0,001* $\overline{X}$ so=1,16<$\overline{X}$ pr=1,47

[a]*Kennwerte für die gesamte Stichprobe (MW = Mittelwert; SD = Standardabweichung).*
[b]*Bezogen auf die Subgruppen der sozialen Spieler (so; n=77) und potenziellen Problemspieler (pr; n=175). Post-hoc-Vergleiche erfolgten nur bei signifikanten t-Werten (p≤0,05).*

8.2.2 Exkurs: Casinospieler und win2day-Spieler im direkten Vergleich

Die in weiten Teilen ähnlichen Items bei beiden Untersuchungen erlauben an dieser Stelle im Rahmen eines Exkurses eine direkte Gegenüberstellung des Casino-Samples und des win2day-Samples. Vor diesem Hintergrund sollen die folgenden Auswertungsschritte dazu dienen, gesperrte Casinospieler und gesperrte Online-Spieler im Hinblick auf Gemeinsamkeiten und Unterschiede näher zu beleuchten. Bei der Befundbewertung ist allerdings daran zu erinnern, dass die Art der Datenerhebung variierte („Papier und Bleistift"-Befragung vs. webbasiertes Vorgehen). Tabelle 14 fasst die zentralen Ergebnisse der segmentvergleichenden Analyse zusammen.

Tabelle 14: Gesperrte Casinospieler und gesperrte win2day-Spieler im Vergleich

Merkmal	Statistischer Befund	Interpretation
Geschlecht	$\chi^2=5{,}44$; df=1; p=0,46	kein signifikanter Unterschied
Alter	t=3,83; df=260,98; p≤0,001*	gesperrte win2day-Kunden sind jünger als gesperrte Casinospieler
Spielverhalten – Selbstdefinition	$\chi^2=29{,}76$; df=3; p≤0,001*	gesperrte Casinospieler sehen sich eher als Problem-/süchtige Spieler an als gesperrte win2day-Kunden
Importance-Skala	t=7,76; df=405,17; p≤0,001*	gesperrten Casinospielern ist es wichtiger, mit dem Spielen aufzuhören als gesperrten win2day-Kunden
Confidence-Skala	t=0,12; df=406; p=0,91	kein signifikanter Unterschied
Spontaneitäts-Skala	t=8,43; df=262,10; p≤0,001*	gesperrte win2day-Kunden treffen die Entscheidung pro Sperre spontaner als gesperrte Casinospieler
Zeitpunkt der Sperre	$\chi^2=33{,}34$; df=2; p≤0,001*	gesperrte win2day-Kunden geben häufiger an, dass der Zeitpunkt vorbeugend ausgerichtet ist
Sperrmotive	Vorbeugung $\chi^2=0{,}29$; df=1; p=0,59	kein signifikanter Unterschied
	zu viel Zeit investiert $\chi^2=0{,}21$; df=1; p=0,65	kein signifikanter Unterschied
	zu viel Geld investiert $\chi^2=23{,}86$; df=1; p≤0,001*	eher bei gesperrten Casinospielern

Tabelle 14 (Fortsetzung)

Merkmal	Statistischer Befund	Interpretation
Sperrmotive	unverhältnismäßige Einsätze $\chi^2=6,14$; df=1; p=0,01*	eher bei gesperrten Casinospielern
	finanzielle Probleme $\chi^2=28,00$; df=1; p≤0,001*	eher bei gesperrten Casinospielern
	Verschuldung $\chi^2=16,59$; df=1; p≤0,001*	eher bei gesperrten Casinospielern
	Probleme bei der Arbeit $\chi^2=15,46$; df=1; p≤0,001*	eher bei gesperrten Casinospielern
	Beziehungsprobleme $\chi^2=18,04$; df=1; p≤0,001*	eher bei gesperrten Casinospielern
	Kontrollverlust $\chi^2=22,24$; df=1; p≤0,001*	eher bei gesperrten Casinospielern
	Auf Wunsch von Anderen $\chi^2=17,97$; df=1; p≤0,001*	eher bei gesperrten Casinospielern
	Teil der Beratung $\chi^2=10,86$; df=1; p=0,001*	eher bei gesperrten Casinospielern
	Ärger über Anbieter $\chi^2=29,83$; df=1; p≤0,001*	eher bei gesperrten win2day-Kunden
Einstellungen	Die Spielsperre reicht aus, um meine Probleme in den Griff zu bekommen t=2,18; df=313,99; p=0,03*	eher Zustimmung durch gesperrte Casinospieler
	Es wird mir schwer fallen, mich an die Spielsperre zu halten t=3,80; df=254,91; p≤0,001*	eher Zustimmung durch gesperrte Casinospieler
	Die Spielsperre macht nur mit zusätzlicher Beratung/ Behandlung für mich einen Sinn t=3,63; df=211,41; p≤0,001*	eher Zustimmung durch gesperrte Casinospieler
	Ich bin mir sicher, dass ich nach Ablauf/Aufhebung der Spielsperre problemlos spielen könnte t=-4,34; df=290,56; p≤0,001*	eher Zustimmung durch gesperrte win2day-Kunden

Tabelle 14 (Fortsetzung)

Einstellungen	Es wird für mich einfach sein, trotz Spielsperre spielen zu können t=-3,97; df=359,72; p≤0,001*	eher Zustimmung durch gesperrte win2day-Kunden
	Mit der Spielsperre hat der Anbieter die Verantwortung übernommen, mich vom Spielbetrieb auszuschließen t=4,73; df=274,43; p≤0,001*	eher Zustimmung durch gesperrte Casinospieler
	Es wird mir leicht fallen, vom Casinospiel/Glücksspiel im Internet fernzubleiben t=-0,19; df=392; p=0,85	kein signifikanter Unterschied
	Ich werde in Zukunft auf Glücksspielangebote außerhalb des Casinos/Internets ausweichen t=2,52; df=242,21; p=0,01*	eher Zustimmung durch gesperrte Casinospieler
	Andere Maßnahmen werden mir bei der Lösung meiner Probleme mehr helfen als die Spielsperre t=3,63; df=222,66; p≤0,001*	eher Zustimmung durch gesperrte Casinospieler
	Mit der Spielsperre habe ich die Verantwortung für mein Spielverhalten übernommen t=4,26; df=370,21; p≤0,001*	eher Zustimmung durch gesperrte Casinospieler

Signifikanter Testwert (p≤0,05).

Unabhängig vom Spielsegment finden sich unter den gesperrten Spielern mehr Männer (kein Geschlechtsunterschied zwischen den Gruppen). Indessen erweisen sich gesperrte win2day-Kunden im Vergleich zu den gesperrten Casinospielern als jünger. Eine zentrale Differenzierungsvariable umfasst den Grad der glücksspielbedingten Belastung, der beim Offline-Sample höher ausfällt: Gesperrte Casinospieler definieren ihr (ehemaliges) Spielverhalten im direkten Vergleich beider Samples wesentlich häufiger als problematisch oder süchtig. Der Casinostichprobe ist es wichtiger, mit dem Spielen aufzuhören (Importance-Skala). Allerdings liegt kein statistisch bedeutsamer Unterschied bei der Confidence-Skala vor. Außerdem wurde die Spielsperre von den Casinospielern erst nach längerer Überlegung verfügt, was auf eine gewisse Phase der Ambivalenz im Vorfeld dieser Entscheidung hinweist. Im Gegensatz dazu lässt der relativ spontane Entschluss pro Spielsperre von Online-Spielern den Rückschluss auf die Niedrigschwelligkeit dieser Maßnahme im Internet zu. Dieser Sachverhalt kann auch dadurch unterstrichen werden, dass win2day-Kunden häufiger einen vorbeugend ausgerichteten Zeitpunkt der Spielsperre wählen.

Weiterhin bestätigen die signifikanten Gruppenunterschiede bei den Sperrmotiven und Einstellungsitems in der Gesamtschau die stärker ausgeprägten Probleme, die gesperrte Casinospieler im Zusammenhang mit dem Glücksspiel erleben. Zum Beispiel werden häufiger Sperrmotive angegeben, die fehlangepasste Entwicklungsverläufe voraussetzen (z.B. Kontrollverlust, Verschuldung oder Beziehungsprobleme). Der einzige Beweggrund, der beim Online-Sample eine größere Rolle spielt, ist der Ärger über den Anbieter. Anscheinend existiert eine Subgruppe von Spielern, die mit der Internetplattform von win2day nicht zufrieden ist und sich daraufhin – wahrscheinlich spontan – vom Spielbetrieb ausschließt. Als handlungsleitendes Motiv erweisen sich hier keine glücksspielbezogenen Probleme, sondern vielmehr die „Bestrafung" des Anbieters aufgrund situativer Frustrationserlebnisse. Schließlich ergeben die zehn Vergleiche auf Itemebene bei den Einstellungsaussagen neun signifikante Testwerte. Win2day-Kunden sind sich unter anderem sicherer, nach Ablauf bzw. Aufhebung der Spielsperre wieder problemlos spielen zu können, was wiederum den geringeren Belastungsgrad dieses Samples andeutet. In Einklang damit erfahren Items wie „Es wird mir schwer fallen, mich an die Spielsperre zu halten" oder „Die Spielsperre macht nur mit zusätzlicher Beratung/Behandlung für mich einen Sinn" größere Zustimmung bei den gesperrten Casinospielern. Ferner glauben die Online-Spieler, dass es sich für sie einfacher gestalten wird, trotz Spielsperre auf win2day „zocken" zu können. Damit setzen win2day-Kunden grundsätzlich weniger Vertrauen in die Effektivität der Zugangsbeschränkung im Online-Bereich als gesperrte Spieler im Casinobereich. Ebenfalls von Relevanz ist, dass die Casinostichprobe eher die Verantwortung für das eigene Spielverhalten übernimmt sowie verstärkt den Anbieter in der Verpflichtung sieht, die Spielsperre verbindlich umzusetzen.

8.2.3 Tipp3-Sample: Rücklauf und Charakteristika gesperrter Spieler

Drei Argumente sprachen dafür, gesperrte tipp3-Spieler getrennt von dem win2day-Sample zu untersuchen:

- Erstens war davon auszugehen, dass sich die Gruppe der Online-Sportwetter in einigen Kernvariablen von anderen Online-Glücksspielern unterscheidet.
- Zweitens fallen Sportwetten in Österreich nicht unter die rechtliche Definition des Glücksspiels (vgl. Köberl & Prettenthaler, 2009).
- Drittens konnte ausgehend von den wenigen Selbstsperren bei tipp3 nur mit einer vergleichsweise geringen Anzahl an Datensätzen gerechnet werden.

Zusammengenommen liegen 34 vollständig sowie 35 unvollständig ausgefüllte internetbasierte Fragebögen vor. Nach Ausschluss von Datensätzen mit offensichtlichen Musterantworten sowie von Datensätzen, bei denen mehr als die Hälfte der Antworten fehlte, reduzierte sich die Stichprobengröße auf n=32. Da die webbasierte Datenerhebung wegen technischer Probleme kurzzeitig nicht online war, ist eine exakte Bestimmung der Ausschöpfungsquote nicht möglich. Bis Januar 2009 konnten knapp 30% der gesperrten tipp3-Wetter (54 von 181 Personen; bezogen auf die unbereinigte Stichprobengröße) bzw. 13% (24 von 181 Personen; bezogen auf die bereinigte Stichprobengröße) erreicht werden. Die folgenden Analysen bewegen sich aufgrund der geringen Fallzahlen weitgehend auf deskriptiver Ebene und sind somit als explorative Annäherung an den Forschungsgegenstand „gesperrte Online-Wetter" zu verstehen.

Zur tipp3-Stichprobe zählen 27 Männer (84,4%) und fünf Frauen (15,6%). Der Altersdurchschnitt liegt bei 32,4 Jahren (Range: 18-75 Jahre). 15 Respondenten (46,9%) gaben an, jünger als 25 Jahre zu sein. Wird das Kriterium „mindestens wöchentliche Teilnahme in den letzten sechs Monaten" herangezogen, rangieren die Glücksspielvarianten Wetten auf tipp3 (13 von 32; 40,6%), Wetten im Internet bei anderen Anbietern (7 von 32; 21,9%), Wetten in tipp3-Annahmestellen (5 von 32; 15,6%) und Casinospiele auf win2day (4 von 32; 12,5%) auf den vorderen Plätzen. Ebenfalls als vergleichsweise populär erweist sich das Lottospiel in terrestrischen Annahmestellen, da 15 von 32 Personen (46,9%) im letzten Halbjahr mindestens einmal einen Lottoschein abgegeben hatten. Allerdings befinden sich in dieser Subgruppe lediglich zwei Probanden, die von einer wöchentlichen Beteiligung berichteten. Im Hinblick auf die als problembehaftet wahrgenommenen Spielformen deutet sich grundsätzlich ein niedriges Belastungsniveau an. So finden sich unter den 13 vorgegebenen Glücksspielkategorien nur vier, die bei mehr als drei Befragten im Zusammenhang mit psychischen, sozialen oder finanziellen Problemen stehen: Wetten auf tipp3 (7 von 32; 21,9%), Casinospiele auf win2day (5 von 32; 15,6%) sowie Wetten im Internet bei anderen Anbietern bzw. in tipp3-Annahmestellen (jeweils 4 von 32; 12,5%). Damit zeichnet sich die Stichprobe gesperrter tipp3-Spieler einerseits durch ihre relativ hohe Wettaffinität aus, da sich das Wetten nicht nur auf die Internetplattform tipp3 beschränkt; andererseits scheint die Mehrheit der Probanden nicht der Rubrik „Problemspieler" im engeren Sinne anzugehören.

Weiterführende Befunde zum Spielverhalten und Problemstatus verweisen in eine ähnliche Richtung. Die gewöhnliche Besuchsdauer auf tipp3 dauerte bei neun Kunden (von 32; 28,1%) mindestens 30 Minuten an; fünf Individuen (von 32; 15,6%) berichteten, auf tipp3 im Schnitt pro Woche mindestens 100 Euro verspielt zu haben. Nach der modifizierten Version des Lie/Bet-Questionnaire besteht bei 17 Probanden (von 32; 53,1%) der Verdacht auf ein potenziell problematisches Online-Wettverhalten (Lebenszeitbezug). Wie beim win2day-Sample ist die Gruppe der potenziellen Problemwetter mit durchschnittlich 26,6 Jahren jünger als die Gruppe der sozialen Wetter mit durchschnittlich 38,9 Jahren (t=2,47; df=18,24; p=0,02). Laut Selbstdefinition sehen sich zwei Personen der Gesamtstichprobe (6,3%) als süchtige Wetter; vier bzw. sechs Personen (12,5% bzw. 18,8%) bezeichnen ihr Wettverhalten als problematisch bzw. etwas übertrieben. Gemäß des eher geringen Belastungsgrads fällt das Gruppenmittel auf der Confidence-Skala (n=32; $\bar{x}$=7,97; s_x=2,73) höher aus als das Gruppenmittel auf der Importance-Skala (n=32; $\bar{x}$=6,13; s_x=3,96): Gesperrte tipp3-Kunden sind folglich durchaus zuversichtlich, mit dem Wetten im Internet aufhören zu können; indessen genießt dieses Handlungsziel keineswegs oberste Priorität. Darüber hinaus wollen immerhin 13 Probanden (von 32; 40,6%) alle Formen des Wettens (online und offline) beenden; weitere neun bzw. sechs Probanden (28,1% bzw. 18,8%) äußerten dieses Vorhaben nur in Bezug auf das Online-Wetten bzw. das Wetten auf tipp3. Auch bleibt festzuhalten, dass die Entscheidung für eine Selbstsperre insgesamt sehr spontan fiel (n=32; $\bar{x}$=2,81; s_x=3,32). Schließlich unterscheiden sich potenzielle Problemwetter und soziale Wetter nicht signifikant hinsichtlich der Merkmale „Zuversicht" (t=1,24; df=30; p=0,23) und „Spontaneität" (t=-0,76; df=30; p=0,45). Im Gegensatz dazu ist es den wahrscheinlichen Problemwettern weitaus wichtiger, mit dem Wetten im Internet aufzuhören (t=-4,58; df=30; p≤0,001).

Weiterhin zeigen die Befunde, dass der Zeitpunkt der tipp3-Sperre von der Mehrheit des Samples (25 von 32; 78,1%) mit vorbeugender Ausrichtung gewählt wurde. Ausgehend von 31 gültigen Datensätzen gaben 25 Probanden (80,6%) im weiteren Verlauf der Befragung dementsprechend an, sich aus Gründen der Vorbeugung gesperrt zu haben (Mehrfachantworten möglich). Auf den Rangplätzen der am häufigsten genannten Sperrmotive folgen zu hohe Geldverluste (n=11; 35,5%), übermäßiger Zeitaufwand (n=5; 16,1%) sowie unverhältnismäßige Wetteinsätze, finanzielle Probleme und der Wunsch dritter Personen (jeweils n=4; 12,9%). Die Verfügung einer Spielsperre als flankierender Bestandteil einer Beratung bzw. Therapie (n=2; 6,5%) ist nur vereinzelnd von Belang. Gleiches gilt für das Sperrmotiv „Ärger über die Internetplattform tipp3.at" (n=1; 3,2%). Passend zu dieser Auflistung benannten 30 von 31 Respondenten (96,8%) sich selbst bei der Frage, wer oder was eine zentrale Rolle bei dem Entschluss pro Sperre gespielt hat. Bemerkenswerterweise befinden sich in der Stichprobe zwölf Personen (von 31; 38,7%), die sich in der Vergangenheit schon einmal bei einem Wettanbieter auf die Sperrliste setzen ließen. Demgegenüber verneinen alle Probanden, jemals von einer Fremdsperre durch Wettanbieter betroffen gewesen zu sein. Abschließend fasst Tabelle 15 die Mittelwerte und Standardabweichungen für jedes Einstellungsitem zusammen. Ohne im Einzelnen auf die Kennwerte einzugehen, wird wiederum die „relative Unbelastetheit" des tipp3-Samples deutlich: Während die Aussage „Es wird mir leicht fallen, vom Wetten im Internet fernzubleiben" die größte Zustimmung erfährt, finden sich Items wie „Es wird mir schwer fallen, mich an die Sperre zu halten" sowie „Die Sperre macht ohne zusätzliche Beratung/Behandlung für mich keinen Sinn" am unteren Ende des Spektrums wieder.

Tabelle 15: Einstellungen in Bezug auf die Sperre (n=31 gesperrte tipp3-Kunden; 4-stufige Antwortskala: trifft gar nicht zu [1] – trifft genau zu [4])

Itemwortlaut	MW[a] (SD)
„Es wird mir leicht fallen, vom Wetten im Internet fernzubleiben"	3,00 (1,00)
„Mit der Sperre habe ich die Verantwortung für mein Wettverhalten übernommen"	2,90 (1,19)
„Die Sperre reicht aus, um meine Probleme in den Griff zu bekommen"	2,58 (1,26)
„Mit der Sperre hat der Anbieter die Verantwortung übernommen, mich vom Wettbetrieb auszuschließen"	2,48 (1,26)
„Die Sperre im Internet bei nur einem Anbieter ist sinnlos"	2,26 (1,21)
„Andere Maßnahmen werden mir bei der Lösung meiner Probleme mehr helfen als die Sperre"	1,97 (1,20)
„Ich werde in Zukunft auf tipp3-Annahmestellen ausweichen"	1,94 (1,00)
„Ich werde in Zukunft auf Wetten in Wettbüros ausweichen"	1,77 (1,09)
„Ich werde in Zukunft auf andere Wettangebote im Internet ausweichen"	1,74 (1,15)
„Es wird für mich einfach sein, trotz Sperre auf tipp3.at wetten zu können"	1,71 (1,13)
„Es wird mir schwer fallen, mich an die Sperre zu halten"	1,68 (0,87)
„Die Sperre macht ohne zusätzliche Beratung/Behandlung für mich keinen Sinn"	1,42 (0,96)

[a]*MW = Mittelwert; SD = Standardabweichung.*

8.3 Casinostichprobe im Längsschnitt

Bis Ende Juni 2009 konnten von den 152 Personen der Baseline-Erhebung 39 (25,7%) zu F_1, 32 (21,1%) zu F_2 sowie 28 (18,4%) zu F_3 erneut erreicht werden. Drop-Out-Analysen mit ausgewählten Variablen bestätigen, dass offenbar keine systematischen Verzerrungseffekte durch Probandenausfälle vorliegen. So lassen sich keine statistisch bedeutsamen Unterschiede zwischen dem Follow-up-Sample (n=39) und den Ausfällen (n=113) zu F_1 bei folgenden Merkmalen feststellen (jeweils zu T_0 erfasst): Land der Sperre (χ^2=2,40; df=2; p=0,30), Geschlecht (χ^2=0,80; df=1; p=0,37), Alter (t=-1,62; df=59,92; p=0,11), Importance-Skala (t=-0,11; df=150; p=0,92), Confidence-Skala (t=-0,67; df=147; p=0,50) und casinospielbedingter Problemstatus (χ^2=4,13; df=2; p=0,13)[19]. Im Allgemeinen kann infolgedessen davon ausgegangen werden, dass die Längsschnittdaten repräsentativ für die 152 gesperrten Spieler der Baseline-Erhebung sind. Aus Gründen der Vergleichbarkeit schließen die folgenden Analysen nur diejenigen Probanden mit ein, die auch alle Follow-up-Messzeitpunkte durchlaufen haben (n=28).

Den Erfolg der Intervention „Spielsperre" können verschiedene Indikatoren repräsentieren. Die im Folgenden als Kriterien herangezogenen Variablen umfassen unter anderem den von den Probanden eingeschätzten Nutzen der Spielsperre, den glücksspielbedingten Problemstatus sowie verschiedene Facetten des Spielverhaltens. Diesen Outcomes wurde der Vorzug gegenüber dem Merkmal der Abstinenz gegeben, da sich mit ihnen in differenzierter Weise Veränderungen abbilden lassen. Außerdem wird mit diesem Vorgehen ein sporadisches Ausweichverhalten, zum Beispiel in Form eines einmaligen Casinobesuchs im Ausland, nicht zwangsläufig als Misserfolg der Spielsperre gewertet. Wie in Tabelle 16 zusammenfassend angeführt, legen die Befunde in der Gesamtschau zum Teil deutliche Verbesserungen ausgewählter Parameter als Folge der Spielsperre nahe. Diese Veränderungen sind bereits bei der ersten Follow-up-Erhebung etwa vier Wochen nach der Sperrverfügung evident und erweisen sich auch ein Jahr später in der Regel als beständig. Im Hinblick auf den glücksspielbedingten Problemstatus verschiebt sich der Anteil der pathologischen Spieler zugunsten des Anteils sozialer Spieler: Während 60,7% (17 von n=28) der Probanden zu T_0 in die Kategorie „pathologischer Casinospieler" fallen, gelten zu F_2 nur noch 21,4% (6 von n=28) bzw. zu F_3 nur noch 14,3% (4 von n=28) als pathologische Glücksspieler. Damit in Einklang stehen

---

19 In der Tendenz setzt sich das Follow-up-Sample eher aus Personen zusammen, die zur Baseline-Erhebung älter waren und zur Subgruppe der pathologischen Spieler zählten.

die Angaben der Befragten zur Spielhäufigkeit, Spieldauer und Einsatzhöhe, die sich im Anschluss an die Spielsperre bezogen auf alle Glücksspiele jeweils verringern. Ein marginaler Gegentrend deutet sich zu F_3 an, da nunmehr fünf von 28 Probanden (17,9%) davon berichteten, im Vergleich zu F_2 insgesamt an mehr Tagen (Häufigkeit) bzw. eine längere Zeit (Dauer) gespielt zu haben[20]. In diesem Zusammenhang von Interesse ist vor allem das Abwandern zum Automatenspielsektor außerhalb der Casinos: Zum Zeitpunkt der Spielsperre nahm keiner der 28 Probanden regelmäßig (Kriterium: mindestens einmal im Monat) am Automatenspiel außerhalb der Spielbanken teil; jedoch erfüllen zu F_1 zwei von 27 (7,4%), zu F_2 vier von 26 (15,4%) sowie zu F_3 fünf von 27 gesperrte Spieler (18,5%) dieses Kriterium.

Weitere positive Veränderungen im Zeitverlauf offenbaren sich bei drei der vier casinospielbezogenen Stressindikatoren. So reduziert sich das Verlangen nach dem Casinospiel ebenso signifikant (F=35,38; df=3/72; p≤0,001) wie die mit dieser Spielform assoziierte Belastung (F=13,92; df=3/60; p≤0,001) bzw. Einbuße an Lebensqualität (F=5,89; df=2,29/47,99; p=0,004). Diese Befunde basieren bei allen drei Merkmalen auf ausgeprägten Mittelwertsunterschieden zwischen der Baseline-Erhebung und dem ersten Follow-up (Verlangen: F=97,10; df=1/24; p≤0,001; Belastung: F=19,86; df=1/20; p≤0,001; Einbuße an Lebensqualität: F=11,55; df=1/21; p=0,003). Anscheinend machen sich direkt im Anschluss an die Sperrverfügung günstige Effekte bemerkbar, die sich im weiteren Entwicklungsverlauf stabilisieren, d.h. nicht weiter positiv oder negativ verändern. Die Mittelwerte beim Merkmal „Handlungskontrolle" weichen zu den einzelnen Messzeitpunkten indessen nicht statistisch bedeutsam voneinander ab (F=1,64; df=3/69; p=0,19).

---

20 Zu F_1 lebten bezogen auf alle Glücksspiele 17,9% der Befragten (5 von n=28) abstinent, zu F_2 14,3% (4 von n=28) und zu F_3 21,4% (6 von n=28). Der Anteil der nur vom Casinospiel abstinenten Personen beträgt zu den jeweiligen Messzeitpunkten 60,7% (F_1), 75%(F_2) und 67,9% (F_3).

Tabelle 16: Veränderungen ausgewählter Parameter im Längsschnitt – Casinostichprobe (21≤n≤28)

Merkmal	T_0	F_1	F_2	F_3	Befund
Glücksspielbedingter Problemstatus[a]	SP: 17,9% PS: 21,4% PG: 60,7% Casinospiel		SP: 46,4% PS: 32,1% PG: 21,4% Glücksspiel	SP: 71,4% PS: 14,3% PG: 14,3% Glücksspiel	im Vergleich zu T_0 hat sich der Anteil der SP zu F_2 und F_3 vergrößert
Veränderung des Spielverhaltens – Häufigkeit (Tage)[b]		w: 85,7% u: 14,3% m: 0%	w: 92,9% u: 7,1% m: 0%	w: 53,6% u: 28,6% m: 17,9%	insgesamt deutliche Verbesserungen; lediglich bei den Kriterien Häufigkeit und Dauer sind zu F_3 wieder bei wenigen Probanden leichte Anstiege zu erkennen
Veränderung des Spielverhaltens – Dauer (Zeit)[c]		k: 77,8% u: 22,2% l: 0%	k: 85,7% u: 10,7% l: 3,6%	k: 35,7% u: 46,4% l: 17,9%	
Veränderung des Spielverhaltens – Einsatzhöhe[d]		g: 71,4% u: 21,4% h: 7,1%	g: 75,0% u: 21,4% h: 3,6%	g: 60,7% u: 32,1% h: 7,1%	
Casinospielbezogener Stressor – Verlangen	$\bar{x}=4,02$	$\bar{x}=2,34$	$\bar{x}=2,26$	$\bar{x}=1,88$	F=35,38; p≤0,001* $T_0>F_1$*
Casinospielbezogener Stressor – Handlungskontrolle[e]	$\bar{x}=2,42$	$\bar{x}=3,13$	$\bar{x}=2,96$	$\bar{x}=2,79$	F=1,64; p=0,19
Casinospielbezogener Stressor – Emotionale Belastung	$\bar{x}=4,02$	$\bar{x}=2,43$	$\bar{x}=2,29$	$\bar{x}=2,33$	F=13,92; p≤0,001* $T_0>F_1$*

Tabelle 16: (Fortsetzung)

Casinospielbezogener Stressor – Einbuße an Lebensqualität	$\bar{x}=3{,}59$	$\bar{x}=2{,}59$	$\bar{x}=2{,}48$	$\bar{x}=2{,}50$	$F=5{,}89$; $p=0{,}004*$ $T_0>F_1*$
Importance-Skala[f]	$\bar{x}=9{,}52$	$\bar{x}=7{,}60$	$\bar{x}=7{,}04$	$\bar{x}=4{,}84$	$F=12{,}49$; $p\leq 0{,}001*$ $T_0>F_1*$; $F_2>F_3*$
Confidence-Skala	$\bar{x}=8{,}04$	$\bar{x}=7{,}78$	$\bar{x}=7{,}57$	$\bar{x}=7{,}61$	$F=0{,}15$; $p=0{,}93$
Inanspruchnahme externer Hilfen	ja: 33,3% nein: 66,7%	ja: 28,6% nein: 71,4%	ja: 32,1% nein: 67,9%	ja: 17,9% nein: 82,1%	maximal ein Drittel der Spieler hat externe Hilfen in Anspruch genommen
Genereller Nutzen		$\bar{x}=1{,}74$	$\bar{x}=2{,}11$	$\bar{x}=2{,}20$	$F=2{,}59$; $p=0{,}10$

*Signifikanter Testwert ($p\leq 0{,}05$).
[a]SP = sozialer Spieler; PS = Problemspieler; PG = pathologischer Spieler; DSM-IV-Kriterien bezogen auf das Casinospiel (T_0) bzw. Glücksspiele im Allgemeinen (F_2, F_3).
[b]w = weniger; u = unverändert; m = mehr.
[c]k = kürzer; u = unverändert; l = länger.
[d]g = geringer; u = unverändert; h = höher.
[e]Zu den Follow-ups wurde nach der Kontrolle des Spielverhaltens im Allgemeinen gefragt.
[f]Wichtigkeit, im Moment mit dem Spielen im Casino aufzuhören (T_0) bzw. im Moment nicht im Casino zu spielen (F_1, F_2, F_3).

Ein weiterer signifikanter Testwert ergibt sich bei der Überprüfung von Veränderungen der Änderungsbereitschaft. Erwartungsgemäß sinkt die Wichtigkeit, mit dem Spielen im Casino aufzuhören bzw. dort nicht zu spielen, im Zeitverlauf ($F=12{,}49$; $df=3/72$; $p\leq 0{,}001$). Kontrastierungen der aufeinanderfolgenden Messzeitpunkte weisen zwei statistisch bedeutsame Differenzen auf: a) zwischen T_0 und F_1 ($F=6{,}55$; $df=1/24$; $p=0{,}02$) sowie

b) zwischen F_2 und F_3 (F=9,31; df=1/24; p=0,01). Demnach verringert sich die Wichtigkeit der „Casinospiel-Abstinenz" in den ersten vier Wochen nach Abschluss der Sperrverfügung und zwischen dem zweiten und dritten Messzeitpunkt essentiell. Im Gegensatz dazu zeichnen sich keine Veränderungen auf der Confidence-Skala ab (F=0,15; df=3/66; p=0,93). Außerdem verweisen die Längsschnittdaten darauf, dass maximal ein Drittel der gesperrten Spieler auf zusätzliche externe Hilfeangebote zurückgegriffen hat. Schließlich wurden die Probanden gefragt, wie sie den jeweils aktuellen Nutzen der Spielsperre beurteilen würden (5-stufige Antwortskala, die von sehr groß [1] bis sehr gering [5] reicht). Den Selbstangaben zufolge scheint mit dieser Schutzmaßnahme grundsätzlich ein großer Nutzen verbunden zu sein, der sich auch über die Zeit hinweg – abgesehen von marginalen Verschlechterungen – als konstant erweist (F=2,59; df=1,52/39,60; p=0,10).

In einem finalen Analyseschritt sollte hinterfragt werden, welche Faktoren den Nutzen der Spielsperre bedingen. Wegen der relativ kleinen Fallzahl war ein Rückgriff auf multivariate Analysemethoden nicht möglich, so dass Korrelationsberechnungen erfolgen. Die Auswahl relevanter Variablen basiert zum einen auf theoretischen Überlegungen; zum anderen führten methodische Gründe zum Ausschluss einzelner Merkmale (etwa die geringe Varianz einzelner Items wie z.b. der Konsum illegaler Drogen oder die Operationalisierung bestimmter Items auf Nominalskalenniveau). Zur besseren Verständlichkeit wurde zunächst die als abhängig deklarierte Variable „Nutzen der Spielsperre zu F_3" umkodiert (5 = sehr groß; 1= sehr gering). Das Spektrum unabhängiger Variablen umfasst folgende sieben Bereiche: a) glücksspielbedingter Problemstatus (DSM-IV-Kriterien als kontinuierliches Merkmal operationalisiert); b) depressive Symptomatik (vgl. zur Auswertungsvorschrift unter Beachtung des sog. Lügenkriteriums und zu den Normwerten die Originalpublikation von Hautzinger & Bailer, 1993); c) Alkoholkonsum; d) Lebenszufriedenheit (Umkodierung und Aufsummierung der 12 Einzelwerte zu einem Gesamtscore); e) Selbstwirksamkeitserwartung (vgl. zum Scoring und zu den psychometrischen Kennwerten der Skala die Veröffentlichung von Schwarzer & Jerusalem, 1999); f) die Importance-Skala sowie g) die Confidence-Skala. Aufgrund der Vielzahl an bivariaten Vergleichen wurde jeweils ein Testniveau von α=0,01 vorgegeben, um einer Alphafehler-Kumulierung entgegenzuwirken. Tabelle 17 gibt einen Überblick über die jeweiligen Zusammenhänge im Quer- und Längsschnitt.

Tabelle 17: Nutzen der Spielsperre im Casinobereich – Bivariate Zusammenhänge ($17 \leq n \leq 28$)

Merkmal	Messzeitpunkt	Beziehung zum Nutzen zu F_3
Glücksspielbedingter Problemstatus	T_0	r= 0,49; p=0,008*
	F_2	r= 0,19; p=0,34
	F_3	r= 0,08; p=0,67
Depressive Symptomatik	F_1	r= 0,08; p=0,70
	F_2	r= 0,22; p=0,32
	F_3	r≤ 0,01; p=0,99
Alkoholkonsum	F_1	r= 0,16; p=0,42
	F_2	r= 0,39; p=0,05
	F_3	r= 0,32; p=0,10
Lebenszufriedenheit	F_1	r= 0,08; p=0,73
	F_2	r=-0,35; p=0,16
	F_3	r= 0,21; p=0,36
Selbstwirksamkeitserwartung	F_1	r=-0,31; p=0,11
	F_2	r=-0,19; p=0,35
	F_3	r=-0,04; p=0,85
Wichtigkeit	T_0	r= 0,56; p=0,002*
	F_1	r= 0,35; p=0,08
	F_2	r= 0,35; p=0,07
	F_3	r= 0,39; p=0,05
Zuversicht	T_0	r= 0,14; p=0,48
	F_1	r=-0,13; p=0,53
	F_2	r= 0,16; p=0,43
	F_3	r= 0,30; p=0,16

Signifikanter Testwert ($p \leq 0,01$).

Von den 23 Paarvergleichen erweisen sich zwei auf der Basis des adjustierten Testniveaus als signifikant. Erstens korreliert der glücksspielbedingte Problemstatus, erfasst zum Zeitpunkt der Sperrverfügung, mit der Einschätzung des Nutzens der Spielsperre ein Jahr später (n=28; r=0,49; p=0,008). Diejenigen Probanden, die zum Messzeitpunkt T_0 einen höheren DSM-IV-Score aufweisen, scheinen somit gerade längerfristig eher von der Zugangsbeschränkung zu profitieren als weniger belastete Spieler. Zweitens existiert ein statistisch bedeutsamer positiver Zusammenhang zwischen der Wichtigkeit, mit dem Casinospiel aufzuhören (zur Baseline) und dem wahrgenommenen Nutzen der Spielsperre zwölf Monate später (n=28; r=0,56; p=0,002). Unter Berücksichtigung der ähnlich gearteten, wenngleich nicht-signifikanten Beziehungen zu F_1, F_2 und F_3 (s. Tab. 17) ist die Schlussfolgerung zu ziehen, dass das Vorliegen einer hohen Bereitschaft zur Casinospielabstinenz den Erfolg der Spielsperre mitbedingt. Weitere differentielle Aussagen zur Effektivität dieser Spielerschutzmaßnahme lässt Tabelle 17 jedoch nicht zu.

8.4 Win2day-Sample im Längsschnitt

In Bezug auf das win2day-Sample (n=259) lagen bis Ende Juni 2009 insgesamt 29 Datensätze zu F_1 (11,2%), 22 Datensätze zu F_2 (8,5%) und 16 Datensätze zu F_3 (6,2%) vor[21]. Nicht zuletzt wegen der vergleichsweise geringen Rücklaufquote stand zunächst die Frage im Raum, ob sich die Respondenten (n=29) und die Drop-Outs (n=230) zu F_1 in systematischer Weise unterscheiden. Vergleichsanalysen mit folgenden Variablen, jeweils zu T_0 erfasst, ließen jedoch keinen Bias erkennen: Geschlecht (χ^2=1,70; df=1; p=0,19), Alter (t=-1,51; df=32,60; p=0,14), Importance-Skala (t=-1,10; df=257; p=0,27), Confidence-Skala (t=0,41; df=257; p=0,68), Dauer der Sperre (χ^2=0,73; df=3; p=0,87) und onlinespielbedingter Problemstatus (χ^2=3,29; df=1; p=0,07)[22]. Trotz der hohen Anzahl an Drop-Outs besitzen die Längsschnittbefunde daher mit einiger Sicherheit Gültigkeit für das Baseline-Sample. Zu beachten ist, dass die folgenden Analysen wiederum nur mit denjenigen Personen durchgeführt werden, von denen Daten zu allen Messzeitpunkten vorliegen (n=16). Aufgrund der kleinen Fallzahl

---

21 Da nur drei gesperrte tipp3-Kunden an den Nachfolgebefragungen teilnahmen, beschränken sich die Longitudinalanalysen im Online-Bereich auf das win2day-Sample.

22 In der Tendenz waren es wie bei der Casinostichprobe eher die potenziellen Problemspieler, die einen Fragebogen zu F_1 ausgefüllt hatten.

erfolgen keine weiteren Differenzierungen (z.b. noch gesperrte vs. wieder spielberechtigte Kunden).

Zunächst lässt sich auf deskriptiver Ebene eine Verringerung etwaiger glücksspielbezogener Probleme beobachten. Sind noch 75% der Stichprobe (12 von n=16) zum Messzeitpunkt T_0 als potenzielle Internet-Problemspieler zu klassifizieren, reduziert sich dieser Anteil in der Folgezeit auf 6,3% (1 von n=15 zu F_2) bzw. 25% (4 von n=16 zu F_3). Konsistent hierzu sind die Angaben der Probanden zu den Veränderungen ihres Spielverhaltens. Unabhängig von spezifischen Parametern – Häufigkeit, Dauer und Einsatzhöhe – ist nur in Einzelfällen eine Steigerung des Spielverhaltens im Anschluss an die Selbstsperre auf win2day erkennbar (s. Tab. 18 für alle Kennwerte)[23]. Ergänzende statistische Analysen zu den vier internetspielbezogenen Stressindikatoren erweisen sich als nicht signifikant. So verändert sich weder das Verlangen nach Glücksspielen im Internet (F=0,80; df=2/28; p=0,46) noch die mit dieser Spielform verbundene emotionale Belastung (F=0,87; df=2/26; p=0,43) bzw. Einbuße an Lebensqualität (F=0,35; df=2/24; p=0,64) oder die subjektiv wahrgenommene Kontrolle über das Spielverhalten im Internet (F=0,38; df=2/24; p=0,69). Bei der Interpretation der Daten ist zu beachten, dass die Erhebung der internetspielbezogenen Stressindikatoren aus Platzgründen nicht zur Baseline stattfinden konnte und sich die Veränderungsmessung demnach an dieser Stelle ausschließlich auf die drei Follow-up-Messzeitpunkte bezieht. Eine Analyse der Gruppenmittelwerte deutet generell einen relativ geringen Grad an psychischer Belastung an. Interessanterweise verneinen alle Probanden bei den Follow-up-Befragungen die Inanspruchnahme externer Hilfeangebote. Ferner ergibt sich ein signifikanter Testwert beim Merkmal „Wichtigkeit" (F=6,72; df=3/42; p=0,001). Der anschließende Test auf Innersubjektkontraste zeigt einen statistisch bedeutsamen Mittelwertsunterschied zwischen dem ersten und dem zweiten Messzeitpunkt (F=15,24; df=1/14; p=0,002). Wie zu erwarten war, sinkt die Bedeutung der „Internetspiel-Abstinenz" in den ersten vier Wochen nach dem Entschluss pro Spielsperre beträchtlich. Entsprechende Veränderungen im Zeitverlauf offenbaren sich bei der Confidence-Skala nicht (F=0,58; df=3/45; p=0,63). Schließlich wird der Nutzen der Online-Spielsperre als grundsätzlich hoch eingestuft, ohne sich jedoch signifikant zu verändern (F=1,36; df=2/30; p=0,27).

---

23 Zu F_1 und F_2 lebte jeweils eine Person (von n=16; 6%) vollkommen glücksspielabstinent, zu F_3 niemand.

Tabelle 18: Veränderungen ausgewählter Parameter im Längsschnitt – Win2day-Sample ($13 \leq n \leq 16$)

Merkmal	T_0	F_1	F_2	F_3	Befund
Glücksspielbedingter Problemstatus[a]	SP: 25,0% PS: 75,0% Internetspiel		SP: 93,8% PS: 6,3% Glücksspiel	SP: 75,0% PS: 25,0% Glücksspiel	im Vergleich zu T_0 hat sich der Anteil der PS zu F_2 und F_3 verringert
Veränderung des Spielverhaltens – Häufigkeit (Tage)[b]		w: 71,4% u: 21,4% m: 7,1%	w: 64,3% u: 35,7% m: 0%	w: 62,5% u: 31,3% m: 6,3%	nur in Ausnahmefällen ist eine Steigerung des Spielverhaltens erkennbar
Veränderung des Spielverhaltens – Dauer (Zeit)[c]		k: 50,0% u: 42,9% l: 7,1%	k: 71,4% u: 28,6% l: 0%	k: 37,5% u: 56,3% l: 6,3%	
Veränderung des Spielverhaltens – Einsatzhöhe[d]		g: 64,3% u: 35,7% h: 0%	g: 53,8% u: 30,8% h: 15,4%	g: 56,3% u: 37,5% h: 6,3%	
Internetspielbezogener Stressor – Verlangen		$\bar{x}=2{,}07$	$\bar{x}=1{,}80$	$\bar{x}=2{,}00$	F=0,80; p=0,46
Internetspielbezogener Stressor – Handlungskontrolle[e]		$\bar{x}=3{,}23$	$\bar{x}=3{,}08$	$\bar{x}=2{,}77$	F=0,38; p=0,69
Internetspielbezogener Stressor – Emotionale Belastung		$\bar{x}=1{,}79$	$\bar{x}=1{,}43$	$\bar{x}=1{,}71$	F=0,87; p=0,43

Tabelle 18: (Fortsetzung)

Merkmal	T_0	F_1	F_2	F_3	Befund
Internetspielbezogener Stressor – Einbuße an Lebensqualität		$\bar{x}=1{,}76$	$\bar{x}=1{,}62$	$\bar{x}=1{,}77$	$F=0{,}35$; $p=0{,}64$
Importance-Skala[f]	$\bar{x}=8{,}13$	$\bar{x}=5{,}13$	$\bar{x}=4{,}17$	$\bar{x}=5{,}00$	$F=6{,}72$; $p=0{,}001$* $T_0 > F_1$*
Confidence-Skala	$\bar{x}=7{,}31$	$\bar{x}=6{,}94$	$\bar{x}=7{,}91$	$\bar{x}=7{,}25$	$F=0{,}58$; $p=0{,}63$
Inanspruchnahme externer Hilfen		\multicolumn{3}{l}{kein Proband hat jemals wegen glücksspielbezogener Probleme externe Hilfeangebote in Anspruch genommen}	
Genereller Nutzen		$\bar{x}=2{,}31$	$\bar{x}=2{,}81$	$\bar{x}=2{,}69$	$F=1{,}36$; $p=0{,}27$

*Signifikanter Testwert ($p \leq 0{,}05$).
[a]SP = sozialer Spieler; PS = wahrscheinlicher Problemspieler; Lie/Bet-Questionnaire bezogen auf das Online-Gambling (T_0) bzw. Glücksspiele im Allgemeinen (F_2, F_3).
[b]w = weniger; u = unverändert; m = mehr.
[c]k = kürzer; u = unverändert; l = länger.
[d]g = geringer; u = unverändert; h = höher.
[e]Hier wurde nach der Kontrolle des Online-Spielverhaltens gefragt.
[f]Wichtigkeit, im Moment mit dem Spielen im Internet aufzuhören (T_0) bzw. im Moment nicht im Internet zu spielen (F_1, F_2, F_3).

Zur Bestimmung derjenigen Variablen, die im Zusammenhang mit dem Nutzen der Online-Spielsperre stehen könnten, wurden – wie bei der Casinostichprobe – Korrelationen berechnet (s. Abschnitt 8.3 für die Begründung der Merkmalsauswahl und des methodischen Vorgehens). Einziger wesentlicher Unterschied war die Operationalisierung des glücksspielbedingten Problemstatus mit Hilfe des Lie/Bet-Questionnaire. Der geringe Anteil an potenziellen Problemspielern zu den Messezeitpunkten F_2 und F_3 (s. Tab. 18) ließ weiterführende Analysen zu diesem Konstrukt nicht zu. Somit beläuft sich die Anzahl der durchgeführten Paarvergleiche auf 21, deren Ergebnisse in Tabelle 19 zusammengefasst sind. Vermutlich bedingt durch die kleine Stichprobe und ihrem im Allgemeinen geringen Belastungsgrad – zum Beispiel wenige depressive Symptome, hohes Ausmaß an Selbstwirksamkeitserwartung – erweist sich keine Korrelation als signifikant.

Tabelle 19: Nutzen der Online-Sperre – Bivariate Zusammenhänge ($13 \leq n \leq 16$)

Merkmal	Messzeitpunkt	Beziehung zum Nutzen zu F_3*
Glücksspielbedingter Problemstatus	T_0	r= 0,25; p=0,35
Depressive Symptomatik	F_1	r= 0,56; p=0,02
	F_2	r= 0,32; p=0,23
	F_3	r= 0,30; p=0,27
Alkoholkonsum	F_1	r=-0,58; p=0,03
	F_2	r=-0,26; p=0,33
	F_3	r=-0,51; p=0,04
Lebenszufriedenheit	F_1	r= 0,16; p=0,61
	F_2	r= 0,58; p=0,03
	F_3	r= 0,05; p=0,85
Selbstwirksamkeitserwartung	F_1	r= 0,04; p=0,88
	F_2	r=-0,17; p=0,52
	F_3	r=-0,31; p=0,27
Wichtigkeit	T_0	r= 0,26; p=0,33
	F_1	r= 0,26; p=0,34
	F_2	r= 0,39; p=0,14
	F_3	r= 0,50; p=0,06
Zuversicht	T_0	r=-0,21; p=0,45
	F_1	r=-0,48; p=0,06
	F_2	r=-0,23; p=0,39
	F_3	r=-0,32; p=0,23

Keine signifikanten Testwerte ($p \leq 0,01$).

8.5 Qualitatives Datenmaterial: Ausgewählte Erlebnisschilderungen

Tabelle 20 führt die Kontextbedingungen aller Interviews sowie die jeweiligen zentralen Gesprächsthemen an. Zu den ausgewählten Interviewpartnern zählen 20 Personen, die von der Spielsperre im Casinobereich betroffen waren, sowie sieben gesperrte win2day-Spieler (6 Selbstsperren und 1 Fremdsperre). Von den 20 Casino-Spielsperren stammen 14 aus Deutschland, fünf aus Österreich und eine aus der Schweiz (insgesamt 12 Männer und 8 Frauen). Unter den gesperrten Online-Spielern befinden sich ausschließlich Männer. Außerdem soll noch Erwähnung finden, dass die Zeitspanne vom Beginn der Spielsperre bis zur Durchführung des (Erst-) Interviews von drei Wochen bis neun Monaten reicht. Bei der nachfolgenden Vorstellung ausgewählter Interviewpassagen (I = Interviewer) einschließlich ihrer thematischen Einordnung wird auf eine strikte Trennung nach Marktsegmenten aus inhaltlichen Gründen verzichtet.

Tabelle 20: Eckdaten der qualitativen Interviews

	Setting	Dauer (Min.)	Sperrsegment	Zentrale Themen
246	Telefon	45	Casinobereich – Österreich	Ausweichverhalten u.a. nach Bayern; vorausgegangene negative Erfahrungen mit Selbstsperren und Besuchsbeschränkungen an einzelnen Standorten
141	Telefon	30	Casinobereich – Deutschland	Spielsperre als primär symbolischer Akt; Sperrverfügung auch bei Holland Casinos
165	Telefon	40	Casinobereich – Deutschland	Erfahrung mit ehemaliger Selbstsperre und Spielverlagerung in den Automatensaal; zusätzliche Inanspruchnahme ambulanter Beratung
	Telefon	30		Darstellung der Spielsperre als überlebenswichtig; kein Verlangen nach Glücksspielen außerhalb der Casinos
021	Telefon	45	Casinobereich – Deutschland	nur kurze Ambivalenzphase im Vorfeld des Entschlusses pro Spielsperre; rigide Ablehnung von ergänzenden Hilfeangeboten; gewerbliches Automatenspiel ohne Spielanreize

Tabelle 20 (Fortsetzung)

	Setting	Dauer (Min.)	Sperrsegment	Zentrale Themen
028	Telefon	35	Casinobereich – Deutschland	Beschreibung typischer Interaktionsmuster zwischen Personal und Spielern; bereits Erfahrung mit der Selbstsperre
169	Telefon	40	Casinobereich – Deutschland	wünschenswerte Veränderungen durch die Spielsperre sind kurzfristig eingetroffen; vereinzeltes Ausweichen und „Weiterzocken" in Spielhallen
144	Telefon	35	Casinobereich – Deutschland	positive Erfahrungen mit der Selbstsperre (Ausnahme: partielles Ausweichen in die Niederlande); Bekanntheit beim Casinopersonal als abschreckendes Element (Scham vor Entdeckung, daher keine Umgehungsversuche in Deutschland)
191	Telefon	35	Casinobereich – Schweiz	bereits ein Casinobesuch im Monat hat zu Problemen geführt; Kompensation der Spielsperre durch Online-Spiele (um Echt- und Spielgeld)
121	Telefon	40	Casinobereich – Deutschland	multiple Abhängigkeitserkrankungen (stoffgebunden und stoffungebunden); Probleme im Zusammenhang mit Geldspielautomaten, Casinospielen, Wetten; zum Teil positive Effekte durch die Spielsperre, wie z.B. Verringerung familiärer Konflikte
033	Telefon	40	Casinobereich – Deutschland	hohe Verschuldung und Suizidversuch; Fremdsperre wegen Fehlverhalten im Casino; Annahme, dass eine Spielsperre alleine nutzlos ist (Bedarf an zusätzlicher Beratung)
	Telefon	30		Forderung einer segmentübergreifenden Spielsperre sowie der Verpflichtung zur Suchtberatung im Zuge der Sperrverfügung

Tabelle 20 (Fortsetzung)

	Setting	Dauer (Min.)	Sperrsegment	Zentrale Themen
022	Telefon	40	Casinobereich – Deutschland	extensives Ausweichverhalten und Bewertung der Spielsperre als wertlos; vergleichbares Spielerleben in Spielbank und Spielhalle; Ablehnung der Inanspruchnahme formeller Hilfen
	Telefon	30		Verstärkung der Glücksspielproblematik durch regelmäßige Spielhallenbesuche; Spielsperre wird daher als kontraproduktiv angesehen
038	Telefon	40	Casinobereich – Deutschland	Scham, trotz Spielsperre erwischt zu werden (abschreckende Wirkung der Spielsperre); Verpflichtung zum Spielerschutz scheint personalabhängig zu sein
534	Telefon	40	Casinobereich – Österreich	finanzielle Verluste als Hauptmotiv der Spielsperre; Bewertung des Nutzens einer Spielsperre als groß; Vorschläge zur Optimierung der Sperrpraxis
433	Telefon	30	Casinobereich – Österreich	sporadische Umgehung der Spielsperre (Casinobesuche in Bayern); Wahrnehmung der Spielsperre als eine Form der Selbstbestrafung
044	Telefon	35	Casinobereich – Deutschland	Verfügung einer „präventiven Spielsperre", um das Abgleiten in die Glücksspielsucht zu verhindern; gutes Gefühl, gesperrt zu sein; Kritik an der Sperrpraxis (zu öffentlich, zu langes Warten) sowie dem Verhalten des Personals (zu passiv)
497	Telefon	35	Casinobereich – Österreich	Unentschlossenheit im Vorfeld der Sperrverfügung; Registrierungsprozedere wird als angemessen und kundenfreundlich erlebt; trotz Entzugserscheinungen und Chasing-Gedanken wirkt sich die Spielsperre positiv aus

Tabelle 20 (Fortsetzung)

	Setting	Dauer (Min.)	Sperrsegment	Zentrale Themen
728	Telefon	35	Casinobereich – Österreich	vorausgegangene Erfahrungen mit Spielerschutzmaßnahmen (Besuchsbeschränkung, Spielsperren begrenzt auf einzelne Standorte = Offenlassen von Schlupflöchern); Ausweichen u.a. nach Bayern; Hemmschwellen bezüglich der Kontaktierung einer Suchtberatungsstelle
776	Face-to-Face	55	Casinobereich – Deutschland	Befürchtung der Stigmatisierung beim öffentlichen Registrierungsprozess, unzureichende Bekanntmachung der Sperrmöglichkeit
091	Telefon	40	Casinobereich – Deutschland	Situation der Sperrverfügung war schambesetzt; Schilderung struktureller Barrieren und individueller Hürden sowohl in Bezug auf die Inanspruchnahme der Spielsperre als auch von Angeboten der Suchtberatung
103	Telefon	35	Casinobereich – Deutschland	Poker als bevorzugte Spielform (als emotional belastend erlebt); Verfügung von Offline- und Online-Sperren inkl. Vergleich des Nutzens
011	Telefon	30	Internet – win2day	pragmatische Gründe für eine Selbstsperre (nicht wegen glücksspielbezogener Probleme); Gedanken zur Verbesserung des Spielerschutzes
024	Telefon	35	Internet – win2day	Sperrerfahrungen bei „bet-at-home", „bwin" sowie „win2day"; Präferenz von casinotypischen Online-Spielen; die gewünschten Effekte der Spielsperre stellen sich nur bei hoher Eigenverantwortung ein

Tabelle 20 (Fortsetzung)

	Setting	Dauer (Min.)	Sperrsegment	Zentrale Themen
051	Telefon	35	Internet – win2day	Pokerspieler mit Sperrverfügungen auf mehreren Internetplattformen; „Zocken" in Card-Casinos in Folge der Selbstsperren (Ausweichverhalten); dennoch Bewertung der Online-Sperre als sinnvolle Maßnahme („Rettungsanker")
107	Telefon	25	Internet – win2day	gültige Spielsperre auch im Offline-Bereich; Anlegen von multiplen Accounts bei win2day einschließlich mehrfacher Sperrverfügungen; Gedanken zur Optimierung des Spielerschutzes auf win2day
154	Telefon	30	Internet – win2day	Inanspruchnahme von Sperren in einem terrestrischen Card-Room und auf zwei Internetseiten; Entschluss pro Spielsperre, da das „Online-Zocken" Ehekonflikte hervorrief; aufgrund der psychologischen Barriere machen Spielsperren grundsätzlich Sinn
289	Telefon	30	Internet – win2day	Einstieg über Online-Lotto und danach sukzessive Ausweitung des Spielverhaltens; Wert der Spielsperre groß, da zukünftiges Ausweichverhalten ausgeschlossen wird (Privatunternehmen gelten im Vergleich zu win2day als weniger seriös bzw. weniger sicher)
001	Telefon	40	Internet – win2day	Umgehung der Fremdsperre als Hobby und Herausforderung (Anlegen von insgesamt ca. 100 Accounts); detaillierte Beschreibung der Möglichkeiten, trotz Sperre spielen zu können

Hauptthema 1: Beweggründe, die zur Spielsperre geführt haben – Von der Glücksspielsucht bis zur Prävention

In Anlehnung an die quantitative Befundlage gibt bei einer Vielzahl von Betroffenen eine manifeste Glücksspielproblematik den Ausschlag für die Inanspruchnahme der Casinosperre. Als offensichtliche Folge des übermäßigen Spielverhaltens entstehen nicht zuletzt finanzielle Probleme, die kurzfristige Engpässe aber auch immense Verschuldungen bzw. die Privatinsolvenz umfassen können. Ein gängiges Sperrmotiv bezieht sich daher auf die monetäre Ebene:

I: Das heißt, Ihr Hauptmotiv war, sich zu schützen vor weiteren finanziellen Verlusten?
534: Ja, klar. Weil ich habe nicht so viel Geld, dass ich sage, ich meine, es gibt die Leute, bei denen tun 100.000 nichts auf acht Jahre, ja. Für mich war das Geld ja hart erarbeitet. Ich verdiene im Monat zwar meine 2.000, 3.000 Euro. Nicht so wie andere [...]. Ich meine, dass ich mir das überhaupt hab' leisten können, das waren die ersten drei Jahre, weil ich das Geschäft gehabt hab', das hab' ich aufgrund des Casinos schon zugesperrt.

Ein weiteres Symptom problematischen Spielverhaltens verkörpert die Vereinnahmung durch das Glücksspiel und die damit einhergehende Vernachlässigung von Familie, Freunden und sozialen oder beruflichen Aktivitäten. Genau diese Negativentwicklung veranlasste Gesprächspartner 154 dazu, sich im Internet zu sperren. Sein primäres Handlungsziel war es, mehr Zeit mit der eigenen Familie zu verbringen:

154: Die Problematik bei den Online-Spielen, die hab' ich nur am Abend gespielt. Zu Hause, so dass in irgendeiner Form ist meine Familie zu kurz gekommen, da bin ich dauernd vorm Computer gesessen und hab' gespielt [...], und da hab' ich gesagt, das geht nicht mehr so weiter, und da hab' ich von mir aus diesen Schritt dann endlich gemacht.

Während diese beiden Aussagen als charakteristisch für gesperrte Spieler anzusehen sind, gibt es sowohl im Online- als auch im Offline-Bereich eine Reihe von Personen, die sich aus „präventiven Gründen" für eine Spielsperre entscheidet. So benannte Proband 044 als Sperrmotiv einerseits die einsetzende schleichende Steigerung des Spielverhaltens; andererseits grenzte er sich von „richtig exzessiven Spielern" ab und führte diese Personengruppe als abschreckendes Beispiel mit Präventivwirkung an:

I: Wie kam es dazu, dass Sie sich für eine Spielsperre entschieden haben? Was waren die Beweggründe?

044: Also, die Beweggründe waren, ich bin, also gerade im letzten halben Jahr, Dreivierteljahr, hab' ich es also bei mir selber gemerkt, dass ich also immer häufiger in die Spielbank gegangen bin, und das hat mich gestört. Das hat mich gewurmt. Aber trotzdem hatte ich das Gefühl, dort also hingehen zu wollen, nicht unbedingt zu müssen, aber zu wollen und ja. Und dann hab' ich gemerkt, dass wird also immer mehr, und ja, und dann hab' ich mir gedacht, also, bevor das also noch mehr wird, lässt du dich jetzt einfach sperren [...]. Aber es ist also doch eine gewisse Gruppe von immer Gleichen da, wo Sie auch, ich will mich als Spieler da gerne einstufen, aber da feststellen, dass die also richtig exzessiv spielen, wo ich mir sage: ‚Mein Gott, also da möchtest du also nicht hinkommen'.

Im Gegensatz dazu finden sich vereinzelt Spieler, die eine Spielsperre aus pragmatischen Gründen in Betracht ziehen. Exemplarisch anzuführen sind in diesem Kontext die Gesprächspartner 011 und 103. Zum Beispiel äußerte Person 011 seine Veränderungsabsichten im Zuge des Jahreswechsels, wozu auch der „einfache" Vorsatz gehörte, überhaupt kein Geld mehr für Glücksspiele ausgeben zu wollen:

011: Ja, man macht halt, zum Jahreswechsel setzt man sich Ziele oder Vorhaben, und eines davon war heuer für Glücksspiele, welcher Art auch immer, kein Geld auszugeben. Das war, das ist bis dato, es ist einfacher als nicht zu rauchen oder nicht zu essen oder nicht zu trinken, für mich. Andere mögen mehr ein Problem haben. Ich hab' kein Problem.

Ähnlich sach- und zielorientiert argumentierte Proband 103, der sich selbst als „bewussten Spieler" bezeichnete und bereits im Offline- sowie Online-Bereich über Spielsperren verfügt hatte. Hintergrund seiner Spielsperren waren die insbesondere mit dem Pokerspiel verbundenen „emotionalen Schwankungen" in Abhängigkeit des Spielverlaufs, die es in Zukunft zu vermeiden galt:

103: Der Grund ist ganz einfach. Es geht einfach beim Glücksspiel allgemein und halt auch im Poker, habe ich gemerkt, um emotionale Schwankungen. Das heißt, man gewinnt den Pot, man fühlt sich irgendwie gut. Das ist jetzt natürlich nicht zu vergleichen mit wirklichem Glück, aber man fühlt sich sehr gut, und wenn man einen Pot verliert, man hat damit gerechnet, ihn zu verlieren, oder man verliert ihn halt irgendwie durch Pech, dann geht's einem eben schlecht, zwar nur kurzfristig, aber es geht einem eben schlecht, und diese emotionale Schwankung bzw. dieses Schlechtgehen aufgrund von Geld, das brauche ich eigentlich nicht mehr. Möchte ich auch nicht mehr in meinem Leben.

Hauptthema 2: Die Phase vor der Spielsperre – Ambivalente Kognitionen und das Hinauszögern ihrer Inanspruchnahme (Casinobereich)

Aufgrund der zumeist langjährig andauernden Fehlentwicklung bei Problemspielern ist der Schritt in Richtung Spielsperre und damit in Richtung Verhaltensänderung als prozesshaftes Geschehen zu verstehen, das von vielfältigen, zum Teil sich widersprechenden Kognitionen und Emotionen begleitet wird. Für viele Untersuchungsteilnehmer scheint es demzufolge typisch zu sein, die Inanspruchnahme der Spielsperre „so lange wie möglich" hinauszuzögern. Die verbalisierte Änderungsabsicht und die tatsächliche Umsetzung von Handlungsschritten klaffen oftmals – wie bei Probandin 169 – auseinander:

169: [...]. Aber ich hab' das meinen Mitspielern schon mehr oder minder ein Vierteljahr vorher angekündigt. Ich sage 'mal, ich habe mich schon, bevor ich mich hab' sperren lassen, zehnmal verabschiedet. Hab' gesagt: ‚Ich bin heute das letzte Mal da, ich lasse mich sperren'. [...]. ‚Ach du doch nicht, D., du doch nicht' und so. Ich kriegte immer mehr oder minder Unterstützung, dass ich mich nicht hätte sperren lassen sollen.

Die Gesprächspartner führten mitunter verschiedenartige Einflussgrößen an, die das Aufschieben der Spielsperre bedingten. Waren es für Probandin 169 vornehmlich andere Spieler, die kein Verständnis für ihr Vorhaben hegten, berichtete Person 033 von der abschreckenden Wirkung einer lebenslangen Sperrdauer:

033: [...], dann hatte ich mich ja auch oben erkundigt an der Kasse: ‚Wo kann ich mich sperren lassen?'. Ich glaube, das war vier Wochen vorher. Und dann kriegte ich die Antwort: ‚Sind Sie mit uns nicht zufrieden?'. Ich hab' dann weiter gemacht. Da hatte ich meinen Tiefpunkt. Also, ich sehe das, wie damals beim Trinken, so, dass ich meinen persönlichen Tiefpunkt haben musste [...]. Aber ich wusste im Kopf, das [die Sperre] ist für lange, für immer. Das war an und für sich diese Hemmschwelle. Ich wollte es immer noch rauszögern.

In diesem Zusammenhang fielen in den Interviews häufig die Worte Scham, Beklemmung oder Peinlichkeit. So ist es vor allem die Öffentlichkeit des

Registrierungsprozesses, die den Ängsten vor Bloßstellung, Stigmatisierung und dem offensichtlichen Eingeständnis eines „Loser-Images" Vorschub leistet. Die folgenden Textpassagen der Interviews 091 und 776 verdeutlichen derartige Befürchtungen:

091: Na ja, hin und her, und dann hatte ich, ich bin auch mehrmals reingegangen in diese Spielbank, und immer mit dem Gedanken: ‚Heute sperre ich mich'. Aber ich hatte ja immer 50 Euro oder was eingesteckt, einmal probiere ich es noch, damit ich ein bisschen Geld als Rücklage habe, und jedes Mal war es wieder weg, und bei jedem Tag, wo ich rein ging, hab' ich mich geschämt mich zu sperren, weil es ging irgendwo am Eingang in der Spielbank, wo die ganzen Leute, die mich auch immer sahen und schon grüßten: ‚Ach, hallo, auch wieder da?' und so. Und dann stehe ich da und will mich sperren und hatte Angst, ich fange vielleicht an zu heulen, weil ich mich ja selbst so schlecht fühle.

776: An einem Sonntag bin ich eigentlich hingegangen. Ich bin, hab' mir schon gedacht: ‚O.k., wenn es jetzt extrem voll ist ...', das war so, wie spät war das, das war um die Mittagszeit, 14.00 Uhr [...]. Ich würde sagen, es war nachmittags, es war noch kein Abend, also, weil am Abend hätte ich mir überlegt, ist es voller. Aber ich hab' schon bewusst einen Zeitpunkt gewählt, von dem ich mir erhofft habe, dass es nicht so voll ist und bin dann eben einfach an diese Rezeption, oder wie es genannt wird, gegangen. Hab' ich gesagt: ‚Ich möchte mich sperren lassen'.

Wie sich bei Probandin 091 bereits andeutet, dient als subjektive Rechtfertigung des Weiterspielens häufig das bekannte „Spieler-Argument", die entstandenen Verluste wieder ausgleichen zu wollen (Chasing-Verhalten). Genau diesen Aspekt brachte auch Gesprächspartner 497 zum Ausdruck, der sich letztlich erst nach weiteren gravierenden Verlusten auf die Sperrliste setzen ließ:

I: Sie haben sich schon damit beschäftigt, aber dann doch vier, fünf Wochen gewartet?
497: Vier, fünf Wochen gespielt, genau. Weil ich gedacht hab', ich bring' den Verlust wieder rein, gewinne den Verlust wieder zurück.
I: Aber irgendwann haben Sie gesagt: ‚Jetzt lasse ich mich sperren'. Können Sie sich an die Situation erinnern? Wie war das?
497: An die Situation kann ich mich sehr gut erinnern, weil da habe ich ca. 1.000 Euro mitgehabt in bar. Und dann habe ich von 8:00 Uhr abends bis 3:00 Uhr früh nur permanent verloren. Und dann habe ich mir gedacht: ‚Jetzt reicht's!'.

Ausgeprägte Spielverluste – wie von Proband 497 nahegelegt – stellen ein emotional besetztes „Aha-Erlebnis" dar und machen in Kombination mit psychischen Erschöpfungssymptomen den Rückgriff auf die Spielsperre als „letzten Rettungsanker" wahrscheinlicher. Im Gegensatz dazu sind nur wenige Spieler anzutreffen, die den Vorsatz, sich unter gewissen Umständen vom Spielbetrieb auszuschließen, auch unmittelbar einhalten bzw. nicht permanent wieder aufgeben. Proband 121 bildet somit eine Ausnahme, da er den erstmalig formulierten Entschluss, nach einem erneuten Verlust eine Spielsperre zu verfügen, in die Tat umsetzte:

I: Sind Sie ganz bewusst an dem Tag nur ins Casino gegangen, um sich zu sperren oder war es der Entschluss, weil Sie wieder verloren hatten? Wie war das so?
121: Ja, also es war so: Ich glaub', ich bin zweimal ins Casino gegangen an dem Tag. Also, erst 'mal hatte ich so 30 Euro mit, hab' ich verzockt. Ich wollte nur 50 machen daraus, nicht. Und dann beim zweiten Mal bin ich wieder, hab' ich Geld geliehen von irgendwo, 50 Euro oder so [...]. Und das dreimal habe ich es gemacht, und dann auf jeden Fall beim dritten Mal, ich so: ‚Jetzt reicht es!'. Wenn ich jetzt dieses Geld verliere, das schwöre ich, dann mach' ich Spielsperre. Und dann hab' ich geschworen für mich selbst, und dann hab' ich das Geld verloren, dann hab' ich mich sperren lassen.

Für den Casinobereich ebenfalls als untypisch erweisen sich Sperrverfügungen, die unvermittelt erfolgen. Besonders außergewöhnlich ist die Inanspruchnahme der Spielsperre nach einem Gewinnerlebnis, wie sie von dem bereits vorgestellten Pokerspieler (Nummer 103) geschildert wurde. Auch die Aussagen von Proband 021, dessen erste Spielsperre auf einem spontanen Entschluss fußte und dessen zweite Spielsperre nach einer nur etwa zwei Wochen andauernden Phase des Grübelns stattfand, sind dieser Kategorie zuzuordnen:

I: Wie spontan war der Entschluss bei Ihnen, sich sperren zu lassen? Haben Sie davor länger überlegt oder war es eher spontan?
103: Ja, das war sehr spontan. Das war, wie gesagt, so eine besagte Nacht in H., wo ich halt irgendwelche 300 Euro gewonnen hab'. Dann bin ich halt aufgestanden, hab' kurz emotional reagiert: ‚Wie ging es mir dabei? Was hab' ich empfunden?'. Und da bin ich zum Schluss gekommen, dass ich darauf keinen Bock mehr hab', dass es wesentlich positivere Gefühle gibt. Bin zur Rezeption gegangen und hab' gesagt: ‚Lassen Sie mich sperren!'.
021: Also, bei mir war es, wie soll ich das sagen, bei der ersten Spielsperre war es sehr spontan. Da bin ich also an den Tresen gegangen, hab' gesagt: ‚So, sperrt

mich ‚mal für ein Jahr!'. Bei der zweiten Spielsperre hat das ungefähr zwei Wochen in mir gearbeitet, bis ich gesagt habe: ‚So, also jetzt ist Schluss!', und dann hab' ich die Entscheidung getroffen, und so hab' ich das eigentlich auch immer im Leben gemacht.

Hauptthema 3: Der Registrierungsprozess – Positive und negative Erlebnisse

Ein weiteres wesentliches Moment bei der Bestimmung der Güte von Sperrverfahren bezieht sich auf die konkrete Situation der Registrierung. Zunächst ist anzumerken, dass einige Spieler von Bezugspersonen begleitet wurden bzw. von dritten Personen Unterstützung erhielten, als sie die Sperrvereinbarung im Casino unterschreiben wollten. Bezeichnend fällt in diesem Kontext die Erlebnisdarstellung von Proband 141 aus, der diesen Schritt grundsätzlich zwar als unangenehm erlebte, sich in Begleitung eines Bekannten jedoch nicht von seinem Vorhaben abbringen ließ:

I: Wie lief das da ab, als Sie den Entschluss gefasst haben? Vielleicht können Sie das einmal beschreiben.
141: Ja, erst 'mal war da rappelviel los an der Kasse. Wir waren am Empfang.
I: Ja, da ist doch so eine Drehtür, und dann ist da vorne der Empfang, nicht wahr?
141: Ja, genau. Und da standen – keine Ahnung – fünf, sechs, sieben Leute noch hinter mir. Ja, und da habe ich mir gedacht: ‚Mh'. Also, ich hatte auch einen Bekannten dabei, der mich da auch so ein bisschen unterstützt hat, muss ich sagen. Ja, erst 'mal war das ein bisschen unangenehm, und dann habe ich mir gedacht: ‚Tja, egal, da muss ich jetzt durch'. Und hab' da vorne auch dann, jetzt nicht so ‚wisper, wisper', sondern direkt auch gesagt: ‚Ich möchte mich sperren lassen'. Ab da hab' ich so gemerkt, um mich ist so ein bisschen Ruhe. Ja, es war ein bisschen unangenehm erst, aber wenn man das wirklich vorhat, dann ist einem das doch relativ scheißegal.

In ähnlicher Weise kann die Aussage von Interviewpartner 028 gewertet werden, der den Empfangsbereich der Spielbank mit zwei Freunden aufsuchte, welche ihm bei seinem Unterfangen zur Seite standen:

I: Und schildern Sie einmal konkret, wie jetzt die Situation aussah, als Sie sich haben sperren lassen. Sind Sie auf das Personal zugegangen?
028: Ja. Ich hab' da vorne an der Rezeption, beim Saalchef. ‚Ja, haben Sie es sich gut überlegt?'. Ich sag' ja. Ich war mit zwei Freunden noch da. Die haben auch gesagt: ‚Das ist gut, dass du das machst. Finde ich gut'. Ja und dann hab' ich es auch gemacht, weil es ging ans Eingemachte.

Die Frage nach den Interaktionen mit dem Spielstättenpersonal während des Registrierungsprozesses rief bei den interviewten Personen unterschiedliche Erinnerungen hervor. Beispielsweise war Interviewpartnerin 169 positiv überrascht von der Freundlichkeit und Sensibilität der Casinomitarbeiter, was in erheblicher Weise zu ihrer eigenen Entlastung beitrug:

> 169: [...]. Da bin ich hingegangen. Die [Casinomitarbeiter] waren sehr liebenswürdig und nett, was ich auch nicht gedacht habe. Ich hab' auch gedacht: ‚Oh, die gucken dich an'. Die wollen ja im Grunde genommen unser Geld, sag' ich 'mal, das Land Niedersachsen will unser Geld. Nein, die waren so lieb und nett [...], und ich war erleichtert.

In der Regel fanden weder direkte noch subtile Versuche seitens der Casinomitarbeiter statt, den Betroffenen die Spielsperre wieder auszureden. Stellvertretend für die mehrheitlich geäußerten Erfahrungen steht der folgende Bericht von Proband 141:

> 141: Ja, also ich fand es gut, dass er [der Saalchef] nicht versucht hat, mich zu überreden. Das hat er nicht gemacht, die verlieren ja immerhin Kunden.

Vor dem Hintergrund mehrfacher Sperrverfügungen in österreichischen Casinos sieht Gesprächspartnerin 728 im Vergleich zur Vergangenheit aktuell eine Verbesserung der Organisationspraxis in Sachen Spielsperre. Ihre erste Spielsperre erfolgte noch für jede anwesende Person gut sichtbar im Foyer der Spielbank. Dieses Vorgehen wurde entsprechend als „sehr peinlich" empfunden. Demgegenüber wirkte die Atmosphäre beim letzten Sperrabschluss „sehr befreiend":

> 728: Das erste Mal war für mich sehr peinlich. Da hat man das noch im Foyer gemacht, also beim Empfang, und ich musste den Passport herausholen, und die Papiere lagen da. Irgendwie habe ich das ganz schlecht in Erinnerung. Und dieses Mal war es so richtig, die Atmosphäre sehr befreiend für mich.

In Einklang mit der vorherrschenden Meinung sprach auch Proband 044 das Problem an, den Initialkontakt zum Casinopersonal in der Öffentlichkeit herstellen zu müssen. Diese Handlung kostete ein gewisses Maß an Überwindung, führte letztlich aber zu einer Steigerung des Selbstwertgefühls („gutes Gefühl", „stolz sein"). Zugleich impliziert die folgende Textpassage den Bedarf an einer Optimierung der innerbetrieblichen Verfahrensabläufe. Zum einen wird auf eine vergleichsweise lange Wartezeit im Eingangsbereich des Casinos verwiesen; zum anderen scheinen nicht immer alle Mitarbeiter über die notwendigen Handlungsschritte bei Beantragung einer Spielsperre informiert zu sein:

044: Also, ich hab' mich gut gefühlt, weil ich diesen Schritt getan habe. Es ist ja doch eine gewisse Überwindung. Sie müssen das ja öffentlich tun. Sie müssen da an den Schalter unten gehen, und da sitzen also zwei freundliche Damen und nebenan sind, oder direkt daneben sind also Leute, die sich also eine Eintrittskarte holen. Trotzdem fand ich das von mir gut, dass ich es also so getan hab. Ich will nicht übertreiben, aber ich war also stolz auf mich, dass ich es gemacht habe, auch in dieser Situation das also öffentlich zu sagen. Dann hat das also ein bisschen gedauert bis die Dame da am Tresen das also verstanden hat, dass ich mich also wirklich sperren lassen wollte […], das hat sie also in dieser Form gar nicht registriert oder registrieren wollen, und dann tuschelte sie mit ihrer Kollegin, und dann gucken die also in ihren Computer und haben mich da, also, ich muss 'mal sagen fünf Minuten stehen lassen, und denn sagten die: ‚Also, das können wir, so wissen wir das also nicht, und wir holen jetzt den Geschäftsführer'. Und der kam dann auch sehr schnell an, und da muss ich sagen, der war also sehr freundlich. Hat gesagt: ‚Sie wollen sich sperren lassen?'.

Erwartungsgemäß berichteten nahezu alle Probanden direkt nach Inanspruchnahme der Spielsperre von einem Stimmungshoch. Am häufigsten fiel in diesem Zusammenhang der Begriff der Erleichterung, wie die Fallbeispiele 091 und 141 belegen:

091: Und dann bin ich natürlich raus, war eine Erleichterung: ‚Und jetzt hast du es geschafft, endlich hast du den Mist vom Hals'.
I: Wie haben Sie sich gefühlt, als Sie sich für die Sperre entschieden haben?
141: Erleichtert erst 'mal. Und dann habe ich mir gedacht: ‚Eigentlich ist es auch nur ein Selbstbetrug, diese Sperre'. Denn wenn man wirklich spielen will, findet man auch andere Möglichkeiten. Aber für mich selber erst 'mal Erleichterung und ein wichtiger Schritt auch.

Abschließend soll Proband 289 zu Wort kommen, der eine Spielsperre auf win2day realisierte. Während der Online-Spielsperre in der Regel keine lange Überlegens- oder Ambivalenzphase vorausgeht und sich die Problembelastung bei den Betroffenen in Grenzen hält, sah die Gesamtsituation bei diesem selbstdefinierten süchtigen Online-Spieler anders aus. Aggressive Impulsdurchbrüche und Konflikte mit der Lebenspartnerin führten zu einer Offenlegung des exzessiven Spielverhaltens und nachfolgend zu der gemeinsamen Entscheidung, eine Selbstsperre auf win2day zu veranlassen:

289: Ich habe es zuerst bemerkt, es geht nicht mehr. Ich war aggressiv. Durch den Verlust, den man hat, ist man dem Partner gegenüber total unfair und lässt gewisse Sachen, die man selbst verschuldet hat, wie zum Beispiel Verlieren beim Spielen, lässt man am Partner aus. Ich habe mich überwunden und habe gesagt jetzt: ‚Ich kann nicht anders, ich muss ihr das sagen'. Ich habe den Zeitpunkt aber nicht zu Hause gewählt, sondern extra, dass wir spazieren gehen [...]. Und wir haben einfach darüber geredet. Ich hab's gehofft, dass sie so reagiert, wie sie wirklich reagiert hat. Wir sind nach Hause und wir haben uns das Ganze angeschaut. Ich habe ihr die Verluste gezeigt. Ich habe ihr auch die Excel-Datei gezeigt mit dem Ganzen. Und ich glaube sogar, am gleichen Tag sind wir hergegangen und waren im Internet und haben die Spielsperre gemeinsam gemacht.

Hauptthema 4: Varianten des Ausweichens

Die Effektivität einer Spielsperre ist nicht zuletzt von Umgebungsvariablen, wie den weiterhin zugänglichen Spielangeboten, abhängig. Aus Spielersicht bedeutet das Ausweichen auf andere Glücksspielsegmente oftmals eine persönliche Niederlage und das generelle Scheitern des Versuchs, mit dem „Zocken" aufzuhören. Das ausgiebige Weiterspielen in Spielhallen nach Abschluss der Spielsperre führte etwa bei Probandin 022 dazu, die Zugangsbeschränkung in Casinos als wertlos und sinnentfremdet aufzufassen. In ihrer Wahrnehmung locken die Spielhallen mittlerweile mit vergleichbaren Spielanreizen wie die Spielbanken:

022: [...]. Als ich mich hab' sperren lassen, war ich der festen Überzeugung, da gehe ich nicht mehr hin, und da kannte ich die Spielhalle noch nicht [...]. Die Spielhallen haben allerdings aufgebessert mit den Automaten, sind nicht mehr die, die früher drin waren, sind praktisch dieselben, die in der Spielbank sind [...].

Im Gegensatz zu Spielerin 022 begab sich Probandin 169 bis zum Zeitpunkt des Interviews nur ein einziges Mal in eine Spielhalle. Allerdings lässt die nachfolgende Schilderung mit den Versatzstücken Glücksgefühl, Gewinnsituation und Wiedereinsatz des Geldgewinns die Vermutung zu, dass eine erhöhte Gefahr für das erneute Abgleiten in die „Welt des Glücksspiels" besteht:

I: Und wie war das für Sie?
169: Ja, wieder ein Glücksgefühl natürlich. Ich hab' zwar nichts verloren, ich hab' nur gewonnen. Aber ich hab' sofort gesagt: ‚Mache ich nie wieder'. Wie wir um 8:00 Uhr zu Hause waren, hab' ich sofort gesagt, ich sag: ‚Da hat mich irgendwo der Teufel geritten', und weil da gespielt wurde, ich hab' da fünf Euro reingesteckt und habe sofort 20 Euro rausgeholt. Ich hab' natürlich dann wieder die 15 Euro, die ich gewonnen hatte, wieder reingesteckt. Hab' ich gesagt: ‚Ab nach Hause'. Ich hatte wieder das Geld verspielt. Das war am Samstag letzter Woche.

Neben den Spielhallen stellt die leichte Verfügbarkeit und Griffnähe von Geldspielautomaten in gastronomischen Betrieben einige Betroffene vor die große Herausforderung, an ihrem Abstinenzziel festzuhalten. Besonders prägnant erscheint die Darstellung von Proband 121, der sich „eigentlich nur etwas zu essen" kaufen wollte, mit dem Restgeld indessen ein Geldspielgerät bediente:

121: [...], ich hatte so Geld, nicht [...]. Ich war eigentlich in der Stadt, um zu essen. Dann hab' ich mir was zu essen gekauft, und dann auf jeden Fall, ich guck' so, so ungefähr 20 Euro sind so übergeblieben, und dann ich so, ich Idiot, hab' dann sofort, da stand ein Automat in der Gaststätte, hab' ich es sofort reingetan. Also, soweit süchtig, und ich hab' mich überhaupt nicht unter Kontrolle.

Eine Optimierung des Spielerschutzes verkörpert die lückenlose Einführung der Ausweiskontrolle in den deutschen Spielbank-Dependancen mit Beginn des Jahres 2008. Davor war es gesperrten Casinospielern in Deutschland ohne großen Aufwand möglich, auf die Automatensäle auszuweichen. Im Interview 165 wurde dieser Umstieg vom sogenannten „Großen Spiel" (Tischspiel) zum sogenannten „Kleinen Spiel" (Automatenspiel) angesprochen:

165: [...]. Und ich habe mich dann schon einmal, ich weiß jetzt nicht genau, aber vielleicht vor sieben, acht Jahren sperren lassen.
I: In der Zeit haben Sie auch nicht am Spiel teilgenommen?
165: Ja, aber dann bin ich irgendwann angefangen, an Automaten zu spielen.
I: Weil Sie nicht mehr ins Casino reinkamen?
165: Ja. Und das war natürlich besonders blöd, weil Automatenspiel, ach nein, Spiel macht in jedem Fall irgendwo einsam [...]. Ich hab' also angefangen, Automaten zu spielen, und da kommt man ja ohne Ausweiskontrolle rein.

Die Bedeutung effektiver Einlasskontrollen wird darüber hinaus durch die Erfahrungen von Spielerin 091 dokumentiert. Ihrer Einschätzung nach blieb eine in der Vergangenheit erwirkte, zeitlich auf ein Jahr begrenzte Spielsperre ohne Erfolg, da sie sich mühelos Zugang zur Spielbank-Dependance verschaffen konnte. Erst mit der Etablierung von Ausweiskontrollen beim „Kleinen Spiel" entstand die Idee, sich nochmals zu sperren:

091: [...], jetzt bin ich ungefähr sechs Jahre dabei, und nach zwei Jahren oder eineinhalb Jahren hab' ich mich ja gesperrt, ein Jahr war ich gesperrt, aber zwecklos. Und jetzt ab Anfang dieses Jahres hab' ich ja gelesen, dass es jetzt neuerdings eine Ausweiskontrolle gibt, und so denke ich, das ist die Idee, da kann ich ja nicht mehr rein, da werde ich, gebe ich mir selbst eine Schranke, obwohl ich jetzt noch nicht ganz überzeugt war.

Eine weitere Umgehungsmöglichkeit besteht in dem Besuch von Casinos des benachbarten Auslands. So können Sperrverfügungen in österreichischen Spielbanken unter anderem mit dem Gang über die Grenze nach Tschechien leicht ausgehebelt werden. Daneben berichteten einige gesperrte Spieler mit Wohnsitz in Niedersachsen, dass sie nunmehr die Spielangebote von Holland Casinos in den Niederlanden wahrnehmen würden. Zum Beispiel gab Proband 144 drei Monate nach der Sperrverfügung in Deutschland mit der Fahrt nach Enschede (Niederlande) erstmals wieder seinem Spielverlangen nach:

144: Also, wie gesagt: Drei Monate ging das gut und dann irgend so ein Reiz, noch 'mal hinzugehen, zu gucken. Nach Enschede bin ich gefahren, das dauert eine Stunde ungefähr. Ja, und dann fing das gleich wieder an, dass ich da wieder ein bisschen gewonnen habe und zum Schluss war wieder alles weg [...]. Also, ich sage 'mal, nach der Sperre ging es ja eigentlich wieder ein bisschen bergauf, wurde alles ein bisschen besser. Jetzt wieder mit der Hollandsache, dann ist alles wieder in den Keller gefallen. Und jetzt wieder langsam hoch, so langsam wieder, schwer. Deswegen denke ich 'mal, dass ich mich da auch, vielleicht noch 'mal hingehe und dann sperren lassen werde, in Holland auch.

Trotz der zahlreichen Gelegenheiten zum Weiterspielen verweisen einige Untersuchungsteilnehmer darauf, dass für sie ein (dauerhaftes) Ausweichen auf andere Glücksspielsegmente oder ein „Zocken" in ausländischen Casinos nicht in Frage kommt. Exemplarisch anzuführen sind in diesem Zusammenhang die Aussagen der Probanden 021 und 044. Während für Spieler 044 von Sportwetten und Geldspielautomaten überhaupt kein Spielanreiz ausging, hatte Spieler 021 unlängst zum Zeitvertreib zehn Euro in ein Geldspielgerät geworfen, ohne jedoch im Anschluss daran den Drang zu verspüren, dieses Ereignis wiederholen zu müssen:

021: Also, ich kann jetzt eine kleine Episode erzählen. Ich hatte neulich einen Arzttermin. Wie ich hinkam, wurde der um 1,5 Stunden verschoben. Da war ich in der Braunschweiger Innenstadt. Da bin ich in so eine Spielhalle, hab' meinen 10-Euro-Schein reingeschoben, und das war es, und da waren die 1,5 Stunden um, oder eine Stunde um, und dann bin ich wieder dort hinausgegangen. Aber das Verlangen loszufahren, es gibt ja auch andere Spielclubs, weiß ich was, die annoncieren ja da auch, stehen im Telefonbuch, so was reizt mich nicht.
044: Ich hab' jetzt zwar in O. einige Häuser, und da ist also auch, einer meiner Mieter betreibt dort also ein Wettbüro, aber da war ich, ich bin da zwar Vermieter drin und muss also verschieden mit dem sprechen, aber ich bin noch nie auf die Idee gekommen, eine Sportwette zu machen. Und wissen Sie, diese Daddelautomaten, die es da in Gaststätten oder Imbissen oder wo auch immer gibt, das interessiert mich nicht. Das ist, ach die Gewinnchance ist mir da dann einfach zu gering. Das ist nichts für mich.

In Einklang mit diesen Textpassagen bestätigte auch Proband 165, dass sich für ihn andere Glücksspielformen als wenig attraktiv erwiesen. Aufgrund von bestimmten Rahmenbedingungen schied für ihn ein „Zocken" in Gaststätten (wegen fehlender Anonymität) genauso aus wie das Glücksspiel im Internet (wegen des mangelhaften Schutzes der Privatsphäre bei der Datenübertragung):

I: Verschwenden Sie dahingehend [gewerbliches Automatenspiel; Online-Glücksspiele] auch Gedanken?
165: Nein. Also, aus den unterschiedlichsten Gründen. Zum einen bin ich eigentlich so gut wie nie alleine irgendwo in einem Restaurant oder in einer Wirtschaft, so dass ich da spielen könnte. Und ich bin dem Internet gegenüber zu skeptisch, ich will meine Daten nicht rausgeben.

Eine bemerkenswerte Geschichte erzählte der hoch verschuldete Proband 033, der aufgrund der Folgeschäden der Glücksspielsucht sogar versucht hatte, sich das Leben zu nehmen. In der Phase der Mittellosigkeit erlaubte ihm der Besuch der Spielhalle, umsonst zu speisen und soziale Kontakte zu pflegen. Das Bedürfnis, wieder selbst zu „zocken", bestand laut Eigenangaben hingegen nicht:

I: Also Sie waren in Spielhallen? Wie war das da?
033: Das war eigentlich so, dass ich da drin war, weil ich da Bekannte hab'. Da hab' ich gewusst, die sind dort. Deswegen bin ich hingegangen und hab' eigentlich beim Spielen zugeguckt.
I: Also das hat Sie nicht angemacht?
033: Nein, weil ich hab' ja ganz anders gespielt, mit ganz anderen Einsätzen [...]. Ich habe immer dann gespielt, wenn es mir schlecht ging. Das war's. Wenn es mir gut ging, habe ich nicht gespielt [...]. Ich war nur zum Kaffee trinken dort. Weil Bekannte von mir da halt hingehen. Wenn ich dann unterwegs gewesen bin, trinken wir einen Kaffee, da kriegt man umsonst Kaffee und umsonst Brötchen und so. Wo ich kein Geld gehabt hab', bin ich halt öfters da hingegangen.

Im weiteren Verlauf des Interviews sprach Proband 033 von der aktuellen Popularität der Spielhallen und der zu beobachtenden Spielverlagerung von den staatlichen Casinos zum gewerblichen Automatenspiel. Dieser Entwicklungstrend wurde von ihm unter anderem dadurch begründet, dass sich gesperrte Casinospieler jetzt vermehrt in Spielhallen aufhielten und dort ihr Geld ließen:

033: [...]. In den Spielhallen stehen ja Automaten drinnen, und die Läden sind brechend voll. Ich kann das beobachten, wenn ich dran vorbeikomme oder wo ich schon drin war zum Kaffee trinken, die sind rappelvoll, die Leute ruinieren sich auch mit niedrigeren Beträgen [...]. Ich sehe die Leute, die, genau wie ich in B. mit hohen Einsätzen, stundenlang mit niedrigen Einsätzen dort drinnen sitzen, und Sie werden sehen, mit der Zeit wird es immer mehr Süchtige geben. Und es sind ja auch wahnsinnig viele Frauen in den Läden, die schießen ja wie Pilze aus dem Boden, und die sind immer voll die Läden, die Casinos werden leerer werden. Warum? Weil in den Spielläden können Sie trinken so viel Sie wollen, Sie können fünf Colas bestellen, fünf Kaffees, da gibt es zwar keinen Alkohol, aber es gibt immer wieder Häppchen, Süßigkeiten, Kuchen, alles was Sie wollen, und da werden die Leute geklammert. Das Spiel verlagert sich jetzt von den Casinos in die Läden [...]. Ich habe auch viele Leute gesehen, vereinzelt, die ich in B. gesehen habe. Ich kenne ein paar, die sich sperren lassen und der Zufall will es, bin ich 'mal hingegangen, weil mich der Kollege angerufen hat: ‚Treffen wir uns, trinken wir einen Kaffee?', und dann kam ich und hab' dann zugeguckt, und dann kam der ein oder andere rein, der sich in B. hat sperren lassen [...].

Schließlich zeugen die Einstellungen der meisten Probanden in Bezug auf den generellen Wert der Online-Spielsperre bei nur einem Anbieter von einer großen Skepsis. Gerade das problemlose, lediglich mit wenigen Mausklicks zu verwirklichende Ausweichen auf andere Glücksspiel-Websites lässt eine singuläre Spielsperre bei suchtgefährdeten Individuen als wenig zweckdienlich erscheinen, wie die Aussagen der Spieler 011 und 103 bekunden:

011: Weil wir haben das Problem dabei, dass es zig Anbieter gibt. Ich sag', die Leute, die wirklich gefährdet sind, weichen sofort aus. Wenn Sie sich heute hier die Werbemails anschauen: ‚Zahlen Sie 100 Euro ein oder 10 Euro ein – Sie kriegen 300% Bonus'. ‚Melden Sie sich an und Sie sind schon dabei im Spielcasino', egal welcher Art und Weise, international. Kreditkarte und geht schon los.

103: Prinzipiell finde ich es natürlich anfänglich sehr sinnvoll, dass es diese Möglichkeit gibt, dazu sind die Anbieter sicherlich auch verpflichtet. Allerdings ist es halt insofern Unsinn, als dass man einfach viel zu einfach ausweichen kann. Es wäre irgendwie eine allgemeine Sperre sicherlich sinnvoller, wo alle Pokeranbieter irgendwie miteinander vernetzt sind, und man sagt: ‚O.k., ich bin gesperrt', dass ich wirklich online nicht mehr die Möglichkeit habe zu spielen. Das lässt sich natürlich nicht umsetzen oder zumindest nur sehr schwer, und ich glaube auch nicht, dass da alle wieder mitmachen.

Hauptthema 5: Die Spielsperre und ihr Nutzen als Schutzmaßnahme

Im Mittelpunkt aller Interviews stand die Frage nach dem allgemeinen Nutzen der Spielsperre als Schutzmaßnahme. In Abhängigkeit der individuellen Erfahrungen variierten die Aussagen von „kontraindiziert" und „verfehlt" über „symbolisch" bis zu „absolut hilfreich" und „überlebenswichtig". Am negativen Pol des Antwortspektrums findet sich Probandin 022 wieder, die wie oben beschrieben ein ausgeprägtes Ausweichverhalten an den Tag legte. Durch den ungehinderten Zutritt zu Spielhallen und das dortige Weiterspielen erwies sich die Spielsperre für sie unter dem Strich als bedeutungslos:

I: Wie würden Sie den Nutzen der Spielsperre denn einschätzen? Jetzt unter dem Strich nach acht, neun Monaten?
022: Gar nicht. Gar nicht. Das ist gehupft wie gesprungen, ob Sie sich sperren lassen oder peng. Das ist, solange es eine Spielhalle gibt, in der keine Sperrungen vorliegen, ist das sinnlos. Ganz klar gesagt [...]. Aber in dem Moment, er [der Spieler] braucht sich überhaupt nicht mehr sperren lassen, es gibt ja Spielhallen und die sind gleich [...]. Also, sie ist, ich ärger' mich wieder, dass ich das unterwandert habe und nicht einfach 'mal aufhören kann. Ich ärger' mich über die Spielhallen, dass ich dort rein kann (lacht). Ich ärger' mich über die Behörden, dass sie die Spielhallen nicht wirklich so, dass die, ach,

nicht nur mir, das geht allen anderen auch so, dass man die Spielhallen wirklich nur mit Ausweis betreten darf und wer Sperre hat, die Spielsperre vom Staat verallgemeinert wird [...]. Also, ich bin der Meinung, dass sehr viel Elend vermieden werden würde, sehr viel Elend, was keiner auf der Straße sieht, wenn praktisch eine Sperre vorliegt in der Spielhalle. Also, praktisch man seinen Ausweis vorlegen muss, wenn man reinkommt und ehe man an den Automaten geht, und dass die Spielbank die Spielsperre erweitert auf die Spielhallen.

In einem Nachfolgeinterview knapp zehn Monate später hatte sich die Einstellung der Probandin 022 weiter verfestigt. Immer noch in Spielhallen „zockend", bewertete sie die Sperrverfügung nunmehr sogar als kontraproduktiv:

022: [...]. Das ist, also ich, wenn ich noch 'mal die Wahl hätte, ich würde dann wieder die Sperre sein lassen und gepflegt in die Spielbank gehen, da war ich nicht so weit unten, ehe ich noch mal die Spielhalle betreten würde.

Im Gegensatz dazu verbesserten sich bei anderen Personen die allgemeine Lebensqualität und das psychosoziale Funktionsniveau nach Verfügung der Spielsperre zum Teil erheblich. Beispielsweise sah Proband 165 die Zugangsbeschränkung zum Casino vor dem Hintergrund seiner spürbar verbesserten finanziellen Lage als etwas „Überlebenswichtiges" an:

I: Wie groß ist der Nutzen für Sie persönlich gewesen, so als große Bilanz nach 15, 16 Monaten?
165: [...]. Also, bevor die intrinsische Motivation greift, ist das für mich was Überlebenswichtiges gewesen. Überlebensgleich ist mir eine Nummer zu hoch. Aber sehr nahe dran, finanziell. Alles zusammen hab' ich halt in der Zeit jetzt, kann ich nicht genau sagen, aber erst einmal 7.000 oder 8.000 Euro an Schulden abgetragen.

In ähnlicher Weise äußerte sich Proband 191 aus der Schweiz, der als Konsequenz der Spielsperre ebenfalls über größere Geldsummen frei verfügen konnte. Anstelle von Spielverlusten und dem damit einhergehenden Verzicht auf zweckdienliche Anschaffungen (z.B. im Haushalt) bedeutete die Spielsperre für ihn eine Art Befreiung, verbunden mit einer Steigerung des Selbstwertgefühls (Wegfall des „Loser-Gefühls"):

191: Man muss nicht jeden Franken umdrehen, man kann sich auf einmal Dinge leisten, auch wenn es nur sieben Wochen her sind, für die vorher kein Geld da war. Ich meine ein Gartenstuhl oder ein Gartentisch ist nicht unbedingt wichtig. Das heißt, da kann man auch drauf verzichten im Moment, man hat ja noch einen alten. Aber es ist jetzt Geld da. Das ist eigentlich etwas, ich fühl mich befreiter. So, mir geht es persönlich schon einiges besser, steigende Tendenz [...]. Also, wenn man da [aus der Spielbank] rausgeht, dann das Geld verspielt hat, was man eigentlich für andere Dinge bräuchte. Dieses Gefühl ist auch auf schweizerisch wie auf deutsch ‚Scheiße', absolut. Man fühlt sich so beschissen, der Loser, schlecht. Und dieses Gefühl nicht mehr zu haben, nur schon das gibt eine andere Lebensqualität.

In Ergänzung zu den positiven Effekten auf der finanziellen Ebene erlebte Spielerin 169 die Phase nach der Sperrverfügung als deutlich entlastend. Die Auswirkungen umfassten eine erhöhte Achtsamkeit im Alltag, eine Zunahme der Genussfähigkeit sowie eine erhebliche Stimmungsaufhellung. Bemerkenswert ist darüber hinaus, dass die antizipierten negativen Folgen in Form von „Entzugserscheinungen" nicht eintrafen:

169: [...]. Und da hab' ich die meiste Angst vor gehabt. Das hat mich, ja, sag' ich 'mal, mehr oder minder ein Jahr zurückgehalten, dass ich mich hab' sperren lassen, weil ich Angst vor diesem Entzug hatte. Aber ich habe nichts gemerkt. Im Gegenteil. Ich habe viele Dinge gehabt, ich sehe die Blumen wieder wachsen, ich sehe, ich habe den Schnee gesehen. Ich hab' alles positiver gesehen. Das kann ich wirklich nur jedem Menschen, jedem Menschen sagen, alles positiver, alles.

Auch bei Probandin 246 lassen sich knapp drei Monate nach Abschluss der Sperrverfügung eindeutig positive Effekte erkennen. Formulierungen wie „Erlösung" und „glücklich wie lange nicht mehr" verweisen auf die einschneidenden Veränderungen, die die Spielsperre mit sich brachte. Außerdem scheint dieser Schritt eine optimistische Zukunftsorientierung zu ermöglichen:

246: Und wissen Sie was, ich bin so erlöst und so glücklich wie lange, lange nicht mehr, dass ich jetzt weiß, ich kann da nirgends mehr rein. Weder in Österreich noch in Deutschland [...]. Und somit bin ich heute sehr, sehr glücklich, und ich mach' Pläne, und ich will jetzt sparen, und ich will unbedingt wieder zu meinem Niveau schön langsam aufsteigen.

Offensichtlich erfüllt die Spielsperre bei einigen Spielern ihren originären Schutzzweck. Zu dieser Teilgruppe zählen auch die Spieler 044 und 028, die durch die Zugangsbeschränkung möglicherweise vor Rückfällen in alte Verhaltensmuster bewahrt wurden:

044: Ich hab' also schon daran gedacht, da also hinzugehen, und dann hatte ich also das beruhigende Gefühl, das geht nicht, du hast dich sperren lassen und das ist in Ordnung so. Das hab' ich denn, dieses Gefühl hab' ich denn wieder als positiv empfunden.

028: [...]. Ich kann es nicht anders sagen, hab' ich schon bereut jetzt [die Spielsperre]. Aber ich weiß von der Logik, dass es richtig ist. Das ist, ich bin da zu blöd oder wie. Es hat keinen Zweck. Aber ist auch in Ordnung jetzt so.

Hinweise auf die konkreten Wirkmechanismen einer Spielsperre spiegeln sich in den Aussagen von Probandin 038 und Proband 165 wider. Für beide Personen war die Vorstellung, trotz gültiger Spielsperre in einem Casino erwischt zu werden, beschämend bzw. peinlich. Während bei Interviewpartnerin 038 die öffentliche Blamage im Falle einer Enttarnung als abschreckendes Element im Vordergrund stand, sah Interviewpartner 165 in einem erneuten Casinobesuch zusätzlich einen persönlichen Rückschritt:

I: Wie würden Sie sich dann fühlen als gesperrte Spielerin im Casino?
038: Ich würde gar nicht erst hinfahren.
I: Warum nicht?
038: Nein, weil ich weiß, die würden mich ja kennen. Die Blöße gebe ich mir nicht, ums Verrecken nicht. Also, das mache ich nicht. Also, die Blamage, dieser Blamage würde ich mich nicht aussetzen [...].
I: Was wäre denn so blamierend für Sie?
038: Ja, dass sie mich rausschmeißen. Das ließe ich nicht zu. Also, mich hat noch bisher keiner rausgeschmissen.
165: [...]. Aber ich hätte wirklich überhaupt keine Lust, da im Casino [...], wenn die also meinen Namen anfangs fragen, dann dazustehen und sagen: ‚Ich darf hier gar nicht sein' [...]. Das andere, gut, ich habe also Beratungsgespräche alle vier, sechs Wochen und ja, allein der Gedanke [...], wenn ich da hinkäme und sage also, ich hab' wieder gespielt, würden die nur nicken und sagen: ‚O.k., müssen wir neu anfangen' oder so. Aber allein der Gedanke, dahin zu gehen, der wäre mir dann doch sehr, sehr peinlich und zu sagen: ‚Ich habe wieder gespielt'.

Eine differenzierte Sichtweise nahm Spieler 141 ein, indem er der Spielsperre einen „symbolischen Charakter" zuschrieb. Obwohl er systematische Umgehungen und damit weitere Casinobesuche als möglich erachtete und damit ihre Effektivität auf der Verhaltensebene bezweifelte, hatte die

Inanspruchnahme der Zugangsbeschränkung für ihn eher einen motivationalen Stützeffekt:

I: Wenn Sie jetzt diese letzten drei, vier Monate Revue passieren lassen. Wie würden Sie mit Ihren Worten den Nutzen der Spielsperre einstufen?
141: Also, bei mir würde ich jetzt sagen, nicht ganz so groß. Also, ich weiß, ich würde auch so ins Casino kommen auf anderem Wege. Das ist nicht das Problem. Also, eine Spielsperre kann man umgehen. Ich fand das für mich auch eher so einen symbolischen Charakter, dass ich ziemlich selber das gemacht habe. Aber ich würde jetzt sagen, also wenn ich ins Casino wollte, dann würde ich da reinkommen, auch trotz Spielsperre [...].

Wenige Gesprächspartner nahmen neben der Spielsperre zusätzlich auch formelle Hilfeangebote wahr. Im direkten Vergleich erwies sich die Zugangsbeschränkung als überlegen (Probandin 169) oder aber als notwendige Bedingung für eine Aufarbeitung der psychischen Ursachen der Glücksspielproblematik (Proband 165):

I: Jetzt haben Sie gesagt, Ihnen geht es eigentlich besser [...]. Führen Sie das vorrangig auf, ich sag' mal, auf diese professionelle Hilfe [niedergelassener Psychologe] oder eher auf die Spielsperre zurück?
169: Auf die Spielsperre. Nur auf die Spielsperre jetzt. Ich hab' das ja damals gemacht. Also, nur auf die Spielsperre, dass ich einfach diesen Hebel davor gesetzt bekommen hab', die Tür ist zu, und ich kann nicht mehr und darf nicht mehr. Das ist für mich das Positive.
165: Bevor ich jetzt irgendetwas anderes gefunden habe, von innen heraus, was mich mehr fasziniert als das Spiel, weil ich immer noch nicht weiß, was mich am Spielen fasziniert. Aber bevor ich so was gefunden habe, ist die Spielsperre absolut notwendig, weil, ja gut, sie ist ein Gerüst von außen. Aber wenn ich halt Rückenschmerzen hab', muss ich ein Korsett haben.

In Bezug auf die Effektivität von Online-Spielsperren soll zunächst Proband 051 zu Wort kommen. In seiner Wahrnehmung kehrte mit der Sperre auf win2day ein Stück „Normalität" in den Alltag und die Computernutzung zurück. Zu Hause zu sein, wurde nicht mehr mit dem „Online-Zocken" assoziiert, sondern mit alternativen, genussvolleren Beschäftigungen:

I: Wie sieht der Nutzen der Spielsperren aus? Wie würden Sie das auf den Punkt bringen?
051: Positiv. Ich kann zu Hause ganz normal am Computer sitzen. Man kann die Zeit einfach besser nutzen. Zu Hause kann ich zum Beispiel nicht spielen, das ist angenehm, sehr nützlich. Man kann was Anderes machen. Man kann

das wirklich trennen, dieses zu Hause sein, und wenn man spielen geht, dann muss man sich körperlich fortbewegen. Und ich kann zu Hause meinen Abend genießen, sozusagen.

Diese positiven Auswirkungen wurden von Untersuchungsteilnehmer 024 jedoch relativiert. Um einen Nutzen aus der Spielsperre zu ziehen, wäre ein hohes Maß an Eigenverantwortung und -motivation vonnöten. Fehlten diese Voraussetzungen, hätte dies zwangsläufig ein Weiterspielen zur Folge:

I: Wie würden Sie den Nutzen der Spielsperre bezeichnen? Hat sie geholfen?
024: Wenn ich wollte, also, wenn ich nicht wollte oder, wie soll ich das sagen, wenn es mir nicht ernst ist, hilft es mir gar nichts, denn es gibt Mittel und Wege, weiter zu spielen. Da musst du, wie gesagt, mit dir selber ins Reine kommen und sagen: ‚Hallo, entweder spiele ich oder ich spiele nicht mehr' [...]. Nur alleine die Spielsperre bringt gar nichts, denn es gibt Mittel, wirklich auch bei dem gleichen Anbieter, auch wenn ich gesperrt bin, kann ich trotzdem spielen.

Sowohl Proband 107 als auch Proband 103 verfügen über Erfahrungen mit Spielsperren im Casino- und Online-Bereich. Bei der direkten Gegenüberstellung kamen die beiden Befragten zu dem Schluss, dass grundsätzlich ein geringer Wert von der Internetsperre ausgeht. Als Begründung wurden die zahlreichen alternativen Online-Spielangebote angeführt, die ein Ausweichverhalten erleichtern:

I: Ist der Nutzen der Spielsperre gleich groß wie im Offline-Bereich?
107: Nein, sicher nicht gleich groß, weil man ja Möglichkeiten hat, um, wenn man es unbedingt will, wieder rein zu kommen. Also, sicher nicht. Es wäre natürlich ganz sicher, wenn das so wäre: Man sperrt sich und kann wirklich nichts mehr tun. Aber ich glaube, diese Hintertüren sind kaum zu unterbinden.
I: Um es auf den Punkt zu bringen: Wo ist der Nutzen größer und warum?
103: Ganz klar offline, weil offline, es ist einfach umfassender. Man kann offline nicht mehr ausweichen [...]. Online ist es einfach so, dass es in der Regel so viele Anbieter gibt, also, sich da überall sperren zu lassen, müssen sie einfach, unmöglich, das geht einfach nicht.

Schließlich soll noch auf Proband 154 verwiesen werden, der sich nicht nur auf zwei Internetseiten, sondern auch in einem der terrestrischen Card-Rooms in Österreich (Pokerspielangebot) auf eine offenbar vorhandene Sperrliste setzen ließ. Diese Entscheidung basierte auf der Vernachlässigung beruflicher Verpflichtungen durch das Pokerspiel und erfolgte während einer Gewinnphase:

I: Aber was ist das Reizvolle am Poker für Sie gewesen in den Card-Rooms?
154: Der Gewinn. Die Möglichkeit, Geld zu gewinnen. Ich meine, ich hab' in den Card-Rooms, ich würde sagen, relativ gut verdient. Ich hab' mich sperren lassen in einer Phase, wo ich viel gewonnen habe. Aber das war bei mir so: Ich bin nach Wien gefahren [...] und bin in die Card-Rooms gegangen bis 13:00, 14:00, 15:00 Uhr und hab' auch meine Arbeit dadurch vernachlässigt.

Hauptthema 6: Die Inanspruchnahme formeller Hilfen – Individuelle Hemmschwellen und ablehnende Haltungen

Ein offensichtliches Ergebnis der quantitativen Befragung umfasst den geringen Anteil an Probanden, der ergänzend zu der Spielsperre formelle, institutionalisierte Hilfeangebote in Anspruch nimmt. Trotz zum Teil gravierender glücksspielbedingter Belastungen lehnten einige Betroffene den Weg in das Suchthilfesystem in den Interviews offen ab; andere gesperrte Spieler berichteten indessen von individuellen Hemmschwellen. Beispielhaft für viele Erlebnisschilderungen steht Probandin 728, die sich aufgrund der fehlenden Anonymität letztlich nicht traute, in den persönlichen Kontakt mit einem Suchtberater zu treten:

728: Ja, da bin ich, im selben Haus, in dem mein Orthopäde-Arzt ist, ist die Suchtberatung in X., und da bin ich schon zweimal vor der Tür gestanden, bevor ich mich sperren ließ. Und habe gedacht: ‚Ich glaube, ich mach' den Schritt, ich lass' mich 'mal beraten. Ich möchte doch schauen, bin ich wirklich so stark?'. Und hab' das dann aber doch nicht gemacht. Also, dann habe ich für mich gesagt: ‚Nein, Sperre, das ist das Einzige, was ich machen kann' [...]. Irgendwo hat mich dann, glaube ich, doch der Mut verlassen. Ich dachte, ja so persönlich jemandem gegenüber stehen und irgendwo vielleicht meinen Namen, mein Sohn ist ziemlich bekannt bei uns im Land, er ist ein guter Sportler, und dann der Name vielleicht, und ich will das nicht für meine Kinder oder für meinen Mann, dass das jetzt rauskommt: ‚Ja, sie ist jetzt süchtig, und sie geht zur Suchtprophylaxe', und und und. Das war für mich ausschlaggebend, dass das zu wenig anonym ist für mich.

Interessanterweise bilanzierte Probandin 728, dass die Spielsperre die einzige Maßnahme gewesen sei, die sich schlussendlich als umsetzbar erwies. An dieser Stelle deutet sich ein Sachverhalt an, der auch in anderen

Gesprächen implizit oder explizit immer wieder auftauchte: Während die Inanspruchnahme der Spielsperre „lediglich" einmalig Überwindung kostete, bedeutete der Gang zu einer Beratungsstelle oder Selbsthilfegruppe einen nachhaltigen Reflektionsprozess bzw. die dauerhafte, mühsame und kräftezehrende Beschäftigung mit der eigenen Person. Sinngemäß wählten einige Probanden mit der Spielsperre daher das vermeintlich „kleinere Übel".

Nicht selten zu vernehmen war darüber hinaus eine offene Ablehnung formeller Versorgungsangebote. Während Proband 028 auf der Basis eigener Erfahrungen den abermaligen Besuch einer Selbsthilfegruppe weit von sich wies, verhinderte die negativ besetzte Vorstellung von einer Spielerberatung bei Proband 021 die Initiierung weiterer Handlungsschritte:

028: Ich war 'mal in einer Selbsthilfegruppe da. Aber, ach, die labern nur und trinken Kaffee, gibt's kein Bier und knabbern da ihr Gebäck [lacht]. Nein, da dachte ich: ‚Nein, nein'. Also, das brauche ich mir nicht antun. Wenn, dann helfe ich mir selbst. Das muss ich ja auch, ist wie mit allem, mit Trinken auch.

I: Haben Sie jemals mit dem Gedanken gespielt, zusätzliche Spielerberatung oder -behandlung in Anspruch zu nehmen?

021: Nein, nein. Kann ich Ihnen auch erklären warum. Und zwar deswegen, weil ich glaube, dass in diesen ganzen Beratungen, in diesen Beratungsstellen, wie bei Alkoholkranken, Leute sitzen, die selber 'mal spielsüchtig waren oder na ja, ich sage 'mal das, was ich jetzt hier Ihnen sage, ist doch so. Ich weiß das von Alkoholkranken, da sollen Sie sich erst 'mal richtig ausziehen. Sollen, na ja, sagen wie, wo und was [...]. Aber ich denke 'mal bei Alkoholkranken und bei Spielsüchtigen gibt's ja auch einen Haufen Rückfälle, und zu denen möchte ich mich eigentlich nicht zählen und dann irgend so ein A., sage ich 'mal, auf der Straße zu treffen und der dann zu mir sagt: ‚Na, warste schon wieder zocken? Ich gehe wieder'. Denn erzählt er einem alles. Diese Dinge sind für mich tabu.

Im Gegensatz zu der Auffassung, dass die Spielsperre das einzige probate Hilfsmittel darstellt, betonten einzelne Interviewpartner die essentielle Bedeutung der „psychologischen Ursachenforschung" und in diesem Zuge das hierfür notwendige Aufsuchen professioneller Versorgungseinrichtungen. Ausgehend von dem Eingeständnis, spielsüchtig zu sein, beabsichtigte beispielsweise Proband 033, einen Therapeuten zu kontaktieren. Aus seiner Sicht war die Spielsperre auf dem Weg zur Genesung zwar eine notwendige, keinesfalls jedoch hinreichende Bedingung:

033: Gut, ich bin ja suchtkrank, und da sieht man dann, dass man schon immer in der Versuchung ist, nur deswegen hab' ich ja die Mittel [Geldmittel] weggegeben, deswegen will ich mir ja Hilfe suchen bei Therapeuten. Ja, ich will ja dagegen arbeiten, ja. Man kann ja nicht sagen, nur durch die Spielsperre jetzt allein ist einem geholfen, ja. Man muss sich Hilfe suchen und die Hilfe annehmen. Denn allein die Spielsperre, da kann ich auch woanders spielen gehen vom Grundsatz her, ja.
I: Das heißt, für Sie ist es ganz klar: Spielsperre ist gut und wichtig, aber alleine nicht ausreichend um Ihre Probleme in den Griff zu kriegen.
033: Nein. Das kann man vergessen. Es geht nicht, ohne dass einem jemand noch hilft und dass man sich Hilfe sucht, ja. Das geht nicht. Es kommt ja irgendwo her, ja, dass man spielsüchtig ist oder alkoholsüchtig oder drogensüchtig oder sonst irgendetwas. Das kommt ja irgendwo her. Wenn man das nicht bearbeitet, dann wird man immer wieder in den Sumpf zurückkehren.

In diesen Zusammenhang passen auch die nachfolgenden Gedanken von Untersuchungsteilnehmer 141 zur grundlegenden Verbesserung der Sperrpraxis. Aus seiner Sicht könnten Betroffene davon profitieren, wenn zum Zeitpunkt der Sperrverfügung ausdrücklich auf die Existenz von professionellen Hilfeangeboten hingewiesen würde. Zwar sah Proband 141 den Nutzen dieser Maßnahme als begrenzt an, dennoch ging er davon aus, dass sie zu einem Abbau möglicherweise vorhandener Hemmschwellen beitragen dürfte:

I: Haben Sie vielleicht eine Idee, wie man das [die Sperrpraxis] optimieren könnte?
141: Ja, dass man im Gegenzug, also, wenn man sich halt sperren lässt, ja, ja auch irgendwo noch 'mal eine zusätzliche Hilfe anbietet. Die Frage ist: Gut, wer nimmt das an? Das weiß ich nicht. Aber dass man da halt jederzeit eine Adresse genannt bekommt: ‚Hier, da könnt Ihr Euch, an diese Person könnt Ihr Euch wenden, die ist spezialisiert auf dem Gebiet, und da könnt Ihr dann auch mit dem drüber reden', zum Beispiel. Also, das hat mir vielleicht so ein bisschen gefehlt, weil ich musste mir selber jemanden suchen. Gut, das ist jetzt auch kein Akt gewesen. Ich glaube, dass das für viele aber auch eine Hemmschwelle ist, da selber loszugehen und zu gucken: ‚Ja, wo kann ich jetzt denn hin?'. Und das Ganze ist dann am besten auch noch kostenlos.

Hauptthema 7: Ausgestaltung des Sperrverfahrens – Defizite und Optimierungschancen

In der Gesamtbetrachtung aller Interviewdaten aus dem Casinobereich erweist sich die Umsetzung konkreter Präventionsmaßnahmen rund um die

Spielsperre als heterogen. Unter anderem stellt die Art des Umgangs mit suchtgefährdeten Personen ein wichtiges Qualitätsmerkmal dar. Sowohl zwischen den verschiedenen Standorten als auch innerhalb einer Spielstätte ließen sich erhebliche Unterschiede im Gästekontakt feststellen. Zunächst ist Probandin 038 zu nennen, die sich für ihren Sperrwunsch erklären musste:

I: Wie war da die Reaktion des Personals?
038: Ja, da sagte der, den ich da gefragt hatte, der sagte: ‚Sind Sie mit uns nicht zufrieden? Warum?'. Da sagte ich, da hab' ich drauf gesagt, das weiß ich auch noch: ‚Ich verspiele noch Haus und Hof!'.
I: Wie war da die Reaktion?
038: Da kam nichts mehr. Und während ein anderer Herr, der sehr nett war und wo ich, als ich 'mal 1.000 Euro gewonnen hatte, da sagte der zu mir: ‚Hier gibt es auch einen Ausgang'. Das muss ich so erwähnen.

Ganz anders fiel die Erfahrung von Spielerin 246 aus. In ihren Augen zeigten die Casinomitarbeiter generell ein hohes Maß an Engagement und sozialer Unterstützung:

246: [...]. Ich hab' mir da eben Auskunft geholt, was man da machen könnte, und die haben mir das [Besuchsbeschränkung] dann empfohlen. Ich muss sagen, die sind dann, die sagen nicht: ‚Kommen Sie spielen', sondern die wollen eigentlich, dass man sich schützt. Die sind nämlich wirklich auskunftsfreudig, was man machen kann, und die haben mir auch manchmal zugeredet. Aber das Zureden, das hat alles, es gibt keinen Schutz. Es gibt nur Sperre, totale Sperre.

In Bezug auf das proaktive Handeln des Casinopersonals bei Hinweisen auf eine Suchtgefährdung liegen aus Sicht der meisten Betroffenen zum Teil erhebliche Defizite vor. Hervorzuheben ist in diesem Kontext die Aussage von Proband 044, der aufgrund seiner Bekanntheit im Casino ein Ansprechen durch die Mitarbeiter erwartete bzw. sich dies sogar explizit wünschte:

044: Aber im Gespräch einfach 'mal drauf aufmerksam zu machen, dass so wie sie spielen, dass das also schon, ich sag' mal in Anführungsstrichen, krankhaft und suchtmäßig einzustufen ist. Das würde ich mir also wünschen vom Personal. Ich hätte nichts dagegen gehabt, wenn die mich also angesprochen hätten. Im Grunde genommen hab' ich gerade in den, ich sag' 'mal, letzten Wochen darauf gewartet, dass da irgendwas 'mal passiert. Denn ich hab' gemerkt, die kannten mich also schon, ich war ja zu unterschiedlichen Zeiten da, selbst das wechselnde Personal kannte mich, und da hätte ich also, ich hätte das also als angenehm empfunden, wenn die mich also drauf angesprochen hätten 'mal. Und zwar so, dass das also ein bisschen diskret ist, nicht dass die da durch den Saal rufen [...].

Die Passivität des Personals kritisierte auch Spieler 497, der sich mitunter stundenlang im Casino aufhielt und bis zur Sperrstunde „zockte". Trotz Anzeichen problematischer Spielmuster hatten die Casinoangestellten weder bei ihm noch bei anderen Gästen interveniert:

I: Gab es denn vom Personal irgendwann einmal Versuche der Kontaktaufnahme?
497: Gab es nicht. Überhaupt nicht. Ich habe oft bis 3:00 Uhr gespielt, bis zur Sperrstunde, bis zum Schluss, da muss man sowieso aufhören. Aber Kontaktaufnahme war nie. Meistens habe ich abends gespielt. Von 8:00 Uhr oder 10:00 Uhr weg bis 3:00 Uhr früh [...]. Ich glaub', da tut das Casino zu wenig. Ich bin auch nicht angesprochen worden, weder von einem Croupier noch von einem Mitarbeiter. Weil die Croupiers, die sehen das ja, wenn man dauernd setzt mit den Jetons [...] und immer verliert. Dann geht man zum Bankomat im Casino [...] und holt man sich nochmal 400 Euro, was man pro Tag abheben darf, dann ist das wieder weg das Geld, die sehen ja das. Ich bin nie angesprochen worden. Ich glaub', auch andere Gäste werden nie angesprochen.

Als Begründung für die oftmals wahrgenommene Untätigkeit des Spielbankenpersonals wurden prinzipiell zwei Argumente angeführt: geschäftliche Interessen und emotionale Distanzierung. Der letztgenannte Punkt spiegelt sich in der Einstellung von Proband 021 wider, der den Mitarbeitern „Gleichgültigkeit" und „Abgebrühtheit" unterstellte:

I: Wie erleben Sie die Rolle des Personals?
021: Ja, das will ich Ihnen sagen. Das ist Routine, Gleichgültigkeit. Das ist, man muss ja als Croupier oder als Saalchef doch ziemlich abgebrüht sein, um zu sehen, wie die Leute ihr Vermögen verspielen.

Im Gegensatz dazu berichtete Spielerin 091, dass ihr die Croupiers nach höheren Geldgewinnen nahegelegt hätten, die Spielbank zu verlassen:

091: Gut, was die Croupiers manchmal gemacht haben in der Spielbank, wenn ich gewonnen hatte, einen Tausender, manchmal auch mehr. Das Höchste war mal 6.000. Denn haben die gesagt: ‚Jetzt aber nach Hause'.

Ein weiteres Defizit in Sachen Spielerschutz bezieht sich auf die Bekanntmachung der Spielsperre. Häufig konnten sich die Interviewpartner nicht mehr explizit daran erinnern, woher sie überhaupt von dieser Option erfahren hatten. Während Hinweise seitens des Casinopersonals kaum Erwähnung fanden, spielte die informelle Mund-zu-Mund-Propaganda unter den Spielern wie bei Probandin 022 eine entscheidende Rolle:

I: Ist das [das Sperrverfahren] bekannt als Stammgast?
022: Nein, nein, nein. Ich habe es durch andere Leute erfahren, die auch gesperrt wurden oder besser gesagt, die sich haben sperren lassen. Da hab' ich mich erkundigt und da, ja, dadurch bin ich dazu gekommen.

Ebenfalls als verbesserungswürdig erscheint die Vermarktung der Spielsperre. Wie Untersuchungsteilnehmer 033 darlegte, sollte die Informationsvermittlung auf jeden Fall niedrigschwelliger und umfassender erfolgen:

I: War das [Informationsmaterial zur Spielsperre] für jedermann zu sehen oder wussten das nur Insider, woher man Informationen zur Spielsperre bekommt?
033: Nein, das hängt irgendwo an der Tür. Das muss man dann schon lesen, wenn man davor steht, ja. Aber eigentlich ist das, die Verbreitung, dass man das machen kann, zu wenig. Eigentlich müsste jeder, der ins Casino geht, müsste eigentlich so was wie ein Prospekt bekommen, ja.

Darüber hinaus wurden die Interviewpartner gefragt, wie die optimale Sperrlaufzeit auszusehen hätte. In erster Linie waren die Einstellungen zu einer lebenslangen Sperrdauer von Interesse. Auf der einen Seite vertraten einige Spieler die Ansicht, dass „lebenslang" oder „auf unbestimmte Zeit" abschreckend wirken und von einer Inanspruchnahme abhalten würde. Zu dieser Gruppe zählt auch Probandin 022, die hier „lebenslang Knast" assoziierte, sich dennoch aber für eine langjährige (endliche) Sperrlaufzeit aussprach:

I: Begrüßen Sie es, wenn man sich lebenslang sperren lässt, oder würden Sie eine andere Dauer bevorzugen?
022: Also, lebenslang würde ich nicht sagen, das ist wie lebenslang Knast [...]. Die Dauer, die die Spielbanken eingerichtet haben, sieben Jahre ist gut. Da könnte man es schaffen, vollkommen wegzukommen, wenn man keine Spielhalle hätte. Da, also, da muss ich sagen, die ist sehr gut, die Dauer. Da haben sie sich was überlegt. Denn zwei Jahre [Dauer ihrer ehemaligen Spielsperre] waren zu kurz.

Auf der anderen Seite interpretieren einige Probanden exzessive Spielmuster als Suchterkrankung. Demzufolge wäre als logische Konsequenz Abstinenz anzustreben, was wiederum eine zeitlich nicht begrenzte Zugangsbeschränkung zum Glücksspiel implizierte. Exemplarisch für diese Sichtweise steht Proband 103:

103: Also, ich denke, Alternativen gibt es nicht. Um wirklich davon loszukommen, ist eine lebenslange Isolation von dem Kram einfach unabkömmlich. Es ist also wirklich notwendig, dass man nicht mehr die Möglichkeit bekommt, das zu betreiben. Das ist halt, wie gesagt, auch beim Poker so ein bisschen nervig, dass das nur halt ein halbes Jahr ist, in Anführungszeichen. Aber sinnvoll ist wirklich einfach nur eine lebenslange Sperre, dass man einfach überhaupt nicht mehr drüber nachdenkt: ‚Hey, ich könnte ja wieder, dann und dann', wie es halt bei mir der Fall war, ‚in zwei Monaten online spielen oder in zwei Monaten ins Casino'.

Demgegenüber erwiesen sich die Erlebnisschilderungen der Gesprächspartner zu den Themen „Besuchsbeschränkung" und „Verfügung von Spielsperren für einzelne Standorte" als weitgehend deckungsgleich. Beide Optionen wurden zumindest von pathologischen Spielern als sinnlos eingestuft, da das (exzessive) Weiterspielen ohne großen Aufwand möglich sei. So sprachen sich die Probanden 028 und 191 gegen das Mittel der Besuchsbeschränkung aus, weil auch unregelmäßige Casinobesuche glücksspielbedingte Probleme oder das Phänomen des Kontrollverlusts nach sich ziehen könnten:

I: Hätte Ihnen das [eine Besuchsbeschränkung] auch geholfen?
028: Nein! Hätte nicht geholfen.
I: Wieso nicht?
028: Ja, ich bin ja ohnehin manchmal 14 Tage nicht da gewesen.
191: Das wäre auch keine Lösung. Es ist wie beim Rauchen: Man hört ganz auf und reduziert nicht auf drei Stück. Wenn man Spieler ist, wo ich mich dazu zähle, dann gibt's keine Kontrolle. Also, wenn man die Kontrolle hat und sich selbst kontrollieren kann, dass man nur noch einmal im Monat geht, dann braucht man keine Spielsperre, die einem trotzdem erlaubt, noch einmal zu gehen, oder?

Das oben bereits ausführlich diskutierte Ausweichverhalten zeigte Probandin 246 in extremer Ausprägung. Bedingt durch Vereinbarungen zur Limitierung der Besuchshäufigkeit und die Begrenzung der Spielsperre auf einzelne Casinos entstanden Schlupflöcher, die der eigentlichen Intention dieser Schutzmaßnahmen augenscheinlich zuwiderliefen:

I: Sie haben es mit einer Besuchsbeschränkung versucht, haben gemerkt, es nützt nichts und haben dann eine Spielsperre vereinbart über eine gewisse Dauer.
246: Ja, zwei Jahre. Denke ich 'mal war das. Ja, ich denke, das waren zwei Jahre.
I: Was haben Sie in der Zeit gemacht?
246: In diesen zwei Jahren bin ich dann natürlich nach V., nach B. gefahren und nach K., und da hab' ich dann schon gewusst, ich kann jetzt nicht mehr sagen, welches Jahr das war, aber da hab' ich dann schon gewusst, dass ich total abhängig bin vom Spiel [...].
I: O.k. Sie haben sich so noch eine Lücke offengelassen, bewusst oder unbewusst.
246: Ja, bewusst natürlich. Ja, ich war dann in K. schon auch. Also, alles was in der Nähe war, da bin ich dann hingefahren. Und dann bin ich natürlich auch, wie ich dann in I. und S. gesperrt war, bin ich dann nach G. [Automatensaal in Deutschland].

Dass eine erhöhte Rückfallgefährdung auch für Spieler besteht, die nach Ablauf der Sperre wieder regulär „zocken" gehen können, dokumentieren die Erfahrungen von Gesprächspartnerin 728 in eindrucksvoller Weise. Trotz eines zunächst „vorsichtigen" Spielverhaltens ließ eine erneute Negativentwicklung nicht lange auf sich warten:

728: Ja, die Karriere ist natürlich dann wieder weitergegangen. Und erst am Anfang war ich sehr vorsichtig und auch gut überlegt, und jetzt hatte ich 'mal ein paar Hundert Euro gewonnen, und das steckte ich in die Tasche, und ich wollte doch wenigstens etwas mit nach Hause nehmen, wenn ich etwas gewonnen hatte. Und so langsam, langsam ist es mir wieder entglitten. Hat sich sozusagen wieder gesteigert. Ich möchte jetzt nicht sagen ins Uferlose, ich habe mich nie verschuldet mit dem Casino, aber doch, ich habe schon ganz schöne Summen ausgegeben.

9 Diskussion

9.1 Repräsentativität der Stichproben und Aussagekraft der Daten

Mit der vorliegenden Studie zur Effektivität der Spielsperre konnten erstmals empirische Befunde aus europäischen Ländern für den Casinobereich sowie den Bereich des Online-Gambling vorgelegt werden. Die Stichprobengrößen von n=152 (Casino-Sample) und n=259 (win2day-Kunden) bzw. n=32 (tipp3-Kunden) lassen sowohl die Ableitung von Erkenntnissen zum Profil gesperrter Spieler als auch Rückschlüsse zur Optimierung der Sperrpraxis für die jeweiligen Marktsegmente zu. In Ergänzung zu dieser Querschnittsperspektive wurde eine kleine Anzahl an Spielern (offline: n=28; online: n= 16) insgesamt viermal befragt. Mit der Längsschnittsperspektive über die Zeitspanne von einem Jahr sind erste Aussagen a) über die Wirksamkeit der Spielsperre im Zeitverlauf sowie b) über diejenigen Variablen, die den Erfolg dieser Spielerschutzmaßnahme bedingen, möglich. Zur Erforschung des Sachverhalts kamen zwei unterschiedliche Methoden zum Einsatz. Die Kombination von quantitativen Verfahren in Form von standardisierten schriftlichen Befragungen und qualitativen Verfahren in Form von Leitfaden-Interviews (Methodentriangulation: „Between-Method-Variante") hat sich bereits in vergangenen Forschungsprojekten bewährt (z.B. Meyer et al., 1998; Meyer & Hayer, 2005) und bringt einen Erkenntnisgewinn mit sich, der durch eine singuläre Datenerhebungsmethode nicht zu erreichen gewesen wäre. Zudem gilt es zu betonen, dass die Anzahl der Telefoninterviews von n=30 eine umfassende Analyse der subjektiven Sichtweisen der gesperrten Spieler zulässt und die quantitative Befundlage mit erlebnisnahen Schilderungen bereichert.

Unabhängig von der spezifischen Stichprobe war die Auswahl der Forschungsmethodik indessen mit einem Verzicht auf Repräsentativität verbunden. Die Untersuchung von Spielern zum Zeitpunkt der Spielsperre in ausgesuchten Spielbanken bzw. auf zwei Internetplattformen bedeutete naturgemäß einen selbstselektiven Prozess bei der Bildung der Samples. Aufgrund der zumeist vorherrschenden emotionalen Ausnahmesituation bei der Verfügung einer Spielsperre konnte im Casinobereich mit einer relativ geringen Response Rate gerechnet werden: Während die Ausschöpfungsquote in Deutschland mit über 15% als zufriedenstellend und in Österreich mit über 6% als mäßig zu bewerten ist, blieb der Rücklauf von Fragebögen aus Schweizer Spielbanken (2%) hinter den Erwartungen zurück. Hauptsächlich wegen der Verpflichtung zu einer weitreichenden Evaluation der Sozialkonzepte in der Schweiz (einschließlich der Datenakquise bei Spielsperren) gestaltete sich die Einbindung eines zusätzlichen Messinstruments als schwierig. Im Internetbereich erweist sich die Ausschöpfungsquote auf win2day mit 3% zwar ebenfalls als gering; dennoch erlaubt die absolute Anzahl der Studienteilnehmer mit n=259 die Extraktion aussagekräftiger Befunde. Demgegenüber mangelt es dem tipp3-Sample mit n=32 trotz ansprechender Rücklaufquote an hinreichender Größe, um komplexe statistische Analysen zur Wirksamkeit der Selbstsperre durchführen zu können.

Vor dem Hintergrund fehlender Referenzpunkte und Vergleichswerte erweisen sich Rückschlüsse auf die Repräsentativität der einzelnen Stichproben zusammengenommen als spekulativ[24]. Grundsätzlich sind die ermittelten Befunde ausnahmslos auf der Basis der Selektivität und Spezifität der Stichproben zu interpretieren. Inwieweit sich die Samples in systematischer Weise von den Personengruppen unterscheiden, die eine Beteiligung am Forschungsprojekt ablehnten, bleibt ungewiss. Eine Generalisierung der gewonnenen Erkenntnisse auf die Kohorte aller gesperrten Casinospieler in Deutschland, Österreich und der Schweiz bzw. auf die Population gesperrter Spieler im Online-Bereich ist somit nicht zulässig. Demgegenüber besitzen die Ergebnisse der Längsschnittuntersuchungen mit einiger Sicherheit Gültigkeit für die entsprechenden Baseline-Samples. Darüber hinaus bleibt anzumerken, dass sich in der Casinostichprobe nur ein fremdgesperrter Spieler befindet, die beiden Datensätze von fremdgesperrten win2day-Kunden aus methodischen Gründen von der Analyse ausgeschlossen wurden, und tipp3 die Option der Fremdsperre gar nicht

---

24 Eine Ausnahme stellt die Veröffentlichung von Häfeli (2009) dar, der ausgewählte soziodemographische Variablen gesperrter Spieler für drei Schweizer Casinos auflistet. Im Vergleich zu jener Kohorte setzt sich das vorliegende Subsample gesperrter Casinospieler aus der Schweiz (n=17) eher aus Männern, sozialen Spielern und Personen zusammen, die das Tischspiel als problembehaftet wahrnehmen (vgl. zur Einordnung der Repräsentativität des Schweizer Subsamples auch mit der Publikationen von Künzi et al., 2009).

vorsieht. Entsprechend beschränkt sich der Gültigkeitsanspruch der Erkenntnisse ausschließlich auf die Option der Selbstsperre.

In Bezug auf die Validität der Befunde und die Belastbarkeit der Schlussfolgerungen sind verschiedene Aspekte zu diskutieren. Zunächst dürfen Selbstberichte bei Fragebogenuntersuchungen oder Interviewstudien niemals mit einem exakten Abbild der Realität verwechselt werden. Vielmehr spiegeln die schriftlichen und verbalen Angaben der Probanden subjektive Wirklichkeitsauffassungen zu einem gegebenen Zeitpunkt wider. Bestimmte Rahmenbedingungen, wie das Ausfüllen eines Fragebogens vor Ort im Casino im Zuge des Registrierungsprozesses oder das Abrufen dieses Ereignisses aus dem Gedächtnis während der Interviews, dürften die Antwortmuster der Betroffenen zumindest partiell geformt haben. Da die Erhebung der quantitativen Informationen auf einer (Mehrfach-)Befragung derselben Informationsquelle mit ähnlichen Messinstrumenten basiert, lassen sich weiterhin methodenimmanente Interpretationsprobleme im Sinne der „shared method variance" (artifizielle Effekte durch gemeinsame Methodenvarianz) nicht ausschließen (vgl. hierzu ausführlich Kline, Sulsky & Rever-Moriyama, 2000). Ferner war der Rückgriff auf testtheoretisch abgesicherte Erhebungsverfahren aufgrund der Neuartigkeit des Forschungsfeldes nur bedingt möglich. Mit dem notwendigen Teilverzicht auf bereits validierte Skalen bestand zugleich jedoch die Chance, sich dem Untersuchungsgegenstand mit selbstformulierten Items innovativ zu nähern oder bestehende Skalen an den Untersuchungsgegenstand anzupassen.

Abgesehen von den Punkten der Repräsentativität und Validität setzt auch der Umfang der jeweiligen Samples Grenzen im Hinblick auf die Aussagekraft der empirischen Befunde. Unter anderem gestattet es der Stichprobenumfang des Casino-Samples zur Baseline nicht, länderspezifische Analysen durchzuführen und die Charakteristika von gesperrten Spielern aus Deutschland, Österreich und der Schweiz gezielt gegenüberzustellen. Ebenfalls wäre es bei ausreichenden Fallzahlen erstrebenswert gewesen, die relative Bedeutsamkeit von Prädiktoren zu bestimmen, die bei längsschnittlicher Betrachtung im Zusammenhang mit dem Erfolg der Spielsperre stehen. Für die Untersuchung des Einflusses mehrerer unabhängiger Merkmale (z.B. glücksspielbedingter Problemstatus, Änderungsbereitschaft, Affinität zu alternativen Glücksspielangeboten) auf ein Kriterium (z.B. Nutzen der Spielsperre) stehen multivariate Techniken, wie etwa logistische Regressionsanalysen, zur Verfügung, die allerdings an bestimmte, hier nicht erfüllte Testvoraussetzungen geknüpft sind (vgl.

Backhaus, Erichson, Plinke & Weiber, 2008). Zudem trägt die geringe Stichprobengröße im Follow-up sowohl bei den Casinospielern als auch bei den Online-Spielern in entscheidender Weise zu der geringen Varianz bestimmter Merkmale bei, was angedachte Analyseschritte unmöglich machte. Aus der Perspektive der Messtheorie spielt außerdem das Phänomen der statistischen Regression zur Mitte eine nicht unerhebliche Rolle. Wird zum Beispiel eine Variable ausgewählt, bei der die Probanden bei der Ersterhebung in der Regel hohe Ausprägungen aufweisen, ist bei einer Nachfolgebefragung allein auf der Grundlage statistischer Effekte mit der Tendenz zu rechnen, dass die Probanden nunmehr weniger extreme Werte zeigen. Der hohe Gruppenmittelwert der gesperrten Casinospieler auf der Importance-Skala zu Beginn der Spielsperre und dessen stetige Verringerung im Untersuchungsverlauf stellen möglicherweise ein Beispiel für diese artifizielle Regression zur Mitte dar.

Schließlich soll der Vollständigkeit halber auf Faktoren verwiesen werden, die nur bedingt kontrollierbar waren oder sich gänzlich der Kontrolle entzogen. Trotz der Erstellung eines Informationsmoduls für die Casinomitarbeiter mit der Absicht, einen möglichst standardisierten Ablauf bei der Datenerhebung zu garantieren, oblag die Umsetzung und das konkrete Vorgehen letztendlich dem Spielbankenpersonal vor Ort. Standortunterschiede bei der Einbindung der Befragung in den alltäglichen Organisationsablauf sind daher wahrscheinlich. Ob Abweichungen von den Vorgaben eine Veränderung der Datenlage mit sich gebracht haben, muss offen bleiben. Des Weiteren erschwert das Fehlen einer Kontrollgruppe die exakte Bestimmung der Effektivität der selbstauferlegten Intervention durch die Spielsperre. Aus ethischen und juristischen Gründen ließ sich eine Kontrollgruppe pathologischer Casino- oder Internetspieler ohne Sperrverfügung nicht realisieren. Da es einer nicht unerheblichen Anzahl an pathologischen Spielern scheinbar auch ohne formelle oder externe Hilfen gelingt, das destruktive Risikoverhalten zu verändern (vgl. Slutske, 2006; 2007), wäre ein Vergleich zwischen gesperrten und nicht-gesperrten Spielern unabdingbar, um Verbesserungen im Zeitverlauf eindeutig auf die Spielsperre zurückführen zu können.

Eine zusätzliche „Störvariable" verkörpert nicht zuletzt die Einführung des GlüStV in Deutschland und die damit veränderten rechtlichen Rahmenbedingungen, die in die Mitte der Untersuchungsphase T_0 fielen. Mit der Erweiterung der Ausweiskontrollen auf die Spielbank-Dependancen wurde den gesperrten Spielern eine wesentliche Ausweichmöglichkeit genommen. Das Subsample von gesperrten Spielern aus Deutschland erweist sich als zu klein, um gesicherte quantitative Aussagen über den Effekt dieser, zum Zeitpunkt der Untersuchungsplanung noch nicht absehbaren Maßnahme zu treffen. Jedoch deuten einzelne Interviewauszüge an, dass dieser Schritt eine wichtige Errungenschaft in Sachen Spielerschutz bedeutet.

In der Gesamtbetrachtung kann die vorliegende Datenqualität als hinreichend für die Ableitung wissenschaftlich fundierter Schlussfolgerungen zur Effektivität der Selbstsperre angesehen werden. Trotz der angeführten Einschränkungen in der Aussagekraft und unter Berücksichtigung der Schwierigkeit, zum Zeitpunkt der Sperrverfügung überhaupt eine zufriedenstellende Anzahl an Datensätzen zu erhalten, erfüllt die Studie die an verschiedenen Stellen geäußerte Forderung nach einer Evaluation von Spielerschutzmaßnahmen (z.B. Hayer & Meyer, 2004a; Williams et al., 2007). Alternative Vorgehensweisen wie die Befragung von gesperrten Spielern aus dem Versorgungskontext hätten einerseits zu einem erheblichen Stichprobenbias geführt; andererseits wären die Antwortmuster durch Einflüsse überlagert gewesen, die im Anschluss an die Sperrverfügung anfielen. In Anbetracht der Neuartigkeit des Forschungsgegenstands sowie weitgehend fehlender Vergleichsmaßstäbe (z.B. in Bezug auf die Befragung gesperrter Online-Spieler) scheint das Untersuchungsdesign im Allgemeinen und die Untersuchungsmethodik im Speziellen das Mittel der Wahl zu repräsentieren (vgl. mit den Studien von Ladouceur et al., 2007; Steinberg, 2008; Tremblay et al., 2008; Townshend, 2007).

9.2 Effektivität der Spielsperre im Casinobereich

Deskriptive Analysen zum Profil der gesperrten Casinospieler zeigen, dass sich in erster Linie Männer (72,2%) und Personen mittleren Alters (im Durchschnitt 41,3 Jahre; wobei genau die Hälfte zwischen 30 und 50 Jahre alt ist) auf die Sperrliste setzen lassen. Über 50% der Probanden nehmen das Automatenspiel in den Casinos als problembehaftet wahr und sehen diese Spielform als ausschlaggebend für die Spielsperre an. Damit stellt das Automatenspiel für die Betroffenen – auch unter Berücksichtigung der Tischspiele im Casino – das Hauptproblem dar. Bei der Befundinterpretation ist zu berücksichtigen, dass Casinos ohnehin vornehmlich von Männern besucht werden und sich Automatenspiele im Vergleich zu den Tischspielen als weitaus größerer Umsatzträger erweisen. Grundsätzlich decken sich diese Erkenntnisse mit den Ergebnissen von Steinberg (2008) aus Connecticut (USA), nach denen 57% der gesperrten Spieler des Mohegan-Sun-Casinos männlich sind, ein Durchschnittsalter von 42 Jahren aufweisen und primär Slot Machines als problemverursachende Spielform ansehen (vgl. für ähnliche soziodemographische Daten aus Kanada auch Ladouceur et al., 2000). Bezüglich des Entwicklungsverlaufs kann von einer mehrjährigen Fehlanpassung im Vorfeld der Spielsperre ausgegangen werden. Allein die Phase zwischen dem erstmaligen Auftreten glücksspielbezogener Probleme ($\bar{x}$=35,2 Jahre) und der Beantragung der Spielsperre ($\bar{x}$=41,3 Jahre) beträgt beim vorliegenden Casinosample knapp sechs Jahre. Demnach wird bereits hier der Bedarf an geeigneten Maßnahmen zur Früherkennung und Frühintervention als zentrale Bausteine eines proaktiv ausgerichteten Sozialkonzepts deutlich (vgl. Meyer & Hayer, 2008). Des Weiteren belegen geschlechtsspezifische Analysen die Affinität der Frauen für das Automatenspiel sowie einen generell verzögerten Entwicklungsverlauf für das weibliche Geschlecht. Wenngleich diese Daten im Wesentlichen mit den Befunden von Nower und Blaszczynski (2006) aus Missouri (USA) in Einklang stehen, finden sich für den sogenannten „Telescoping-Effekt", d.h. eine verkürzte Zeitspanne zwischen Erstkontakt und Problemmanifestation bei Frauen (vgl. die klinisch orientierte Übersichtsarbeit von Wenzel & Dahl, 2009), keine eindeutigen Hinweise.

Verschiedene Parameter wie zum Beispiel die durchschnittlichen finanziellen und zeitlichen Investitionen für das Casinospiel verweisen darauf, dass das Spielverhalten der untersuchten Personengruppe im Vorfeld der Zugangsbeschränkung excessive Züge angenommen hat. Entsprechend verwundert die Hierarchie der Sperrmotive nicht: Unter den Top-Nennungen tauchen mit dem „Verlust von zu viel Geld im Casino" (76,2%; Platz 1) und „finanziellen Problemen durch das Casinospiel" (43,7%; Platz 4) zwei Beweggründe auf, die offensichtlich im Zusammenhang mit übermäßigen Spielverlusten stehen (vgl. Ladouceur et al., 2007). Im Rahmen der qualitativen Interviews bestätigten die Gesprächspartner darüber hinaus, dass sie die Spielsperre vorrangig zur Verbesserung der eigenen finanziellen Situation in Anspruch genommen haben. Im Allgemeinen kann der sich hier andeutende Verlust des Bezugs zum Geld als typische Begleiterscheinung fehlangepasster Spielmuster angesehen werden (vgl. Meyer & Bachmann, 2005). Auf psychischer Ebene umfassen die starke Bindung an das Glücksspiel und der als nicht mehr kontrollierbar wahrgenommene Drang, „zocken" gehen zu müssen, zwei weitere Anzeichen der Glücksspielproblematik. Dass die Mehrheit der Befragten auch in dieser Hinsicht betroffen ist, spiegeln das Sperrmotiv „Verlust der Handlungskontrolle" (53,6%) auf Platz 3 der Rangreihe sowie die hohen Ausprägungen bei den casinospielbedingten Stressoren wider, vergleichbar mit den Befunden von Ladouceur et al. (2007).

Eine Konkretisierung erfährt dieser Sachverhalt bei Betrachtung des Problemstatus: Sowohl in der Selbsteinschätzung als auch in Anlehnung an die DSM-IV-Kriterien lassen sich ungefähr drei Viertel der Probanden als Problemspieler bzw. pathologische Spieler einstufen. Der im Vergleich zu Forschungsstudien aus Kanada (Ladouceur et al., 2000; 2007; Tremblay et al., 2008) und den USA (Steinberg, 2008) dennoch höhere Anteil an sozialen Spielern basiert einerseits auf der Einbindung des Subsamples aus der Schweiz, wo ausgehend von den spezifischen rechtlichen Rahmenbedingungen dem Spielerschutz mit (sekundär-)präventiver Zieldefinition eine grundsätzlich größere Bedeutung zugeschrieben wird (Häfeli, 2009; Künzi et al., 2009). Andererseits dürften vor allem die fehlenden Zugangskontrollen in den angelsächsischen Ländern dazu beitragen, dass dort eher die schwerer belasteten Personen auf die Option der Spielsperre zurückgreifen. Aus der Perspektive der Suchtprävention ist zudem von Interesse, dass eine beträchtliche Anzahl an Probanden bereits Erfahrungen mit Spielerschutzmaßnahmen wie der Spielsperre (31%) oder Besuchsbeschränkungen (15,2%) aufweist (vgl. hierzu auch mit Ladouceur et al., 2000, sowie Tremblay et al., 2008). Der sich in der Vergangenheit augenscheinlich in Grenzen haltende Erfolg jener Handlungsschritte sowie die erneute Entscheidung pro Spielsperre lässt diesen Personenkreis als Risikogruppe erscheinen, die zukünftig im Falle einer erneuten Spielberechtigung besonderer Supervision bedarf. Oberflächlich betrachtet stehen die Aussagen der Probanden, den Zeitpunkt der Spielsperre genau richtig (49%) bzw. sogar vorbeugend (33,6%) ausgewählt zu haben, im Widerspruch zu den oben angeführten Befunden. Auch stellt die Prävention (60,3%) das am zweithäufigsten genannte Sperrmotiv dar. Diese Angaben sind jedoch mit der gebotenen Vorsicht zu interpretieren, da sich das Verständnis der Betroffenen bezüglich des Begriffs der Vorbeugung vermutlich nicht mit der gesundheitswissenschaftlichen Definition von Prävention im Sinne einer vorausschauenden Problemvermeidung deckt. Unter Hinzuziehung der qualitativen Daten wird deutlich, dass bei den meisten Spielern mit Vorbeugung die Verhinderung weiterer (gravierenderer) Schäden und damit sekundär- oder tertiärpräventive Aktivitäten gemeint sein dürften.

Weiterhin bringt das Forschungsprojekt wichtige Erkenntnisse zur Veränderungsbereitschaft und den zugrunde liegenden motivationalen Prozessen mit sich, die bislang in der Forschung zur Spielsperre nahezu gänzlich vernachlässigt wurden (vgl. Meyer & Hayer, 2007). In der Gesamtbewertung der quantitativen und qualitativen Befunde zeichnet sich bei den pathologischen Spielern ein Entwicklungsverlauf ab, der im Vorfeld der Sperrverfügung durch eine suchttypisch hohe Ambivalenz gekennzeichnet ist: Auf der einen Seite steht der Wunsch nach Verhaltensänderung (Reduzierung des Spielverhaltens bzw. Abstinenz), auf der anderen Seite wirken die ausgeprägte Bindung an das Suchtmittel „Glücksspiel" sowie fehlende individuelle Ressourcen dieser Handlungsorientierung entgegen. Anhaltspunkte für diese Schlussfolgerung finden sich in:

a) der vergleichsweise langen Überlegensphase vor Abschluss der Spielsperre;
b) den zum Teil vielfältigen informellen Versuchen, glücksspielabstinent zu leben;
c) der offensichtlichen Divergenz zwischen einer hohen Änderungsbereitschaft und dem Ausbleiben einer tatsächlichen Verhaltensänderung sowie
d) der Entwicklung von impliziten Strategien, um die Spielsperre hinauszuzögern.

Zum Zeitpunkt der Sperrverfügung erscheint es den Probanden sehr wichtig, das „Zocken" im Casino zu beenden, wobei die Zuversicht, dieses Ziel auch zu erreichen, etwas geringer ausgeprägt ist. Erwartungsgemäß erhöhen die negativen Folgen des problematischen Spielverhaltens (emotionale Belastung, Einbuße an Lebensqualität) die Änderungsbereitschaft. Die Zuversicht wird hingegen durch Variablen vorhergesagt, die in erster Linie den Grad der Selbstbestimmtheit des Spielers abbilden (Handlungskontrolle, geringes Verlangen). Zusammenfassend lässt sich festhalten, dass die Probanden mit der Inanspruchnahme der Spielsperre eine hohe Veränderungsabsicht dokumentieren. Die externe Zugangsbarriere zum Glücksspiel dient offenbar dazu, dieses Vorhaben „abzusichern".

In der Regel schreiben fast alle Betroffenen sich selbst (93,3%) eine entscheidende Rolle bei der Verfügung der Spielsperre zu. Ähnlich wie bei den Studien von Steinberg (2008) und Ladouceur et al. (2000) sind die primären Bezugspersonen der Spieler diesbezüglich von nachrangiger

Bedeutung. Bei differenzierter Betrachtungsweise zeigt sich allerdings, dass Probanden mit einem problematischen bzw. pathologischen Spielverhalten eher von einer Einflussnahme durch den Lebenspartner berichten. Dieser Umstand kann darauf zurückgeführt werden, dass glücksspielbedingte Fehlanpassungen immer auch erhebliche negative Auswirkungen auf das soziale Nahumfeld der Spieler haben (vgl. Grant Kalischuk, Nowatzki, Cardwell, Klein & Solowoniuk, 2006; Meyer & Bachmann, 2005). Passend zu der hohen Änderungsbereitschaft und intrinsischen Motivation deuten die Einstellungsmuster der Untersuchungsteilnehmer auf ein ausgeprägtes Maß an Eigenverantwortung und Optimismus hin. Ferner hegen die Probanden die Erwartung, ihre (finanziellen) Probleme alleine mit der Intervention „Spielsperre" überwinden zu können. Einschränkend muss bei der Interpretation der Befunde beachtet werden, dass alle Angaben lediglich Momentaufnahmen verkörpern. Die mit dem Sperrabschluss verbundenen Emotionen und Kognitionen dürften unmittelbar zu dieser positiv gefärbten Grundhaltung beigetragen haben (vgl. mit den Interviewauszügen zu der Stimmungslage während bzw. direkt im Anschluss des Registrierungsprozesses sowie den Erkenntnissen des Responsible Gambling Council, 2008). Darüber hinaus drängt sich der Verdacht auf, dass die Spielsperre als Allheilmittel wahrgenommen wird, welches eigene nachhaltige Anstrengungen zur Aufrechterhaltung der (bereichsspezifischen) Abstinenz überflüssig macht.

Als konsistent zu dieser Argumentationskette erweist sich der relativ große Anteil an Probanden, der trotz psychosozialer und finanzieller Belastungen aus verschiedenen Gründen ergänzende externe Hilfeangebote ablehnt (vgl. mit den Gesprächspassagen zu individuellen Hemmschwellen und missbilligenden Haltungen). Beispielsweise nahmen im Vorfeld der Sperrverfügung lediglich bis zu 7% der Befragten formelle, institutionalisierte Hilfen wahr. Zudem äußert nur knapp ein Viertel der Studienteilnehmer zur Baseline-Erhebung, in Zukunft ambulante oder stationäre Versorgungsdienste aufsuchen zu wollen. Die defizitäre Einbindung gesperrter Spieler in das Suchthilfesystem deckt sich sowohl mit anderen Forschungsbefunden (z.B. Künzi et al., 2009; Ladouceur et al., 2000; Steinberg, 2008) als auch mit der generellen Tendenz einer geringen Nutzungsrate von Hilfeangeboten durch Problemspieler (vgl. im Überblick Laging, 2009). Somit wird die Forderung von Meyer und Hayer (2007) untermauert, innovative Modelle für eine optimierte Verknüpfung von Spielsperren und Beratungs- bzw. Behandlungsangeboten auszuarbeiten. Theoretische

Überlegungen (wie z.B. von Blaszczynski et al., 2007; vgl. Abschnitt 2.2) und erste empirische Überprüfungen (Tremblay et al., 2008) klingen diesbezüglich vielversprechend, bedürfen aber einer weiteren Ausarbeitung bzw. Anpassung an die jeweiligen regionalen Kontextbedingungen.

Weitere Ansätze zur Verbesserung der Ausgestaltung von Sperrprogrammen beziehen sich auf ihre Vermarktung und strukturelle Verankerung in ein umfassendes Sozialkonzept, das von allen Mitarbeitern der Spielbanken getragen wird. Insgesamt scheinen proaktive Maßnahmen des Spielerschutzes seitens der Anbieter in Sachen Spielsperre zwar bedingt, keineswegs jedoch in hinreichender Weise zu greifen. So haben nur 25,2% der Spieler direkt durch das Casinopersonal sowie 13,6% durch in Spielbanken ausliegendes Informationsmaterial von der Option der Spielsperre erfahren (vgl. für vergleichbare Befunde Hing, 2003; Ladouceur et al., 2000; Steinberg, 2008). Des Weiteren berichten mit 11,2% relativ wenig Probanden von einer Kontaktaufnahme durch das Casinopersonal wegen Auffälligkeiten im Spielverhalten. In Ergänzung dazu erwecken die Leitfaden-Interviews den Eindruck, dass die (proaktiven) Bemühungen um den Spielerschutz in erster Linie personenabhängig und noch nicht standardisiert bzw. institutionalisiert erfolgen. Den als positiv erlebten, durch Verantwortungsbewusstsein gekennzeichneten Interaktionsmustern stehen Schilderungen gegenüber, die dem Casinopersonal Passivität, Unkenntnis und mangelnde Sensibilität vorwerfen. Ausgehend von dem emotionalen Ausnahmezustand während der Sperrverfügung bzw. dem oftmals schambesetzten Registrierungsprozess lässt sich die Notwendigkeit von Personalschulungen ableiten. Dabei sollten die evaluierten Schulungskonzepte neben der Vermittlung von Sach- und Handlungskompetenzen besonderen Wert darauf legen, die Mitarbeiter zu motivieren, das angeeignete Wissen auch in der Praxis umzusetzen.

In der Längsschnittbetrachtung verweisen verschiedene Parameter des Spielverhaltens, drei der vier casinospielbedingten Stressindikatoren (Verlangen, emotionale Belastung, Einbuße an Lebensqualität) sowie der glücksspielbezogene Problemstatus auf eine deutliche Verbesserung des psychosozialen Funktionsniveaus im Anschluss an die Sperrverfügung. In Kombination mit der positiven Einschätzung ihres Nutzwertes durch die Probanden gehen von der Spielsperre offenkundig die gewünschten Effekte aus (vgl. Ladouceur et al., 2007; Steinberg, 2008; Townshend, 2007). Es zeigt sich darüber hinaus, dass Veränderungen bereits nach vier Wochen evident sind und auch ein Jahr nach der Sperrverfügung aufrechterhalten werden. Diese Befunde implizieren in Einklang mit den Interviewauszügen eine rasch eintretende Entlastung der Spieler und präzisieren damit die Schlussfolgerungen von Ladouceur et al. (2007) oder Steinberg (2008), die aufgrund der jeweiligen Untersuchungsdesigns entsprechende Effekte erst im 6- bzw. 3-Monats-Follow-up belegen konnten. Außerdem deutet die Stabilität dieser Veränderungsmuster über zwölf Monate einen längerfristigen Nutzen der Zugangsbeschränkung an. Inwieweit diese Auswirkungen auch zu späteren Zeitpunkten noch vorzufinden sind, muss offen bleiben.

Im Hinblick auf mögliche Wirkzusammenhänge scheint die unmittelbar erlebte Erleichterung dazu beizutragen, die Aufarbeitung der Hintergründe des Problemverhaltens im Zuge einer Beratung oder Behandlung weiterhin zu vermeiden (vgl. Steinberg, 2008; Tremblay et al., 2008). Daneben könnte die im Zeitverlauf beobachtbare Verringerung der Wichtigkeit, dem Casino fernzubleiben, einerseits die insgesamt verbesserte Gesamtsituation der gesperrten Spieler repräsentieren; andererseits aber auch eine sukzessiv abnehmende Achtsamkeit in Bezug auf die (ehemalige) Glücksspielproblematik ausdrücken. Zudem bestätigen weiterführende Analysen, dass insbesondere diejenigen Spieler von der Sperre profitieren, die zur Baseline-Erhebung a) eine ausgeprägte glücksspielbezogene Symptombelastung aufweisen und b) dem Abstinenzziel eine hohe Bedeutung zuschreiben. Andere Faktoren wie das Vorliegen komorbider Probleme (z.B. Depressivität, vermehrter Alkoholkonsum) oder bestimmter Ressourcen (z.B. Selbstwirksamkeitserwartung) scheinen den Nutzen der Spielsperre indessen nicht zu moderieren. Da diese Konstrukte jedoch aus forschungstechnischen Gründen nicht zum Zeitpunkt der Spielsperre, sondern erst vier Wochen später erstmalig erfasst werden konnten, lassen sich Schlussfolgerungen diesbezüglich nur mit der gebotenen Vorsicht ziehen.

Schließlich ist noch darauf zu verweisen, dass trotz der günstigen Gruppeneffekte einige Spieler von systematischen Umgehungen der Spielsperre berichten bzw. gezielt auf andere, noch zugängliche Glücksspielsegmente ausweichen (vgl. zu diesem Problemfeld Jackson & Thomas, 2005; Ladouceur et al., 2000; 2007; O'Neil et al., 2003). Vor allem die Leitfaden-Interviews dokumentieren verschiedene Formen des Ausweichverhaltens, die primär das „Weiterzocken" in Spielhallen und gastronomischen Betrieben, aber auch den Besuch von Spielbanken (in Österreich bei Beschränkung der Spielsperre auf einen Standort) oder Automatensälen (in Deutschland vor Einführung der Ausweiskontrolle) bzw. Casinos im benachbarten Ausland umfassen. In Einzelfällen erweist sich die Zugangsbeschränkung sogar als kontraproduktiv, da sie eine Steigerung des Spielverhaltens nach sich zieht, verbunden mit der Erfahrung eines Scheiterns. Insofern sind die Forderungen von Goudriaan et al. (2009) und Singleton (2008) zu unterstützen, die sich für eine anbieter- und glücksspielsegmentübergreifende Spielsperre aussprechen, um durch die Vernetzung die Reichweite der Zugangsbeschränkung und damit ihre Wirksamkeit zu erhöhen.

9.3 Effektivität der Spielsperre im Online-Bereich

Neben den Befunden zur Wirksamkeit der Spielsperre im Casinobereich ließen sich erstmals empirische Daten zur Effektivität der Zugangsbeschränkung im Internet sammeln. Da mit der Online-Befragung von gesperrten Kunden zweier Internetplattformen (win2day, tipp3) weitgehend wissenschaftliches Neuland betreten wurde, können die vorliegenden Erkenntnisse nur vereinzelt in Bezug zu anderen Studienergebnissen gesetzt werden. Im Hinblick auf die soziodemographischen Variablen von win2day-Kunden zeigt sich zunächst, dass sich vorwiegend Männer (68,7%) und Personen in der dritten oder vierten Lebensdekade ($\bar{x}$=36,2 Jahre; etwa 60% fallen in diese Alterskategorie) für eine Spielsperre entscheiden. Diese Merkmalsstruktur repräsentiert den generellen Überhang von männlichen und vergleichsweise jungen Personen in der Gruppe der Internetglücksspieler (vgl. Wood & Williams, 2009). Ebenfalls als theoriekonform erweist sich die Tatsache, dass die Betroffenen am häufigsten eine Beteiligung an casinotypischen Spielen als problembehaftet ansehen (39,8%; Platz 1 der Rangreihe), gefolgt von den Spielangeboten im Gamesroom (27%; Platz 2). Hingegen hat die Teilnahme an den Lotterieangeboten von win2day nur bei 10% der Probanden zu Problemen geführt (Platz 6). Diese Ordnungsrelation spiegelt das Gefährdungspotenzial von Online-Glücksspielen in Abhängigkeit der konkreten Veranstaltungsmerkmale wider: So gehen Spielangebote mit einer raschen Spielabfolge, die – wie die casinotypischen Spielformen – webbasiert veranstaltet werden, mit erhöhten Suchtgefahren einher (vgl. zur Dynamik des pathologischen Spielverhaltens beim Online-Roulette die Kasuistik in Hayer et al., 2005). Hiervon abzugrenzen sind Produkte, die originär aus dem Offline-Segment stammen und einen langgestreckten Spielablauf aufweisen, wie etwa bestimmte Lotterien. Für diese Spielangebote stellt das Internet lediglich einen alternativen Vertriebsweg dar, der keinen nachhaltigen Einfluss auf das jeweilige Suchtpotenzial ausübt. Ungeachtet dessen zeigen die Befunde, dass das Vorliegen von Belastungen im Zusammenhang mit einem win2day-Spielangebot die Wahrscheinlichkeit erhöht, ebenfalls Probleme im Zusammenhang mit anderen win2day-Spielangeboten zu erleben. Entsprechend sollten die einzelnen Sektoren von win2day, die mittlerweile Lotteriespiele, Casinospiele, den Gamesroom, einen Pokerraum und sogenannte „Mobile Spiele" für das Spielen via Mobiltelefon umfassen, keine isolierte Behandlung erfahren. Aus empirischer Sicht ist daher grundsätzlich eine übergreifende Zugangsbeschränkung zu favorisieren, die die gesamte Produktpalette einer Website mit einbezieht. Um das Abschreckungspotenzial in Bezug auf die Inanspruchnahme der Spielsperre möglichst gering zu halten, könnten unter restriktiven Auflagen Ausnahmen für die Abgabe von Lottoscheinen oder den Kauf von Brieflosen bzw. Losen der Klassenlotterie gewährt werden.

Weiterführende Analysen zu ausgewählten Parametern des Spielverhaltens sowie zum glücksspielbedingten Problemstatus bestätigen, dass ein nicht unerheblicher Anteil der Stichprobe exzessiv im Internet „zockt". Zum Beispiel lassen sich mit Hilfe des Lie/Bet-Questionnaire 68% der Probanden (bezogen auf die Lebenszeit) als potenzielle Problemspieler einstufen. In dieser Subgruppe finden sich überwiegend jüngere Personen (vgl. mit den Ausführungen von Remmers, 2006, zum soziodemographischen Profil selbstgesperrter Spieler bei „PokerRoom.com"). Bemerkenswerterweise wählen die wahrscheinlichen Internet-Problemspieler tendenziell längere Sperrlaufzeiten als die sozialen Internetspieler. Darüber hinaus besitzen 27% der Studienteilnehmer Erfahrungen mit der Selbstsperre im Online- oder Offline-Bereich. 37 Personen (14,3%) hatten sich sogar schon (mindestens) einmal auf win2day für die Option der Zugangsbeschränkung entschieden. Um zukünftig das Ausmaß derartiger Mehrfachsperrungen im Zeitverlauf zu verringern, sollte die maximale Sperrdauer von einem Jahr erhöht und den win2day-Kunden längerfristige Alternativen zur Verfügung gestellt werden. Gerade für suchtgefährdete Online-Spieler scheint diese Handlungsmaßnahme indiziert (vgl. mit den Implikationen der Online-Studie von Griffiths, Wood et al., 2009).

Zusätzlichen Erkenntnisgewinn bringt die Analyse der Sperrmotive mit sich. Offensichtlich weisen die Spielmuster der meisten Probanden problematische Züge auf. Aspekte wie zu hohe Geldverluste (51,7%), ein übermäßiger Zeitaufwand (35,5%) oder die wahrgenommene Unkontrolliertheit des eigenen Spielverhaltens (30,1%) tauchen auf den Rangplätzen 2 bis 4 der Motivliste auf (vgl. für ähnliche Aussagen mit Wootton & d'Hondt, 2005). Demgegenüber gilt es zu betonen, dass im Online-Bereich verstärkt auch Beweggründe abseits einer glücksspielbezogenen Belastung zum Abschluss der Spielsperre führen. Explizit sind die Vorbeugung (62,9%; Platz 1) und der Ärger über die Internetplattform win2day (26,3%; Platz 5) zu erwähnen. Zudem hält die Mehrheit der Befragten (62,2%) den Zeitpunkt der Spielsperre für rechtzeitig genug, um als präventiver Handlungsschritt zu gelten (vgl. jedoch relativierend zum subjektiven Begriffsverständnis der Vorbeugung bzw. Prävention Abschnitt 9.2).

Zusammengenommen setzt sich die Stichprobe gesperrter win2day-Kunden mehrheitlich aus Spielern mit erkennbaren Belastungen zusammen. Allerdings existieren auch Hinweise darauf, dass das Sample überraschend viele Personen ohne suchttypische Symptomatik beinhaltet. Wie zusätzliche Analysen nahe legen, unterscheiden sich die potenziellen Internet-Problemspieler von den sozialen Internetspielern vor allem durch ihre Änderungsbereitschaft: Während es ihnen wichtiger ist, das Glücksspiel im Internet zu beenden, erweist sich ihre Zuversicht, dieses Ziel auch zu erreichen, als weniger stark ausgeprägt. Weitere Gruppenunterschiede ergeben sich auf der Ebene der Einstellungsmuster. Wenngleich die Angaben des gesamten Samples ein hohes Maß an Eigenverantwortung und antizipierter Handlungskontrolle anklingen lassen, offenbaren die Personen mit einem wahrscheinlich problematischen Spielverhalten im Allgemeinen pessimistischere Grundhaltungen. Dennoch gibt es kaum Personen, die abgesehen von der Selbstsperre bei win2day (und bei weiteren Internetanbietern; vgl. hierzu die Leitfaden-Interviews) andere Maßnahmen einleiten wollen. Insbesondere die Nachfrage nach Beratung oder Behandlung steht nicht zur Disposition.

Im Gegensatz zum Offline-Bereich fällt die Entscheidung pro Spielsperre im Internet relativ spontan. Als Erklärung für diesen Befund kann zum einen das geringere Problemausmaß des win2day-Samples dienen. Zum anderen ist die Selbstsperre mit wenigen Mausklicks ohne großen Aufwand realisierbar. Die niedrigen Zugangsbarrieren in Kombination mit der Anonymität des Internets stellen Kontextbedingungen her, die ihre Umsetzung erleichtern und daher im Kontrast zum oftmals schambesetzten Registrierungsprozess in den Spielbanken stehen (vgl. Abschnitt 9.2). Entsprechend ist eine derartige, leicht greifbare Option auch im Offline-Bereich anzustreben: Gerade eine niedrigschwellige Zugänglichkeit zur Casinosperre über das Internet (z.B. in Form von prominent platzierten Hinweisen zur

Spielsperre einschließlich der Bereithaltung des Sperrformulars auf den Homepages der Casinos) dürfte ihre Nutzungsrate spürbar erhöhen und unrealistischen Erwartungshaltungen entgegenwirken (vgl. Nowatzki & Williams, 2002). Die These von der stärkeren Belastung des Casino-Samples wird außerdem dadurch gestützt, dass gesperrte win2day-Kunden im direkten Vergleich a) sich selbst weniger häufig als Problemspieler wahrnehmen; b) seltener suchttypische Symptome als Sperrmotive angeben und c) eine geringer ausgeprägte Bereitschaft zur Abstinenz aufweisen. Allerdings sollten diese Befunde nicht mit dem relativen Gefährdungspotenzial der beiden Spielformen verwechselt und Internet-Glücksspielen nicht mit geringeren Suchtgefahren assoziiert werden.

Da nur eine kleine Anzahl gesperrter win2day-Kunden an allen Datenerhebungswellen teilgenommen hat, sind die Aussagen zur Effektivität der Online-Spielsperre im Längsschnitt als vorläufig anzusehen. Generell zeichnet sich in Einklang mit Jonsson (2008) ab, dass auch die zeitlich begrenzte Zugangsbeschränkung zu einem einzigen Online-Glücksspielangebot günstige Auswirkungen nach sich ziehen kann. Die Reduzierung des Anteils potenzieller Problemspieler in Verbindung mit dem offensichtlich kaum existenten Ausweichen auf andere Websites dient als erster Beleg für diese Schlussfolgerung. Des Weiteren verweisen verschiedene Parameter ausnahmslos auf einen relativ geringen Grad an psychischer Belastung bei gleichzeitig positiver Einschätzung des Nutzens der Zugangsbeschränkung. Insgesamt bilden die Nachfolgebefragungen lediglich eine bedeutsame Veränderung ab: So verringert sich die Wichtigkeit, mit dem Spielen im Internet aufzuhören, nach vier Wochen merklich. Folglich steht die Vermutung im Raum, dass sich etwaige Entlastungsphänomene bereits kurz nach der Sperrverfügung einstellen und in der Folgezeit als stabil erweisen. Möglicherweise lässt der schwindende Leidensdruck die Bedeutsamkeit der Spielsperre schnell in den Hintergrund rücken. Da aus forschungstechnischen Gründen die Baseline-Erhebung möglichst kurz zu fassen war, fehlen detaillierte Angaben zum Ausgangsniveau des Belastungsgrads der Stichprobe, was wiederum fundierte Aussagen zu potenziellen Wirkmechanismen ausschließt. Zudem muss an dieser Stelle unbeantwortet bleiben, welche personenbezogenen Belastungen und Ressourcen den Nutzen der Spielsperre moderieren. Ausgehend von den Leitfaden-Interviews scheinen einige Probanden der Spielsperre bei nur einem Anbieter aufgrund der zahlreichen alternativen Spielmöglichkeiten einen begrenzten Wert zuzuschreiben. Infolgedessen klingt es plausibel, dass primär der Mangel an individuellen Kernkompetenzen verbunden mit einer geringen Eigenmotivation die Wirkungslosigkeit einer singulären Sperrverfügung bedingt.

Zum Abschluss ist in Bezug auf das tipp3-Sample vor allem der geringe Belastungsgrad zum Zeitpunkt der Selbstsperre zu erwähnen, da bei lediglich knapp über 50% der Stichprobe der Verdacht auf ein problematisches Wettverhalten besteht. Darüber hinaus zeigen gesperrte tipp3-Wetter einige Gemeinsamkeiten mit gesperrten win2day-Spielern. Beispielsweise wird der Entschluss pro Selbstsperre relativ spontan gefällt oder die Vorbeugung als vorrangiges Sperrmotiv benannt. Als charakteristisch für das tipp3-Sample erweist sich die hohe Wettaffinität auch abseits der Internetplattform „tipp3.at" sowie das junge Alter der potenziellen Problemwetter ($\bar{x}$=26,6 Jahre). Inwieweit sich tipp3-Kunden in systematischer Weise von Kunden anderer (privater) Online-Wettanbieter unterscheiden, und ob die Sperrverfügung ein verstärktes Zugreifen auf diese Produkte, die in der Regel mit hohen Spielanreizen einhergehen (vgl. Hayer & Meyer, 2004b), zur Folge hat, ist mit dem vorliegenden Datensatz nicht zu klären.

9.4 Implikationen für eine Verbesserung der Sperrpraxis

Generell genießt die Spielsperre als Instrument des Spielerschutzes bei verschiedenen Interessensgruppen (z.B. Spieler, Anbieter, Suchtverbände) eine hohe Akzeptanz. Die vorliegenden Befunde unterstreichen den mit der Spielsperre verbundenen Nutzen, vor allem für die Gruppe der pathologischen Spieler. Wesentliche, zumindest kurzfristige Verbesserungen der finanziellen Situation, des psychosozialen Funktionsniveaus und des subjektiven Wohlbefindens bestätigen die Notwendigkeit, die Zugangsbeschränkung als zentralen Baustein in ein umfassendes Sozialkonzept zu integrieren. Diese sowohl theoretisch begründete als auch evidenzbasierte Forderung besitzt für den Casinobereich genauso Gültigkeit wie für das Marktsegment des Online-Gambling.

Trotz des insgesamt positiven Fazits verweisen die empirischen Daten des Forschungsprojekts an verschiedenen Stellen auf Nachbesserungsbedarf in der konkreten Ausgestaltung und Umsetzung der Sperrprogramme. Die nachfolgend aufgelisteten Handlungsempfehlungen stehen im Zeichen der Qualitätssicherung und beziehen die vorgelegten Erkenntnisse, aber auch die in anderen Publikationen diskutierten Anhaltspunkte mit ein. Einzelne Maßnahmen wurden bereits in den Abschnitten 9.2 und 9.3 genannt und finden sich in Kasten 2 in komprimierter Weise wieder. Grundsätzlich lassen sich Handlungsvorschläge, die auf der politischen Ebene anzusiedeln sind (wie etwa die Forderung nach einer länder- bzw. segmentübergreifenden Sperrdatei), von Strategien abgrenzen, die unmittelbar von der Anbieterseite zu leisten wären (wie etwa die Erhöhung des Bekanntheitsgrads der Spielsperre in Verbindung mit der Reduzierung struktureller Zugangsbarrieren). Zudem machen ausgewählte Aspekte nur bei spezifischen Marktsegmenten Sinn, andere Vorschläge hingegen gelten segmentübergreifend.

Kasten 2: Theoretisch begründete und evidenzbasierte Handlungsempfehlungen zur Optimierung der Sperrpraxis

Segmentunspezifisch
- Standardisierung des Sperrverfahrens und standort-, länder- bzw. segmentübergreifender Aufbau einer Sperrdatei vor allem unter Berücksichtigung von Marktsegmenten, in denen ein höherer Anteil suchtgefährdeter Spieler zu erwarten ist (dabei sollte folgende Faustregel handlungsleitend sein: Je größer die Reichweite der Sperre, desto wahrscheinlicher ist ihre Wirksamkeit);   - Strukturelle Verzahnung mit dem Suchthilfesystem und Vermittlung bedürfnisorientierter Versorgungsangebote (z.B. Schuldnerberatung bei finanziellen Problemen, Suchtberatung bei psychosozialen Belastungen), wobei diese Vernetzung beidseitig erfolgen muss; allerdings sollten gesperrten Spielern keine Verpflichtungen (z.B. verbindliche Besuche von Informationsveranstaltungen oder obligatorische Teilnahme an Beratungsgesprächen) entstehen, da ansonsten das Abschreckungspotenzial erhöht wird;   - Konzeption und empirische Überprüfung innovativer Sperrmodelle in Anlehnung an die Vorbilder „Self-Exclusion Educator" bzw. „Self-Exclusion Counsellor"; Berücksichtigung von regionalen und segmentspezifischen Besonderheiten bei der Ausarbeitung derartiger Ansätze;

Kasten 2 (Fortsetzung)

Segmentunspezifisch
<ul><li>Umsetzung von stärker proaktiv ausgerichteten Maßnahmen; insbesondere gezielte Intervention bei Verdacht auf Spielsuchtgefährdung (im Casinobereich auf der Grundlage von praxistauglichen Screening-Verfahren oder Beobachtungsbögen; im Internet auf der Basis der Analyse von Spielverhaltensdaten) inklusive Initiierung von Begleitforschung; übergeordnetes Ziel ist die Stärkung der Säulen Früherkennung und Frühintervention;</li><li>Gezieltes Monitoring von ehemals gesperrten Spielern bzw. Spielern, die eine Besuchsbeschränkung oder alternative Schutzvorkehrungen erwirkt haben (und damit Durchführung eines evidenzbasierten Risikogruppen-Monitoring);</li><li>Abklärung der Erwartungshaltung des Spielers im Zuge des Registrierungsprozesses, z.B. mittels umfassender Aufklärung über die Funktion der Spielsperre inklusive einer sachgerechten Darstellung ihrer Grenzen (im Casinobereich über den direkten Kundenkontakt; im Internet über Rückmeldungen via Pop-up-Fenster);</li><li>Formulierung von transparenten Kriterien zur Aufhebung der Spielsperre und sorgfältige Überprüfung durch unabhängige, kompetente Instanzen.</li></ul>
Casinobereich
<ul><li>Erhöhung des Bekanntheitsgrads der Spielsperre durch gut sichtbar platzierte Informationsmaterialien (z.B. über das Auslegen von Flyern im Eingangs- oder Toilettenbereich, in Fahrstühlen, im Parkhaus);</li><li>Erleichterung des Zugangs zum Sperrprogramm über den Aufbau niedrigschwelliger Strukturen (z.B. Möglichkeit der Beantragung der Spielsperre im Internet oder am Telefon mit anschließender persönlicher Bestätigung);</li><li>Verzicht auf sogenannte „Cooling-Off-Periods" (mehrstündige oder mehrtätige Abkühlungsphasen, um eine wohlüberlegte Entscheidung für oder gegen die Spielsperre zu treffen); aufgrund der kontingent erfolgenden Entlastung ist im Zuge einer Abkühlungsphase damit zu rechnen, dass auch einige süchtige Spieler ihre ursprüngliche Intention der Verhaltensänderung wieder aufgeben;</li></ul>

Kasten 2 (Fortsetzung)

Casinobereich
▪ Frei wählbare Sperrdauer unter Berücksichtigung einer Mindestlaufzeit (Richtwert: 1 Jahr) und damit Abkehr von einem „One-Size-Fits-All"-Ansatz; ▪ Personalschulungen zu den Themen Spielsperre und Glücksspielsucht mit den Einzelmodulen a) Vermittlung von Sachwissen; b) Vermittlung von Handlungswissen; c) Training in Gesprächsführung inklusive Eingrenzung des eigenen Kompetenzraums; d) Motivationsarbeit zur Erhöhung der Mitarbeiter-Compliance (einschließlich der Thematisierung etwaiger Ängste und Interessenskonflikte); ▪ Diskrete und vertrauliche Abhandlung des Registrierungsprozesses an Orten ohne großen Publikumsverkehr durch geschultes Fachpersonal.
Internetbereich
▪ Erhöhung des Bekanntheitsgrads der Spielsperre und anderer Schutzmaßnahmen über auffällige Verweise auf der Startseite (prägnante Darstellungen, die dem Besucher der Website „ins Auge springen"); ▪ Verlinkung zu Informationsmaterialien, Selbsttests und Hilfeangeboten (u.a. Hotline-Nummern, Selbsthilfegruppen, Beratungseinrichtungen); Verweis auf Software, mit der ein Zugang zu Glücksspielangeboten im Internet unterbunden werden kann; ▪ Optionale Vorgabe der Sperrdauer mit kurz- und langfristigen Laufzeiten (d.h. Einbindung von Alternativen zur lebenslangen Sperrdauer bei tipp3 sowie Bereitstellung einer Sperrlaufzeit bei win2day, die über ein Jahr hinausreicht); probeweise Einführung einer „Cooling-Off-Period" und wissenschaftliche Überprüfung ihres Nutzens für bestimmte Spielergruppen; ▪ Gültigkeit der Spielsperre für die gesamte Produktpalette (Ausnahmen können nur für Spielformen mit geringem Gefährdungspotenzial und unter restriktiven Auflagen erfolgen).

Die angeführten Versatzstücke zielen zum einen grundsätzlich darauf ab, die Nutzungsrate der Spielsperre nachhaltig zu erhöhen. Als kurzfristiges Erfolgskriterium lässt sich demnach in Ländern, in denen Sperrprogramme bislang nur zögerlich in Anspruch genommen wurden, eine steigende Anzahl an Spielern heranziehen, die eine Sperre eigeninitiativ verfügen (Selbstsperre) oder durch Intervention seitens des Casinopersonals gesperrt werden (Fremdsperre)[25]. Aus der Perspektive der Suchtprävention und im Sinne einer proaktiven Vorgehensweise ist langfristig jedoch eine Reduzierung des Anteils pathologischer Spieler unter den gesperrten Personen anzustreben. Schließlich sind aus dem breiten Spektrum der Handlungsempfehlungen zwei Zieldefinitionen hervorzuheben: a) die Minimierung der Gefahr des Ausweichens auf andere Glücksspielsegmente sowie b) die strukturelle Verzahnung von Sperrprogrammen mit professionellen Angeboten der Suchthilfe. Eine Ausdehnung der Reichweite der Spielsperre und die Umsetzung innovativer Sperrmodelle stellen hier zur Zielerreichung die Mittel der Wahl dar.

9.5 Ausblick

Wie an anderer Stelle dargelegt, besteht im Allgemeinen ein erheblicher Bedarf an der Evaluation von Spielerschutzmaßnahmen (vgl. Hayer & Meyer, 2004). Mit dem vorhandenen Datensatz kann die offensichtliche Forschungslücke in Sachen Spielsperre zwar ein Stück weit geschlossen werden; dennoch bleibt eine Vielzahl an wissenschaftstheoretischen und praxisrelevanten Fragen zum jetzigen Zeitpunkt unbeantwortet. Im Fokus zukünftiger Forschungsstudien zur Wirksamkeit von Sperrprogrammen sollten daher in erster Linie folgende Aspekte stehen:

- die Replikation der vorgestellten Erhebung mit größeren Stichproben bzw. auf der Grundlage einer besseren Ausschöpfungsquote, um zum Beispiel im Casinobereich gezielt Ländervergleiche (Deutschland vs. Österreich vs. Schweiz vs. andere Nationen) durchführen zu können bzw. eine hinreichend große Anzahl an Probanden für Nachfolgebefra-

---

25 Eine Hochrechnung der in einem Land zu erwartenden Anzahl an Spielsperren, gemessen an den nationalen Prävalenzraten problematischen Spielverhaltens, erweist sich in diesem Zusammenhang wenig zweckdienlich. Zum Beispiel kann in Deutschland davon ausgegangen werden, dass ein beträchtlicher Anteil der Betroffenen Probleme im Zusammenhang mit dem gewerblichen Automatenspiel aufweist (vgl. Meyer, 2010; Meyer & Hayer, 2005). Für diesen Personenkreis ist die Verfügung einer Spielsperre im Spielbankenbereich, sofern dort nicht auch „gezockt" wird, ohne Bedeutung.

gungen zur Bestimmung belastbarer Vorhersagevariablen zu erhalten, aus denen sich wiederum spezifische Wirkmechanismen ableiten lassen (gilt für den Casino- und Online-Bereich);
- die Ausarbeitung von zukunftsweisenden Sperrprogrammen in Anlehnung an die Vorbilder „Self-Exclusion Educator" bzw. „Self-Exclusion Counsellor", die im deutschsprachigen Raum modellhaft zu erproben und zu evaluieren sind;
- die Einnahme einer Längsschnittperspektive, die über das Zeitfenster von einem Jahr hinausreicht und somit die Effektivität der Spielsperre langfristig ermittelt;
- eine detaillierte Analyse der Emotionen und Kognitionen der Betroffenen während der Ambivalenzphase im Vorfeld der Sperrverfügung zur empirischen Abbildung von Entscheidungsprozessen, die letztendlich ausschlaggebend für die Spielsperre sind;
- die Bildung von Clustern gesperrter Spieler (z.B. soziale vs. pathologische Spieler; unbelastete vs. belastete Spieler), um etwaigen Vermengungseffekten entgegenzuwirken und eindeutige Prädiktoren des Nutzens der Spielsperre für wohldefinierte Personengruppen zu extrahieren;
- die Bestimmung von individuellen und sozialen Faktoren, die die Rückfallgefahr von gesperrten Spielern erhöhen bzw. verringern (empirische Ableitung eines Risiko- und Schutzfaktorenmodells) einschließlich der Befragung von Angehörigen zur ergänzenden Exploration von Außenperspektiven;
- die systematische Gegenüberstellung von gesperrten Online-Spielern mit unterschiedlichen Spielpräferenzen (z.B. für Poker, Sportwetten, casinotypische Spiele);
- die Untersuchung von fremdgesperrten Spielern und ihre Begleitung im Zeitverlauf, um fundierte Aussagen über den Entwicklungsverlauf auch dieses Personenkreises zu erhalten;
- die Hinterfragung der Sinnhaftigkeit von Besuchsbeschränkungen und ihrer Verzahnung mit anderen Schutzmaßnahmen wie der Spielsperre (z.B. soll die Anzahl der Casinobesuche von ehemals gesperrten Spielern grundsätzlich beschränkt werden?);
- die Überprüfung der Wirksamkeit der Spielsperre in anderen Marktsegmenten (z.B. im Lotto-/Sportwettenbereich in Deutschland).

Literaturverzeichnis

Backhaus, K., Erichson, B., Plinke, W. & Weiber, R. (2008). Multivariate Analysemethoden: Eine anwendungsorientierte Einführung. Berlin: Springer.
Blaszczynski, A., Dumlao, V. & Lange, M. (1997). 'How much do you spend gambling?' Ambiguities in survey questionnaire items. Journal of Gambling Studies, 13, 237-252.
Blaszczynski, A., Ladouceur, R. & Nower, L. (2007). Self-exclusion: A proposed gateway to treatment model. International Gambling Studies, 7, 59-71.
Bortz, J. & Döring, N. (2009). Forschungsmethoden und Evaluation für Human- und Sozialwissenschaftler. Springer: Heidelberg.
Breen, H. , Buultjens, J. & Hing, N. (2003). The perceived efficacy of responsible gambling strategies in Queensland hotels, casinos and licensed clubs. Lismore (Australia): Southern Cross University.
Burke, L.A. & Miller, M.K. (2001). Phone interviewing as a means of data collection: Lessons learned and practical recommendations. Forum Qualitative Sozialforschung / Forum: Qualitative Social Research, 2 (2) [Online Journal].
Clarke, D. (2007). Intrinsic and extrinsic barriers to health care: Implications for problem gambling. International Journal of Mental Health and Addiction, 5, 279-291.
Clarke, D., Abbott, M., DeSouza, R. & Bellringer, M. (2007). An overview of help seeking by problem gamblers and their families including barriers to and relevance of services. International Journal of Mental Health and Addiction, 5, 292-306.
Collins, P. & Kelly, J. (2002). Problem gambling and self-exclusion: A report to the South African Responsible Gambling Trust. Gaming Law Review, 6, 517-531.
de Bruin, D.E., Leenders, F.R.J., Fris, M., Verbraeck, H.T., Braam, R.V. & van de Wijngaart, G.F. (2001). Visitors of Holland Casino: Effectiven-

ess of the policy for the prevention of compulsive gambling. Utrecht: Centrum voor Verslavingsonderzoek.

Demmel, R. (2003). Motivational Interviewing: Mission impossible? oder Kann man Empathie lernen? In H.-J. Rumpf & R. Hüllinghorst (Hrsg.), Alkohol und Nikotin: Frühintervention, Akutbehandlung und politische Maßnahmen (S. 177-199). Freiburg: Lambertus.

Denzer, P., Petry, J., Baulig, T. & Volker, U. (1995). Pathologisches Glücksspiel: Klientel und Beratungs/Behandlungsangebot (Ergebnisse der multizentrischen deskriptiven Studie des Bundesweiten Arbeitskreises Glücksspielsucht). In Deutsche Hauptstelle gegen die Suchtgefahren (Hg.), Jahrbuch Sucht 1996 (S. 279-295). Geesthacht: Neuland.

ESBK (Eidgenössische Spielbankenkommission) (2009). Glücksspiel: Verhalten und Problematik in der Schweiz [http://www.esbk.admin.ch/etc/medialib/data/esbk/berichte.Par.0080.File.tmp/studie-esbk-gluecksspiel-d.pdf].

Etter, J.-F. & Perneger, T.V. (1999). A comparison of two measures of stage of change for smoking cessation. Addiction, 94, 1881-1889.

Faregh, N. & Leth-Steensen, C. (2009). Reflections on the voluntary self-exclusion of gamblers and the law-suits against Ontario Lottery and Gaming Corporation. Journal of Gambling Studies, 25, 131-138.

Ferris, J. & Wynne, H. (2001). The Canadian Problem Gambling index: Final report. Ottawa (Canada): Canadian Centre on Substance Abuse.

Field, A. (2005). Discovering statistics using SPSS. London: Sage.

Gosling, S.D., Vazire, S., Srivastava, S. & John, O.P. (2004). Should we trust web-based studies? A comparative analysis of six preconceptions about internet questionnaires. American Psychologist, 59, 93-104.

Goudriaan, A.E., de Bruin, D. & Koeter, M.W.J. (2009). The Netherlands. In G. Meyer, T. Hayer & M. Griffiths (Eds.), Problem gambling in Europe: Challenges, prevention, and interventions (pp. 189-207). New York: Springer.

Grant Kalischuk, R.G., Nowatzki, N., Cardwell, K., Klein, K. & Solowoniuk, J. (2006). Problem gambling and its impact on families: A literature review. International Gambling Studies, 6, 31-60.

Griffiths, M.D. (2010). The use of online methodologies in data collection for gambling and gaming addictions. International Journal of Mental Health and Addiction, 8, 8-20.

Griffiths, M., Hayer, T. & Meyer, G. (2009). Problem gambling: A European perspective. In G. Meyer, T. Hayer & M. Griffiths (Eds.), Problem gambling in Europe: Challenges, prevention, and interventions (pp. xix-xxix). New York: Springer.

Griffiths, M.D., Wood, R.T.A. & Parke, J. (2009). Social responsibility tools in online gambling: A survey of attitudes and behavior among internet gamblers. CyberPsychology & Behavior, 12, 413-421.

Häfeli, J. (2008). The current state of gambling in Switzerland. Paper presented at the 7th European Conference on Gambling Studies and Policy Issues, Nova Gorica (Slovenia).

Häfeli, J. (2009). Switzerland. In G. Meyer, T. Hayer & M. Griffiths (Eds.), Problem gambling in Europe: Challenges, prevention, and interventions (pp. 317-326). New York: Springer.

Häfeli, J. & Lischer, S. (2010, in Druck). Die Früherkennung von Problemspielern in Schweizer Casinos: Eine repräsentative, quantitative Datenanalyse der ReGaTo-Daten 2006. Prävention und Gesundheitsförderung.

Hautzinger, M. & Bailer, M. (1993). Allgemeine Depressions Skala: Manual. Göttingen: Beltz.

Hayer, T., Bachmann, M. & Meyer, G. (2005). Pathologisches Spielverhalten bei Glücksspielen im Internet. Wiener Zeitschrift für Suchtforschung, 28 (1-2), 29-41.

Hayer, T. & Meyer, G. (2004a). Die Prävention problematischen Spielverhaltens – Eine multidimensionale Herausforderung. Zeitschrift für Gesundheitswissenschaften, 12, 293-303.

Hayer, T. & Meyer, G. (2004b). Sportwetten im Internet – Eine Herausforderung für suchtpräventive Handlungsstrategien. SuchtMagazin, 30 (1), 33-41.

Hing, N. (2003). An assessment of member awareness, perceived adequacy and perceived effectiveness of responsible gambling strategies in Sydney Clubs. Lismore (Australia): Southern Cross University.

International Gaming Research Unit & Betting Research Unit (2007). eCOGRA global online gambling report: An exploratory investigation into the attitudes and behaviours of internet casino and poker players. Commissioned by eCOGRA (e-Commerce and Online Gaming Regulation and Assurance) [http://www.ecogra.com/Downloads/eCOGRA_Global_Online_Gambler_Report.pdf].

Jackson, A.C. & Thomas, S.A. (2005). Clients' perspectives of, and experiences with, selected Australian problem gambling services. Journal of Gambling Issues, 14 [http://www.camh.net/egambling/issue14/ jgi_14_Jackson.html].

Johnson, E.E., Hamer, R., Nora, R.M., Tan, B., Eisenstein, N. & Engelhart, C. (1997). The Lie/Bet Questionnaire for screening pathological gamblers. Psychological Reports, 80, 83-88.

Jonsson, J. (2008). Responsible gaming and gambling problems among 3,000 Swedish internet poker players. Paper presented at the 7th European Conference on Gambling Studies and Policy Issues, Nova Gorica (Slovenia).

Kähler, W.-M. (2004). Statistische Datenanalyse: Verfahren verstehen und mit SPSS gekonnt einsetzen. Braunschweig: Vieweg.

Kline, T.J.B., Sulsky, L.M. & Rever-Moriyama, S.D. (2000). Common method variance and specification errors: A practical approach to detection. Journal of Psychology, 134, 401-421.

Köberl, J. & Prettenthaler, F. (2009). Kleines Glücksspiel – Großes Leid? Empirische Untersuchungen zu den sozialen Kosten des Glücksspiels in der Steiermark. Graz: Leykam.

Kraus, L. & Augustin, R. (2005). Konzeption und Methodik des Epidemiologischen Suchtsurvey 2003. Sucht, 51 (Sonderheft 1), S6-S18.

Künzi, K., Fritschi, T., Oesch, T., Gehrig, M. & Julien, N. (2009). Soziale Kosten des Glücksspiels in Casinos: Studie zur Erfassung der durch die Schweizer Casinos verursachten Kosten. Bern: Büro für Arbeits- und Sozialpolitische Studien (BASS AG).

LaBrie, R.A., Nelson, S.E., LaPlante, D.A., Peller, A.J., Caro, G. & Shaffer, H.J. (2007). Missouri casino self-excluders: Distribution across time and space. Journal of Gambling Studies, 23, 231-243.

Ladouceur, R., Jacques, C., Giroux, I., Ferland, F. & Leblond, J. (2000). Analysis of a casino's self-exclusion program. Journal of Gambling Studies, 16, 453-460.

Ladouceur, R., Lachance, S. & Fournier, P.-M. (2009). Is control a viable goal in the treatment of pathological gambling? Behaviour Research and Therapy, 47, 189-197.

Ladouceur, R., Sylvain, C. & Gosselin, P. (2007). Self-exclusion program: A longitudinal evaluation study. Journal of Gambling Studies, 23, 85-94.

Laging, M. (2009). Die Inanspruchnahme formeller Hilfen durch Menschen mitproblematischen oder pathologischem Glücksspielverhalten. Suchttherapie, 10, 68-74.

Lamnek, S. (2005). Qualitative Sozialforschung: Lehrbuch. Weinheim: Beltz.
Lesieur, H.R. & Blume, S. (1987). The South Oaks Gambling Screen (SOGS): A new instrument for the identification of pathological gamblers. American Journal of Psychiatry, 144, 1184-1188.
Luszczynski, A., Guitiérrez-Doňa, B. & Schwarzer, R. (2005). International Journal of Psychology, 40, 80-89.
Mayring, P. (2002). Einführung in die qualitative Sozialforschung. Weinheim: Beltz.
Meyer, G. (2010, in Druck). Glücksspiel – Zahlen und Fakten. In Deutsche Hauptstelle für Suchtfragen (Hg.), Jahrbuch Sucht 2010. Geesthacht: Neuland.
Meyer, G., Althoff, M. & Stadler, M. (1998). Glücksspiel und Delinquenz – Eine empirische Untersuchung. Frankfurt/M: Peter Lang.
Meyer, G. & Bachmann, M. (2005). Spielsucht – Ursachen und Therapie. Heidelberg: Springer.
Meyer, G. & Hayer, T. (2005). Das Gefährdungspotenzial von Lotterien und Sportwetten – Eine Untersuchung von Spielern aus Versorgungseinrichtungen. Düsseldorf: Ministerium für Arbeit, Gesundheit und Soziales des Landes Nordrhein-Westfalen.
Meyer, G. & Hayer, T. (2007). Die Spielsperre des Glücksspielers – Eine Bestandsaufnahme. Sucht, 53, 160-168.
Meyer, G. & Hayer, T. (2008). Die Identifikation von Problemspielern in Spielstätten. Prävention und Gesundheitsförderung, 3, 67-74.
Meyer, G., Hayer, T. & Griffiths, M. (Eds.). (2009). Problem gambling in Europe: Challenges, prevention, and interventions. New York: Springer.
Napolitano, F. (2003). The self-exclusion program: Legal and clinical considerations. Journal of Gambling Studies, 19, 303-315.
National Gambling Impact Study Commission (1999). National Gambling Impact Study Commission: Final report [http://govinfo.library.unt.edu/ngisc/reports/fullrpt.html].
Nowatzki, N.R. & Williams, R.J. (2002). Casino self-exclusion programmes: A review of the issues. International Gambling Studies, 2, 3-25.
Nower, L. & Blaszczynski, A. (2006). Characteristics and gender differences among self-excluded casino problem gamblers: Missouri data. Journal of Gambling Studies, 22, 81-99.

Nower, L. & Blaszczynski, A. (2008). Characteristics of problem gamblers 56 years of age or older: A statewide study of casino self-excluders. Psychology and Aging, 23, 577-584.

O'Hare, C. (2004). Self-exclusion – Concept vs. reality. Gaming Law Review, 8, 189-191.

O'Neil, M., Whetton, S., Dolman, B., Herbert, M., Giannopoulos, V., O'Neil, D. & Wordley, J. (2003). Report A – Evaluation of self-exclusion programs and harm minimisation measures and Report B – Summary of Australian States and Territories: Self-exclusion programs and harm minimisation policies/strategies. Adelaide: The South Australian Centre for Economic Studies.

Opdenakker, R. (2006). Advantages and disadvantages of four interview techniques in qualitative research. Forum Qualitative Sozialforschung / Forum: Qualitative Social Research, 7 (4) [Online Journal].

Parke, J., Rigbye, J. & Parke, A. (2008). Cashless and card-based technologies in gambling: A review of the literature. Centre for the Study of Gambling: University of Salford (England).

Peters, F. (2002). Die Selbstsperre des Glücksspielers. Juristische Rundschau, Heft 5, 177-182.

Peters, F. (2006). Die Sperre des Glücksspielers. In I. Füchtenschnieder, J. Petry & M. Horstmann (Hrsg.), Glücksspielsucht heute (S. 145-150). Geesthacht: Neuland.

Petry, N.M. (2005). Pathological gambling: Etiology, comorbidity, and treatment. Washington, DC: APA.

Petry, N.M. & Armentano, C. (1999). Prevalence, assessment, and treatment of pathological gambling: A review. Psychiatric Services, 50, 1021-1027.

Productivity Commission (1999). Australia's gambling industries: Report No. 10. AusInfo: Canberra.

Remmers, P. (1996). Der spezielle präventive Ansatz zum Problemspielen in den Niederlanden. Sucht, 42, 438-443.

Remmers, P. (2006). The social outlook of remote and e-gambling: Are we serious? Paper presented at the 13th International Conference on Gambling & Risk Taking, Lake Tahoe, Nevada (USA).

Responsible Gambling Council (2008). From enforcement to assistance: Evolving best practices in self-exclusion. A discussion paper by the Responsible Gambling Council [http://www.responsiblegambling.org/articles/RGC_SE%20Review_FINAL.pdf].

Rhea, A. (2005). Voluntary self exclusion lists: How they work and potential problems. Gaming Law Review, 9, 462-469.
Rudas, T. (1998). Odds ratios in the analysis of contingency tables. Thousand Oaks: Sage.
Sani, A., Carlevaro, T. & Ladouceur, R. (2005). Impact of a counselling session on at-risk casino patrons: A pilot study. Gambling Research, 17 (1), 47-52.
Schrans, T., Schellinck, T. & Grace, J. (2004). 2004 NS VL self exclusion program process test: Final report. Halifax, Nova Scotia (Canada): Focal Research.
Schwarzer, R. & Jerusalem, M. (Hrsg.) (1999). Skalen zur Erfassung von Lehrer- und Schülermerkmalen: Dokumentation der psychometrischen Verfahren im Rahmen der wissenschaftlichen Begleitung des Modellversuchs Selbstwirksame Schulen. Berlin: Freie Universität Berlin.
Shaffer, H.J. & Korn, D.A. (2002). Gambling and related mental disorders: A public health analysis. Annual Review of Public Health, 23, 171-212.
Shaffer, H.J., LaBrie, R.A., Caro, G., LaPlante, D.A. & Nelson, S.E. (2004). Disordered gambling in Missouri: Regional differences in the need for treatment. Harvard (USA): The Division on Addictions of the Harvard Medical School.
Singleton, Q.R. (2008). Framework of controlling the socio-economic costs of compulsive gambling. Gaming Law Review, 12, 37-53.
Slutske, W.S. (2006). Natural recovery and treatment-seeking in pathological gambling: Results of two U.S. national surveys. American Journal of Psychiatry, 163, 297-302.
Slutske, W.S. (2007). Longitudinal studies of gambling behavior. In G. Smith, D.C. Hodgins & R.J. Williams (Eds.), Research and measurement issues in gambling studies (pp. 127-154). Amsterdam: Academic Press.
Steinberg, M.A. (2008). Ongoing evaluation of a self-exclusion program. Paper presented at the 22nd National Conference on Problem Gambling, Long Beach, California (USA).
Stinchfield, R., Govoni, R. & Frisch, G.R. (2005). DSM-IV diagnostic criteria for pathological gambling: Reliability, validity, and classification accuracy. The American Journal on Addictions, 14, 73-82.

Sturges, J.E. & Hanrahan, K.J. (2004). Comparing telephone and face-to-face qualitative interviewing: A research note. Qualitative Research, 4, 107-118.

Suurvali, H., Hodgins, D., Toneatto, T. & Cunningham, J. (2008). Treatment seeking among Ontario problem gamblers: Results of a population survey. Psychiatric Services, 59, 1343-1346.

Townshend, P. (2007). Self-exclusion in a public health environment: An effective treatment option in New Zealand. International Journal of Mental Health and Addiction, 5, 390-395.

Tremblay, N., Boutin, C. & Ladouceur, R. (2008). Improved self-exclusion program: Preliminary results. Journal of Gambling Studies, 24, 505-518.

Verlik, K. (2007). Casino and racing entertainment centre voluntary self-exclusion program evaluation: Final report. St. Albert (Canada): Alberta Gaming and Liquor Commission (AGLC).

Volberg, R.A. (1994). The prevalence and demographics of pathological gamblers: Implications for public health. American Journal of Public Health, 84, 237-241.

Volberg, R.A., Gerstein, D.R., Christiansen, E.M. & Baldridge, J. (2001). Assessing self-reported expenditures on gambling. Managerial and Decision Economics, 22, 77-96.

Weis, C. (1999). Die Sperre des Glücksspielers. Frankfurt/M.: Peter Lang.

Wenzel, H.G. & Dahl, A.A. (2009). Female pathological gamblers – A critical review of the clinical findings. International Journal of Mental Health and Addiction, 7, 190-202.

Williams, R.J., Simpson, R.I. & West, B.L. (2007). Prevention of problem gambling. In G. Smith, D.C. Hodgins & R.J. Williams (Eds.), Research and measurement issues in gambling studies (pp. 399-435). Amsterdam: Academic Press.

Williams, R.J. & Wood, R.T. (2004). The proportion of gaming revenue derived from problem gamblers: Examining the issues in a Canadian context. Analyses of Social Issues & Public Policy, 4, 33-45.

Wood, R.T. & Williams, R.J. (2007a). Problem gambling on the internet: Implications for internet policy in North America. New Media & Society, 9, 520-524.

Wood, R.T. & Williams, R.J. (2007b). ‚How much money do you spend on gambling?' The comparative validity of question wordings used to as-

sess gambling expenditure. International Journal of Social Research Methodology, 10, 63-77.
Wood, R.T. & Williams, R.J. (2009). Internet gambling: Prevalence, patterns, problems, and policy options. Report prepared for the Ontario Problem Gambling Research Centre. Guelph, Ontario (Canada).
Wood, R.T.A. & Griffiths, M.D. (2007). Online data collection from gamblers: Methodological issues. International Journal of Mental Health and Addiction, 5, 151-163.
Wood, R.T.A., Griffiths, M.D. & Parke, J. (2007). Acquisition, development, and maintenance of online poker playing in a student sample. CyberPsychology & Behavior, 10, 354-361.
Wootton, R. & d'Hondt, R. (2005). G4 & PokerRoom.com: A case study in responsible e-gaming. Paper presented at the 6th European Conference on Gambling Studies and Policy Issues „Work in Progress", Malmö (Sweden).
Xuan, Z. & Shaffer, H. (2009). How do gamblers end gambling: Longitudinal analysis of internet gambling behaviors prior to account closure due to gambling related problems. Journal of Gambling Studies, 25, 239-252.

Anhang

Anhang 1: Bremer Fragebogen zur Spielsperre (BFS) – Messzeitpunkt T_0 (Casinobereich)

Universität Bremen

Bremer Fragebogen zur Spielsperre

Dieser Fragebogen wurde von Wissenschaftlern der Universität Bremen (Deutschland) entwickelt und umfasst verschiedene Fragen zur Spielsperre. Bei der Befragung, die derzeit in Deutschland, Österreich und der Schweiz durchgeführt wird, geht es um Ihre persönlichen Sichtweisen und Erwartungen bezüglich der Spielsperre. Es gibt daher weder richtige noch falsche Antworten.

Bei den meisten Fragen werden die Antwortalternativen vorgegeben. Kreuzen Sie immer diejenige Antwortmöglichkeit an, die am besten auf Sie zutrifft. Gelegentlich werden Sie auch gebeten, Antworten direkt in den Fragebogen einzutragen. Beachten Sie, dass bei einigen Fragen zugleich mehrere Antworten möglich sind.

Für das Ausfüllen dieses Fragebogens werden Sie etwa 20 Minuten brauchen. Alle Angaben werden streng vertraulich behandelt und ausnahmslos für Forschungszwecke verwendet. Die Mitarbeiter in den Casinos sind angehalten, die ausgefüllten Fragebögen direkt an die Universität Bremen weiterzuleiten.

Zum Schluss noch eine Anmerkung zum Verständnis: Die meisten Fragen beziehen sich ausschließlich auf Glücksspiele, die in Casinos angeboten werden. Hierunter fallen sowohl Tischspiele wie Roulette, Black Jack, Poker etc. als auch Automatenspiele. Nicht mit Casinospielen gemeint sind Geldspielautomaten, Geschicklichkeitsautomaten oder elektronisch durchgeführte Lotterien (z.B. „Tactilos" in der Schweiz oder „Video Lottery Terminals" in Österreich), die in Spielhallen, Spielsalons oder Gaststätten zu finden sind.

Bitte tragen Sie hier das aktuelle Datum ein: _____

⊠ ANGABEN ZU IHRER PERSON

01. Benennen Sie Ihr Geschlecht: ☐ weiblich ☐ männlich

02. Wie alt sind Sie? ____ Jahre

⊠ FRAGEN ZU IHREM SPIELVERHALTEN

03. Nachfolgend finden Sie eine Liste mit Glücksspielen. Geben Sie **für jedes Glücksspiel** an, wie oft Sie in den <u>letzten 6 Monaten</u> daran teilgenommen haben. Kreuzen Sie zudem **für jedes Glücksspiel** an, ob die Teilnahme in den <u>letzten 6 Monaten</u> zu psychischen, sozialen und/oder finanziellen Problemen geführt hat.

	Spielhäufigkeit						... haben zu Problemen geführt?	
	nie	bis zu 1x pro Monat	1-3x pro Monat	1-2x pro Woche	3-4x pro Woche	5-7x pro Woche	ja	nein
Tischspiele im Casino	O	O	O	O	O	O	O	O
Automatenspiele im Casino	O	O	O	O	O	O	O	O
Automatenspiele außerhalb des Casinos (z.B. in Spielhallen)	O	O	O	O	O	O	O	O
Lotto/Lotterien (inkl. Rubbellose)	O	O	O	O	O	O	O	O
Sportwetten (inkl. Pferdewetten)	O	O	O	O	O	O	O	O
Glücksspiele im Internet	O	O	O	O	O	O	O	O
Illegale Glücksspiele (z.B. in Hinterzimmern)	O	O	O	O	O	O	O	O

04. Wie alt waren Sie bei Ihrem ersten Besuch im Casino? ____ Jahre

05. Wann begann die Zeit des regelmäßigen Spielens im Casino (mindestens 1x pro Woche)?
Mit ____ Jahren

06. Wann haben Sie erstmalig psychische, soziale und/oder finanzielle Probleme durch Ihr Casinospiel erlebt?
Mit ____ Jahren   ☐ Ich habe keine Probleme durch das Casinospiel erlebt

07. Wie lange haben Sie <u>in den letzten 6 Monaten</u> im Durchschnitt bei einem Casinobesuch gespielt?
☐ bis zu 2 Stunden   ☐ 5 – 7 Stunden
☐ 3 – 4 Stunden   ☐ mehr als 7 Stunden

08. Wie viel Geld haben Sie **bei einem Casinobesuch** durchschnittlich in den letzten 6 Monaten verspielt? (*Beispiel: Wenn Sie das Casino üblicherweise mit 500 Euro Startkapital besucht haben, um zu spielen und das Casino mit 100 Euro wieder verlassen haben, so haben Sie 400 Euro verspielt*)

☐ weniger als 200 Euro ☐ 500 – 1.000 Euro ☐ mehr als 2.500 Euro
☐ 200 – 500 Euro ☐ 1.000 – 2.500 Euro

09. Wie ausgeprägt war in den letzten 6 Monaten ...

	sehr schwach	eher schwach	mittelmäßig	eher stark	sehr stark
... Ihr Verlangen nach dem Casinospiel?	○	○	○	○	○
... Ihre Kontrolle über das Spielverhalten im Casino?	○	○	○	○	○
... die mit dem Casinospiel verbundene emotionale Belastung?	○	○	○	○	○
... die mit dem Casinospiel verbundene Einbuße an Lebensqualität?	○	○	○	○	○

10. Welche Aussage beschreibt Ihr Spielverhalten im Casino in den letzten 6 Monaten am besten?
    ☐ Ich spiele wie andere auch
    ☐ Ich spiele etwas übertrieben, jedoch nicht problematisch
    ☐ Mein Spielverhalten ist zwar problematisch, aber ich bin kein süchtiger Spieler
    ☐ Ich bin ein süchtiger Spieler

11. Sind Sie schon einmal in einem Casino von anderen Gästen wegen Ihres Spielverhaltens angesprochen worden? ☐ ja ☐ nein

12. Sind Sie schon einmal in einem Casino von Mitarbeitern wegen Ihres Spielverhaltens angesprochen worden? ☐ ja ☐ nein

13. Haben Angehörige schon einmal ein Casino wegen Ihres Spielverhaltens kontaktiert?
    ☐ ja ☐ nein

14. Wie wichtig ist es Ihnen, im Moment mit dem Spielen im Casino aufzuhören?

☐ ☐ ☐ ☐ ☐ ☐ ☐ ☐ ☐ ☐ ☐
0   1   2   3   4   5   6   7   8   9   10
sehr   sehr
unwichtig   wichtig

15. Wenn Sie sich jetzt vornehmen bzw. vornehmen würden, mit dem Spielen im Casino aufzuhören: Wie zuversichtlich sind Sie, dass Ihnen das auch gelingt bzw. gelingen würde?

☐ ☐ ☐ ☐ ☐ ☐ ☐ ☐ ☐ ☐ ☐
0   1   2   3   4   5   6   7   8   9   10
überhaupt nicht   sehr
zuversichtlich   zuversichtlich

Auch bei den Fragen im nachfolgenden Kasten geht es ausschließlich um das Casinospiel. Denken Sie bei der Beantwortung der Fragen an die Zeitspanne der letzten 6 Monate.

	ja	nein
16. Gab es Zeiten, in denen Sie sehr häufig an vergangene Spielerfahrungen oder die Planungen zukünftiger Spielaktivitäten gedacht haben oder daran, wie Sie Ihr Casinospiel finanzieren könnten?	O	O
17. Haben Sie jemals das Bedürfnis verspürt, mit höheren Einsätzen zu spielen, um die gewünschte Erregung zu erzielen?	O	O
18. Haben Sie wiederholt erfolglos versucht, Ihre Teilnahme am Casinospiel zu kontrollieren, einzuschränken oder aufzugeben?	O	O
19. Fühlen Sie sich bei dem Versuch, das Casinospiel einzuschränken oder ganz aufzugeben, unruhig oder gereizt?	O	O
20. Haben Sie gespielt, um persönlichen Problemen auszuweichen oder um unangenehme Gefühle wie Hilflosigkeit, Schuld, Angst oder Depressionen abzubauen?	O	O
21. Haben Sie nach Verlusten beim Casinospiel oft den Versuch unternommen, diese Verluste durch erneutes Spiel wieder auszugleichen?	O	O
22. Haben Sie Familienmitglieder, Therapeuten oder andere Personen angelogen, um das Spielen zu verheimlichen?	O	O
23. Haben Sie illegale Handlungen wie Fälschung, Betrug, Diebstahl oder Unterschlagung begangen, um das Casinospiel zu finanzieren oder Spielschulden zu begleichen?	O	O
24. Haben Sie wegen des Casinospiels eine wichtige Beziehung, den Arbeits-/ Ausbildungsplatz oder berufliche Aufstiegschancen gefährdet oder verloren?	O	O
25. Haben Sie sich darauf verlassen, dass andere Personen Ihre Spielschulden begleichen oder Ihre spielbedingten finanziellen Probleme lösen?	O	O

26. Denken Sie jetzt an das Glücksspiel im Allgemeinen: Wählen Sie diejenige Aussage aus, die im Moment am besten auf Sie zutrifft:
☐ Ich spiele und habe auch nicht vor, in den nächsten 6 Monaten damit aufzuhören
☐ Ich spiele, habe mir aber vorgenommen, in den nächsten 6 Monaten damit aufzuhören
☐ Ich spiele, habe mir aber vorgenommen, in den nächsten 30 Tagen damit aufzuhören
☐ Ich spiele nicht mehr, aber erst seit weniger als 6 Monate
☐ Ich spiele schon seit mehr als 6 Monaten nicht mehr

27. Wie häufig haben Sie in den vergangenen 6 Monaten bewusst versucht, mit allen Formen des Glücksspiels aufzuhören?
☐ nie ☐ 3 – 4 mal ☐ mehr als 6 mal
☐ 1 – 2 mal ☐ 5 – 6 mal

28. Geben Sie an, ob Sie wegen Problemen mit dem Glücksspiel (a) früher schon einmal Hilfen in Anspruch genommen haben, (b) derzeit Hilfen in Anspruch nehmen und/oder (c) zukünftig Hilfen in Anspruch nehmen wollen. Bitte kreuzen Sie **bei jeder Antwortmöglichkeit** entweder „ja" oder „nein" an.

	(a) habe ich früher in Anspruch genommen		(b) nehme ich derzeit in Anspruch		(c) will ich zukünftig in Anspruch nehmen	
Ambulante Beratungsstelle	O ja	O nein	O ja	O nein	O ja	O nein
Niedergelassener Arzt/Psychologe	O ja	O nein	O ja	O nein	O ja	O nein
Stationäre Behandlungseinrichtung	O ja	O nein	O ja	O nein	O ja	O nein
Schuldnerberatung	O ja	O nein	O ja	O nein	O ja	O nein
Selbsthilfegruppe	O ja	O nein	O ja	O nein	O ja	O nein

☒ **FRAGEN ZUR SPIELSPERRE**

29a. Wer hat die Spielsperre beantragt?

☐ Ich habe mich freiwillig für die Spielsperre entschieden
☐ Die Spielsperre wurde vom Casino angeordnet

Wenn die Spielsperre vom Casino angeordnet wurde: Was war der Grund dafür?

_____

29b. Die Dauer der Spielsperre ist ...

☐ ... befristet und beträgt ___ Monate bzw. ___ Jahre   ☐ Ich bin lebenslang gesperrt

30. Welche Glücksspiele waren ausschlaggebend für die Beantragung der Spielsperre?

☐ Tischspiele   ☐ Automatenspiele   ☐ beides

31. Bei freiwilligem Entschluss zur Spielsperre: Die Entscheidung traf ich ...

☐ ☐ ☐ ☐ ☐ ☐ ☐ ☐ ☐ ☐ ☐
0　1　2　3　4　5　6　7　8　9　10
... sehr　　　　　　　　　　　　　　　　　　　... nach langer
spontan　　　　　　　　　　　　　　　　　　　Überlegung

32. Bei freiwilligem Entschluss zur Spielsperre: Warum haben Sie sich sperren lassen?
(Mehrfachnennungen möglich)

☐ Als vorbeugende Maßnahme
☐ Ich habe zu viel Zeit im Casino verbracht
☐ Ich habe zu viel Geld im Casino verloren
☐ Ich habe Spieleinsätze riskiert, die in keinem Verhältnis zu meinem Einkommen und Vermögen stehen
☐ Ich habe wegen des Casinospiels finanzielle Probleme
☐ Ich habe mich wegen des Casinospiels verschuldet
☐ Ich habe wegen des Casinospiels Probleme bei der Arbeit
☐ Ich habe wegen des Casinospiels familiäre oder Beziehungsprobleme
☐ Ich habe keine Kontrolle über mein Spielverhalten
☐ Auf Wunsch von Angehörigen/Dritten
☐ Als Teil meiner Beratung/Therapie wegen Spielproblemen
☐ Ich habe mich über Entscheidungen oder das Verhalten des Casinopersonals geärgert
☐ Sonstiges: _____

5

33. **Bei freiwilligem Entschluss** zur Spielsperre: Durch wen oder was haben Sie erfahren, dass es die Möglichkeit der Spielsperre gibt? **(Mehrfachnennungen möglich)**

☐ Casinopersonal ☐ Andere Spieler
☐ Informationsmaterial aus dem Casino ☐ Angehörige/Freunde/Bekannte etc.
☐ Informationsmaterial aus dem Internet ☐ Berater/Therapeuten etc.
☐ Medienberichte ☐ Selbsthilfegruppe
☐ Sonstiges: _____

34. Wie fühlten Sie sich, als Sie vom Casinopersonal bezüglich der Spielsperre angesprochen wurden oder selbst das Casinopersonal ansprachen, um sich sperren zu lassen?
(Mehrfachnennungen möglich)

☐ erleichtert ☐ überrumpelt ☐ verwundert
☐ verärgert ☐ ohnmächtig ☐ beschämt
☐ erfreut ☐ bestätigt ☐ belastet
☐ Sonstiges: _____

<u>Beim Ansprechen durch das Casinopersonal</u>: Wussten Sie bereits vorher, dass es die Möglichkeit gibt, sich sperren zu lassen?   ☐ ja   ☐ nein

35. Haben Sie sich in der Vergangenheit schon einmal selbst sperren lassen bzw. wurden schon einmal gesperrt?
☐ ja   ☐ nein
<u>Wenn ja</u>:
- Wie oft? ___ mal
- Wie lange waren Sie beim letzten Mal gesperrt? ___ Monate bzw. ___ Jahre
- Warum endete die Spielsperre beim letzten Mal?
  ☐ Ich habe eine Aufhebung beantragt   ☐ Die Spielsperre ist ausgelaufen
- Haben Sie jemals mit Erfolg versucht, die Spielsperre zu umgehen?   ☐ ja   ☐ nein
- Haben Sie jemals erfolglos versucht, die Spielsperre zu umgehen?   ☐ ja   ☐ nein

36. Haben Sie in der Vergangenheit schon einmal eine Vereinbarung zur Beschränkung der Besuchshäufigkeit abgeschlossen?
☐ ja   ☐ nein
<u>Wenn ja</u>:
- Wie lange galt diese Vereinbarung? ___ Monate bzw. ___ Jahre
- Wurde die jetzige Spielsperre abgeschlossen, weil die Vereinbarung zur Beschränkung der Besuchshäufigkeit nicht ausreichend war?   ☐ ja   ☐ nein

37. Wer hat eine wichtige Rolle bei dem Entschluss gespielt, sich sperren zu lassen?
(Mehrfachnennungen möglich)

☐ Ich selbst ☐ Angehörige/Freunde etc ☐ Berater/Therapeuten etc.
☐ Lebenspartner ☐ Casinopersonal ☐ Sonstige: _____

38. Der Zeitpunkt der Spielsperre ...

☐ ... ist vorbeugend ausgerichtet   ☐ ... kommt gerade rechtzeitig   ☐ ... kommt bereits zu spät
<u>Wenn bereits zu spät: Weshalb?</u> _____

39. Welche Dauer der Spielsperre wäre für Sie persönlich optimal?
☐ 4 Wochen   ☐ 6 Monate   ☐ 1 Jahr   ☐ 5 Jahre   ☐ 10 Jahre   ☐ lebenslang

40. Geben Sie an, wie gut jede der folgenden Aussagen auf Sie zutrifft.

	trifft gar nicht zu	trifft eher nicht zu	trifft eher zu	trifft genau zu
Die Spielsperre reicht aus, um meine Probleme in den Griff zu bekommen.	O	O	O	O
Es wird mir schwer fallen, mich an die Spielsperre zu halten.	O	O	O	O
Die Spielsperre macht nur mit zusätzlicher Beratung/ Behandlung für mich einen Sinn.	O	O	O	O
Ich bin mir sicher, dass ich nach Ablauf/Aufhebung der Spielsperre problemlos im Casino spielen könnte.	O	O	O	O
Es wird für mich einfach sein, trotz Spielsperre am Casinospiel teilnehmen zu können.	O	O	O	O
Mit der Spielsperre hat der Anbieter die Verantwortung übernommen, mich vom Spielbetrieb auszuschließen.	O	O	O	O
Es wird mir leicht fallen, vom Casino fernzubleiben.	O	O	O	O
Ich werde in Zukunft auf Glücksspiele außerhalb des Casinos ausweichen.	O	O	O	O
Andere Maßnahmen werden mir bei der Lösung meiner Probleme mehr helfen als die Spielsperre.	O	O	O	O
Mit der Spielsperre habe ich die Verantwortung für mein Spielverhalten übernommen.	O	O	O	O

ENDE DES FRAGEBOGENS

Zunächst einmal vielen Dank für die Beantwortung der Fragen. Um die vorliegenden Erkenntnisse zur Spielsperre vertiefen zu können, ist eine ergänzende Befragung in 4 Wochen vorgesehen. Hierfür würden wir gerne auch Sie gewinnen. Damit wir Sie persönlich erreichen können, notieren Sie bitte nachfolgend eine Kontaktadresse (Postanschrift, Telefonnummer oder E-Mail-Adresse). Selbstverständlich versichern wir Ihnen, dass alle Angaben streng vertraulich behandelt werden und keine dritten Personen Zugang zu Ihren Daten haben. Darüber hinaus erhalten Sie auf einer Visitenkarte unsere Kontaktadresse, so dass Sie sich bezüglich der weiteren Befragung auch direkt an uns wenden können. Natürlich stehen wir Ihnen zudem jederzeit gerne für allgemeine Nachfragen zum Forschungsprojekt zur Verfügung. Bitte kreuzen Sie nun abschließend an, ob Sie mit einer weiteren Befragung zur Spielsperre in 4 Wochen einverstanden sind:

O ja, ich bin einverstanden, meine Postanschrift lautet:

_____ (Name)

_____ (Straße)

_____ (Postleitzahl, Ort)

O ja, ich bin einverstanden, meine Telefonnummer lautet: _____

O ja, ich bin einverstanden, meine E-Mail-Adresse lautet: _____

O nein, ich bin nicht einverstanden, weil: _____

Anhang 2: Bremer Fragebogen zur Spielsperre (BFS) – Messzeitpunkt F_2 (Casinobereich)

Universität Bremen

Bremer Fragebogen zur Spielsperre (F_2)

Die vorliegende dritte Befragung verfolgt das Ziel, den möglichen Nutzen der Spielsperre im Zeitverlauf einschätzen zu können. Natürlich gilt auch bei dieser Befragungsrunde, dass Ihre Angaben streng vertraulich behandelt und ausnahmslos für Forschungszwecke verwendet werden.

Bearbeiten Sie den Fragebogen möglichst zeitnah nach dem Eintreffen. Die überwiegende Anzahl der Fragen ähnelt den Fragen, die Sie schon einmal beantwortet haben. Einige Fragen beziehen sich auf den Zeitraum „seit dem Abschluss der Spielsperre". Dieser Zeitraum dürfte bei Ihnen ungefähr die letzen 6 Monate umfassen.

Nach der Beantwortung aller Fragen schicken Sie den ausgefüllten Fragebogen mit dem beigelegten Rückumschlag wieder zurück an die Universität Bremen. Insgesamt dauert das Ausfüllen etwa 25 Minuten.

Bitte tragen Sie hier das aktuelle Datum ein: _____

01. Geben Sie zunächst an, ob Sie derzeit noch gesperrt sind.
    ☐ Ja, ich bin derzeit noch gesperrt.
    ☐ Nein, meine Spielsperre ist bereits ausgelaufen.
    ☐ Nein, ich habe eine Aufhebung der Spielsperre beantragt, und die Aufhebung wurde bewilligt.

ACHTUNG: Sollte Ihre Spielsperre bereits ausgelaufen sein bzw. sollten Sie eine Aufhebung der Spielsperre beantragt und bewilligt bekommen haben, so ist die Befragung für Sie bereits an dieser Stelle beendet. In diesem Fall gehen Sie direkt zur abschließenden Instruktion auf der letzten Seite des Fragebogens.

Sollten Sie noch gesperrt sein, so fahren Sie bitte mit der Beantwortung der Fragen fort.

02. Nachfolgend finden Sie eine Liste mit Glücksspielen. Geben Sie für jedes Glücksspiel an, wie oft Sie daran teilgenommen haben. Denken Sie dabei an den Zeitraum seit dem Abschluss der Spielsperre.

	Spielhäufigkeit					
	nie	bis zu 1x pro Monat	1-3x pro Monat	1-2x pro Woche	3-4x pro Woche	5-7x pro Woche
Tischspiele im Casino	O	O	O	O	O	O
Automatenspiele im Casino	O	O	O	O	O	O
Automatenspiele außerhalb des Casinos (z.B. in Spielhallen)	O	O	O	O	O	O
Lotto/Lotterien (inkl. Rubbellose)	O	O	O	O	O	O
Sportwetten (inkl. Pferdewetten)	O	O	O	O	O	O
Glücksspiele im Internet	O	O	O	O	O	O
Illegale Glücksspiele (z.B. in Hinterzimmern)	O	O	O	O	O	O

03. Denken Sie an alle Glücksspiele, an denen Sie jemals teilgenommen haben: Hat sich die Häufigkeit Ihrer Spielteilnahme seit dem Abschluss der Spielsperre verändert?
☐ Ja, ich habe insgesamt an mehr Tagen gespielt.
☐ Ja, ich habe insgesamt an weniger Tagen gespielt.
☐ Nein, die Häufigkeit der Spielteilnahme ist insgesamt gleich geblieben.

04. Denken Sie an alle Glücksspiele, an denen Sie jemals teilgenommen haben: Hat sich die Dauer Ihrer Spielteilnahme seit dem Abschluss der Spielsperre verändert?
☐ Ja, ich habe insgesamt eine längere Zeit gespielt.
☐ Ja, ich habe insgesamt eine kürzere Zeit gespielt.
☐ Nein, die Dauer der Spielteilnahme ist insgesamt gleich geblieben.

05. Denken Sie an alle Glücksspiele, an denen Sie jemals teilgenommen haben: Hat sich die Höhe der Einsätze seit dem Abschluss der Spielsperre verändert?
☐ Ja, ich habe insgesamt mit höheren Einsätzen gespielt.
☐ Ja, ich habe insgesamt mit geringeren Einsätzen gespielt.
☐ Nein, die Höhe der Einsätze ist insgesamt gleich geblieben.

06. Denken Sie an alle Glücksspiele, an denen Sie jemals teilgenommen haben: Welche Aussage beschreibt Ihr Spielverhalten seit dem Abschluss der Spielsperre am besten?
☐ Ich spiele wie andere auch.
☐ Ich spiele etwas übertrieben, jedoch nicht problematisch.
☐ Mein Spielverhalten ist zwar problematisch, aber ich bin kein süchtiger Spieler.
☐ Ich bin ein süchtiger Spieler.

07. Denken Sie an alle Glücksspiele, an denen Sie jemals teilgenommen haben: Wählen Sie diejenige Aussage aus, die im Moment am besten auf Sie zutrifft:
☐ Ich spiele und habe auch nicht vor, in den nächsten 6 Monaten damit aufzuhören.
☐ Ich spiele, habe mir aber vorgenommen, in den nächsten 6 Monaten damit aufzuhören.
☐ Ich spiele, habe mir aber vorgenommen, in den nächsten 30 Tagen damit aufzuhören.
☐ Ich spiele nicht mehr, aber erst seit weniger als 6 Monaten.
☐ Ich spiele schon seit mehr als 6 Monaten nicht mehr.

08. Wie wichtig ist es Ihnen, im Moment nicht im Casino zu spielen?

☐ ☐ ☐ ☐ ☐ ☐ ☐ ☐ ☐ ☐ ☐
0   1   2   3   4   5   6   7   8   9   10
sehr   sehr
unwichtig   wichtig

09. Wenn Sie sich vornehmen würden bzw. sich bereits vorgenommen haben, mit dem Spielen im Casino aufzuhören: Wie zuversichtlich sind Sie, dass Ihnen das auch gelingen würde bzw. weiterhin gelingen wird?

☐ ☐ ☐ ☐ ☐ ☐ ☐ ☐ ☐ ☐ ☐
0   1   2   3   4   5   6   7   8   9   10
überhaupt nicht   sehr
zuversichtlich   zuversichtlich

10. Wie groß ist für Sie der Nutzen der Spielsperre zum heutigen Zeitpunkt?
☐ sehr groß   ☐ eher groß   ☐ mittelmäßig   ☐ eher gering   ☐ sehr gering

11. Wie häufig haben Sie seit dem Abschluss der Spielsperre daran gedacht, die Spielsperre zu umgehen?
☐ ständig   ☐ oft   ☐ manchmal   ☐ selten   ☐ nie

12. Haben Sie seit dem Abschluss der Spielsperre schon einmal den Versuch unternommen, die Spielsperre zu umgehen?
☐ ja   ☐ nein
Wenn ja: Waren Sie erfolgreich? ☐ ja   ☐ nein

3

Denken Sie bei den Fragen im nachfolgenden Kasten wiederum an alle Glücksspiele, an denen Sie jemals teilgenommen haben. Bitte beachten Sie, dass sich alle Fragen im nachfolgenden Kasten ausschließlich auf den Zeitraum seit dem Abschluss der Spielsperre (also etwa auf die letzten 6 Monate) beziehen.

	ja	nein
13. Gab es Zeiten, in denen Sie sehr häufig an vergangene Spielerfahrungen oder die Planungen zukünftiger Spielaktivitäten gedacht haben oder daran, wie Sie Ihr Glücksspiel finanzieren könnten?	O	O
14. Haben Sie jemals das Bedürfnis verspürt, mit höheren Einsätzen zu spielen, um die gewünschte Erregung zu erzielen?	O	O
15. Haben Sie wiederholt erfolglos versucht, Ihre Teilnahme am Glücksspiel zu kontrollieren, einzuschränken oder aufzugeben?	O	O
16. Fühlen Sie sich bei dem Versuch, das Glücksspiel einzuschränken oder ganz aufzugeben, unruhig oder gereizt?	O	O
17. Haben Sie gespielt, um persönlichen Problemen auszuweichen oder um unangenehme Gefühle wie Hilflosigkeit, Schuld, Angst oder Depressionen abzubauen?	O	O
18. Haben Sie nach Verlusten beim Glücksspiel oft den Versuch unternommen, diese Verluste durch erneutes Spiel wieder auszugleichen?	O	O
19. Haben Sie Familienmitglieder, Therapeuten oder andere Personen angelogen, um das Spielen zu verheimlichen?	O	O
20. Haben Sie illegale Handlungen wie Fälschung, Betrug, Diebstahl oder Unterschlagung begangen, um das Glücksspiel zu finanzieren oder Spielschulden zu begleichen?	O	O
21. Haben Sie wegen des Glücksspiels eine wichtige Beziehung, den Arbeits-/ Ausbildungsplatz oder berufliche Aufstiegschancen gefährdet oder verloren?	O	O
22. Haben Sie sich darauf verlassen, dass andere Personen Ihre Spielschulden begleichen oder Ihre spielbedingten finanziellen Probleme lösen?	O	O

23. Haben Sie seit dem Abschluss der Spielsperre entzugsähnliche Erscheinungen, wie z.B. Unruhe oder Reizbarkeit, verspürt?

☐ ja ☐ nein

Wenn ja: Wie ausgeprägt waren diese entzugsähnlichen Erscheinungen?

☐ ☐ ☐ ☐ ☐ ☐ ☐ ☐ ☐ ☐ ☐
0   1   2   3   4   5   6   7   8   9   10
sehr schwach   sehr stark

24. Wie ausgeprägt ist derzeit Ihr Wunsch, eine Aufhebung der Spielsperre zu beantragen?

☐ gar nicht   ☐ wenig   ☐ mittelmäßig   ☐ stark   ☐ sehr stark

25. Mit wem haben Sie über die Spielsperre gesprochen? [Mehrfachantworten möglich]
☐ Lebenspartner ☐ Familienangehörigen ☐ Freunden/Bekannten
☐ Kollegen ☐ Therapeuten/Beratern ☐ Niemandem
☐ Sonstige: _____

26. Geben Sie an, ob Sie seit dem Abschluss der Spielsperre wegen Problemen mit dem Glücksspiel folgende Hilfen in Anspruch genommen haben:

	ja	nein
Ambulante Beratungsstelle	O	O
Niedergelassener Arzt/Psychologe	O	O
Stationäre Behandlungseinrichtung	O	O
Schuldnerberatung	O	O
Selbsthilfegruppe	O	O

Wenn ja: Welche der folgenden Maßnahmen waren für Sie wichtiger bei der Bewältigung Ihrer Probleme?
☐ Eine der oben aufgeführten Hilfemaßnahmen
☐ Die Spielsperre
☐ Beides war gleichwertig wichtig

27. Seit dem Abschluss der Spielsperre: Wie ausgeprägt war ...

	sehr schwach	eher schwach	mittelmäßig	eher stark	sehr stark
... Ihr Verlangen nach dem Casinospiel?	O	O	O	O	O
... die mit dem Casinospiel verbundene emotionale Belastung?	O	O	O	O	O
... die mit dem Casinospiel verbundene Einbuße an Lebensqualität?	O	O	O	O	O
... Ihre Kontrolle über Ihr Spielverhalten beim Glücksspiel insgesamt?	O	O	O	O	O

28. Geben Sie bitte an, wie gut jede der folgenden Aussagen auf Sie zutrifft. Denken Sie dabei an die letzten 4 Wochen.

	trifft gar nicht zu	trifft eher nicht zu	trifft eher zu	trifft genau zu
Die Spielsperre reicht aus, um meine Probleme in den Griff zu bekommen.	O	O	O	O
Es fällt mir schwer, mich an die Spielsperre zu halten.	O	O	O	O
Die Spielsperre macht nur mit zusätzlicher Beratung/Behandlung für mich einen Sinn.	O	O	O	O
Ich bin mir sicher, dass ich nach Ablauf/Aufhebung der Spielsperre problemlos im Casino spielen könnte.	O	O	O	O
Es ist für mich einfach, trotz Spielsperre am Casinospiel teilnehmen zu können.	O	O	O	O
Mit der Spielsperre hat der Anbieter die Verantwortung übernommen, mich vom Spielbetrieb auszuschließen.	O	O	O	O
Es fällt mir leicht, vom Casino fernzubleiben.	O	O	O	O
Ich bin auf Glücksspiele außerhalb des Casinos ausgewichen.	O	O	O	O
Andere Maßnahmen helfen mir bei der Lösung meiner Probleme mehr als die Spielsperre.	O	O	O	O
Mit der Spielsperre habe ich die Verantwortung für mein Spielverhalten übernommen.	O	O	O	O

29. Seit dem Abschluss der Spielsperre: An wie vielen Tagen haben Sie folgende Substanzen konsumiert?

	kein Konsum	Konsum hat stattgefunden				
		aber nicht in den letzten 30 Tagen	(auch) in den letzten 30 Tagen und zwar an			
			1 Tag	2-7 Tagen	8-25 Tagen	(fast) täglich
Alkohol	O	O	O	O	O	O
Tabak	O	O	O	O	O	O
Schmerzmittel oder Beruhigungsmittel	O	O	O	O	O	O
Illegale Drogen	O	O	O	O	O	O

30. In der folgenden Tabelle sind verschiedene Lebensbereiche angeführt. Geben Sie an, wie zufrieden Sie zur Zeit mit diesen Bereichen sind. Machen Sie bitte in jeder Zeile ein Kreuz.

	sehr zufrieden	eher zufrieden	eher unzufrieden	sehr unzufrieden
Partnerbeziehung	O	O	O	O
Beziehungen zur Familie	O	O	O	O
Beziehungen zu Freunden/Bekannten	O	O	O	O
Freizeitgestaltung	O	O	O	O
Arbeitssituation	O	O	O	O
Körperliche Gesundheit	O	O	O	O
Seelischer Zustand	O	O	O	O
Finanzielle Situation	O	O	O	O
Wohnsituation	O	O	O	O
Alltagsbewältigung	O	O	O	O
Teilnahme an Glücksspielen	O	O	O	O
Konsum von Suchtmitteln	O	O	O	O

31. Hier finden Sie 10 Aussagen zum Alltagsgeschehen. Wählen Sie bitte von den Antwortvorgaben immer diejenige aus, die am ehesten auf Sie zutrifft.

	stimmt nicht	stimmt kaum	stimmt eher	stimmt genau
Wenn sich Widerstände auftun, finde ich Mittel und Wege, mich durchzusetzen.	O	O	O	O
Die Lösung schwieriger Probleme gelingt mir immer, wenn ich mich darum bemühe.	O	O	O	O
Es bereitet mir keine Schwierigkeiten, meine Absichten und Ziele zu verwirklichen.	O	O	O	O
In unerwarteten Situationen weiß ich immer, wie ich mich verhalten soll.	O	O	O	O
Auch bei überraschenden Ereignissen glaube ich, dass ich gut mit ihnen zurechtkommen werde.	O	O	O	O
Schwierigkeiten sehe ich gelassen entgegen, weil ich meinen Fähigkeiten immer vertrauen kann.	O	O	O	O
Was auch immer passiert, ich werde schon klarkommen.	O	O	O	O
Für jedes Problem kann ich eine Lösung finden.	O	O	O	O
Wenn eine neue Sache auf mich zukommt, weiß ich, wie ich damit umgehen kann.	O	O	O	O
Wenn ein Problem auftaucht, kann ich es aus eigener Kraft meistern.	O	O	O	O

32. Abschließend finden Sie 15 Aussagen zum Wohlbefinden. Kreuzen Sie bei jeder Aussage immer diejenige Antwort an, die am besten beschreibt, wie es Ihnen in der letzten Woche gegangen ist. Während der letzten Woche ...

	nie oder selten (weniger als 1 Tag)	manchmal (1-2 Tage lang)	öfters (3-4 Tage lang)	meistens (5-7 Tage lang)
... haben mich Dinge beunruhigt, die mir sonst nichts ausmachen.	O	O	O	O
... konnte ich meine trübsinnige Laune nicht loswerden, obwohl mich meine Freunde/Familie versuchten, aufzumuntern.	O	O	O	O
... hatte ich Mühe, mich zu konzentrieren.	O	O	O	O
... war ich deprimiert/niedergeschlagen.	O	O	O	O
... war alles anstrengend für mich.	O	O	O	O
... dachte ich, mein Leben ist ein einziger Fehlschlag.	O	O	O	O
... hatte ich Angst.	O	O	O	O
... habe ich schlecht geschlafen.	O	O	O	O
... war ich fröhlich gestimmt.	O	O	O	O
... habe ich weniger als sonst geredet.	O	O	O	O
... fühlte ich mich einsam.	O	O	O	O
... habe ich das Leben genossen.	O	O	O	O
... war ich traurig.	O	O	O	O
... hatte ich das Gefühl, dass mich die Leute nicht leiden können.	O	O	O	O
... konnte ich mich zu nichts aufraffen.	O	O	O	O

ENDE DES FRAGEBOGENS

Im Rahmen der Untersuchung werden wir Sie in ca. 6 Monaten letztmalig kontaktieren. Bei Rückfragen zum Forschungsprojekt stehen wir Ihnen natürlich weiterhin gerne jederzeit zur Verfügung.
Bitte schicken Sie nun den Fragebogen mit dem beigelegten frankierten und adressierten Rückumschlag wieder zurück an die Universität Bremen.
Vielen Dank für Ihre Mitarbeit!

Tilman Becker

Glücksspielsucht in Deutschland
Prävalenz bei verschiedenen Glücksspielformen

Frankfurt am Main, Berlin, Bern, Bruxelles, New York, Oxford, Wien, 2009.
XLIV, 116 S., zahlr. Tab. und Graf.
Schriftenreihe zur Glücksspielforschung. Herausgegeben von Tilman Becker.
Bd. 4
ISBN 978-3-631-59043-0 · geb. € 24.80*

Mit dem Glücksspielstaatsvertrag wurde begonnen, ein einheitliches Regelwerk für verschiedene Formen des Glücksspiels zu konzipieren. Übergeordnetes Ziel der Regulierungen ist die Vermeidung und Bekämpfung von Glücksspielsucht. Eine Kenntnis der Ursachen des pathologischen Glücksspielverhaltens, der sozial negativen Begleiterscheinungen und der Bedeutung des pathologischen Glücksspiels in der Bevölkerung, wie sie in diesem Buch vermittelt werden, ist daher von grundlegender Bedeutung. Es werden die Ergebnisse eigener empirischer Untersuchungen und die sich hieraus ergebende detaillierte und exakte Schätzung der Prävalenz, d.h. der Häufigkeit des pathologischen Spielverhaltens in der Bevölkerung, bei den verschiedenen Formen des Glücksspiels vorgestellt.

Aus dem Inhalt: Pathologisches Glücksspiel als Krankheit · Prävalenz des pathologischen Glücksspiels in der Bevölkerung · Prävalenz bei verschiedenen Formen des Glücksspiels · Befragung von Therapeuten zum pathologischen Glücksspielverhalten

Frankfurt am Main · Berlin · Bern · Bruxelles · New York · Oxford · Wien
Auslieferung: Verlag Peter Lang AG
Moosstr. 1, CH-2542 Pieterlen
Telefax 00 41 (0) 32 / 376 17 27

*inklusive der in Deutschland gültigen Mehrwertsteuer
Preisänderungen vorbehalten
Homepage http://www.peterlang.de